U0906130

玩转职场

从菜鸟到精英

朱坤福◎著

中国财富出版社

图书在版编目（CIP）数据

玩转职场：从菜鸟到精英 / 朱坤福著．—北京：中国财富出版社，2020.1
ISBN 978-7-5047-7012-7

Ⅰ．①玩…　Ⅱ．①朱…　Ⅲ．①企业—职工—职业道德—通俗读物
Ⅳ．① F272.921-49

中国版本图书馆 CIP 数据核字 (2019) 第 274441 号

策划编辑　郑晓雯　　责任编辑　张冬梅　郑晓雯
责任印制　梁　凡　　责任校对　张营营　　责任发行　张红燕

出版发行　中国财富出版社
社　　址　北京市丰台区南四环西路 188 号 5 区 20 楼　　邮政编码　100070
电　　话　010-52227588 转 2098（发行部）　010-52227588 转 321（总编室）
　　　　　010-52227588 转 100（读者服务部）　010-52227588 转 305（质检部）
网　　址　http://www.cfpress.com.cn
经　　销　新华书店
印　　刷　廊坊市鸿煊印刷有限公司
书　　号　ISBN 978-7-5047-7012-7/F · 3118
开　　本　710mm × 1000mm　1/16　　版　　次　2020 年 3 月第 1 版
印　　张　18.75　　印　　次　2020 年 3 月第 1 次印刷
字　　数　305 千字　　定　　价　59.00 元

前　　言

时代在快节奏地发展，职场中的每一个人都面临着前所未有的压力。一方面是每年都有数以百万计的毕业生涌入职场中，给每个从业人员带来了外部竞争的压力。另一方面是科学技术的飞速发展，对从业人员不断地提出新的要求，即便是已经拥有不错职位的人，也不敢掉以轻心，总是在拼命地完善自己。在这样的现实条件下，我们每一个人都希望自己能够成为企业中不可或缺的人才，因为只有这样才能保证我们的前途光明。于是，每一个在职场中奋斗的人，都在运用各种方法得到管理者的赏识。

初进企业时，大家处在同一个工作起点上，企业管理者对每个新人的期望也都是一样的。但随着工作的开展，新人之间慢慢地就会拉开距离，有些人达不到企业的要求，有些人刚好能达到企业的要求，只有极少数人能超过企业的要求。那些在工作中不能达到企业要求的员工，会很快被淘汰；而刚好能达到企业的要求并不意味着这些员工在公司前程似锦。一个工作只能算得上称职的员工，不可能给企业管理者留下深刻的印象，继而成为其重点培养的对象，更不可能在企业中达到事业发展的巅峰，充其量只能保住自己的饭碗而已。只有那些超过企业期望的员工，才能使企业管理者眼前一亮，对其充满信心和期待。当遇到高难度的工作时，或是当公司重要的职位出现空缺时，管理者会很自然地想起这样的员工。于是，对于这些员工来说，加薪和升迁的机会就来了。

作为一家企业的创始人，笔者认为，在一个企业中，员工的最终职位和薪资会出现三六九等，这与员工的意识有着密不可分的联系。经过十几年的研究，笔者发现无论在什么企业抑或行业中，优秀的员工总是有着某些共同的特质。这些特质和他们从事的工作无关，完全是体现在个人的工作态度上面。总结归纳起来，优秀员工基本上拥有以下特质：忠诚意识、敬业意识、感恩意识、责任意识、执行意识、创新意识、合作意识、沟通意识、低调意识、节约意识、效率意识、结果意识……

具体来说，笔者认为优秀员工拥有积极的工作态度、坚定的生活信念，他们一直信奉“既然能飞，就要飞得高；既然能做，就要做得好”。他们工作勤奋、敬业，始终拥有强烈的使命感和责任感。他们工作固然是为了生计，但是能够在工作中充分挖掘自己的潜能，发挥自己的才干，创新性地开展工作。为企业发展和个人发展创造条件更是他们的驱动力。

对待工作，哪怕是别人极为不屑的、低微的工作，优秀员工都会认认真真地完成。因为在他们的心目中，每一件事都是值得做的。他们无比珍视时间的价值，因为他们深知拖拉和逃避是一种恶习，懒惰更是对心灵的一种伤害，他们的原则就是立即行动。

优秀员工养成了敬业的习惯，对自己的工作尽职尽责、一丝不苟，他们经常会想“我能为企业做什么”，而不是“我必须为企业做什么”。他们不会以“这不是我分内的工作”为由逃避责任，而是把额外的工作视为一种积累工作经验的机会。为了精通业务，他们非常注重主动学习最新的专业知识，拓宽自己的知识面。

优秀员工绝不是那种动辄“跳槽”的员工，他们会站在企业管理者的立场为企业着想，具有强烈的主人翁责任感。即使由于某些原因，他们可能不会长期效力于同一家企业，但直到最后一天，他们对待企业都是忠诚的、对待工作都是尽职尽责的。他们也是具有团队合作精神和强烈自信心的员工，这不仅使他们具有强烈的进取精神，而且这种良好的精神面貌会给客户一种感染力，进而获得客户的信任。一旦这些优秀的品质——忠诚、敬业、勤奋、自动自发等——在团队中传播开来，那么这个团队无疑是所向披靡的。

本书内容简洁、语调明快、观点新颖、方法实用，既可以作为“职场菜鸟”的入职教材——通过学习迅速成长，培养职场意识，从而获得快速晋升的机会，也可以作为“混世魔王”的自检读本——本书中列举了很多真实、鲜活的案例，从不同的角度折射出当下企业中一些老员工的工作状态，使他们通过对比改进工作方法，少走冤枉路。

总之，如果你渴望成为一名优秀的员工，渴望获得更高的薪水、更高的职位、更大的成功，请认真阅读本书吧。本书不仅将告诉你如何在实际工作中去实践，还教你从每一个细节入手，成为企业最杰出的员工。如果你是企业家，那么，还请将这本书送给你的员工，让他们按照书中所说的去做，你将会发现，你的每一个员工都是优秀的！

朱坤福

2019年12月于朱氏药业集团总部

目　录

第一章

忠诚意识：员工迈向卓越的必经之道

忠诚不仅是一种道德品质，也是一种职业生存方式，更是优秀员工迈向卓越的必经之道。忠诚是企业凝聚力的魂魄，是员工实现自我价值的助推器。在企业里，真正能够扶摇直上、平步青云的不一定是才华横溢、能力超群的人，但一定是忠于企业、服从命令的人。忠诚可以弥补能力的不足，能力却不能弥补忠诚的缺陷。所以，不管你涉世未深还是饱经沧桑，保持忠诚，坚守忠诚，就能把握人生成功的先机。

面对种种诱惑，忠诚在今天显得更加可贵

面对种种诱惑，忠诚在今天显得更加可贵。忠诚的员工不会过多计较个人得失，并能时时为公司着想。

忠诚使人保持正直，给人力量；它是驱动一个人精力充沛的主要动力，因为这样的人毫无负累，会与企业同舟共济，共谋发展。

许多企业常常反复考察员工的忠诚度，看其能否为企业忠心工作，能否在企业出现危机时挺身而出共命运。因为企业领导者深信忠诚是考验出来的，不是嘴上说出来的。正如古人所云："天将降大任于斯人也，必先苦其心志，劳其筋骨"。领导者会考察一个员工是不是有上进心和事业心，是否认同企业的价值观。员工的忠诚度越高就越有可能获得更多的机会，领导者对其忠诚度的要求也会越来越高。没有哪个领导敢放手任用一个曾经背叛自己企业的人。背叛会使其人格和尊严抹上污点，更会影响前途和发展。

在当今竞争激烈的年代，谋求个人利益，实现自我价值是天经地义的事。但是，实现自我价值与做忠诚的人并不是对立的，而是相辅相成、缺一不可的。

汪楠是一家网络公司的技术总监，由于公司改变发展方向，他觉得这家公司不再适合自己，决定换一份工作。

以汪楠的资历和在IT业的影响，找份工作并不是件困难的事情。有很多家公司早就盯上他了，以前曾试图挖走汪楠，都没成功。这一次，是汪楠自己想离开，很多公司都抛出了令人心动的薪酬待遇，但是他不能因为优厚的条件就背弃自己一贯的原则，所以汪楠拒绝了很多家公司对他的邀请。

经过仔细斟酌，汪楠决定到美国硅谷一家大型企业去应聘技术总监。这家企业在全世界都有相当的影响力，很多IT业人士都希望能到这家企业来工作。

对汪楠进行面试的是该企业的人力资源部主管和负责技术方面工作的副总裁。对汪楠的专业能力他们并无挑剔，但是他们提到了一个让汪楠很失望的问题。“我们很欢迎你到我们企业来工作，你的能力和资历都非常不错。我听说你以前所在的企业正在着手开发一个新的适用于大型企业的财务方面的应用软件，据说你提出了很多非常有价值的建议，我们企业也在策划这方面的工作，你能否透露一些你原来企业的情况？你知道这对我们公司很重要，而且这也是我们为什么看重你的一个原因。请原谅我说得这么直白。”

“你们问我的这个问题真的令我很失望，看来市场竞争的确需要一些非正当的手段。不过，我也要令你们失望了。对不起，我有义务忠诚于我以前的企业，任何时候我都必须这么去做，即使我已经离开。与获得一份工作相比，忠诚对我而言更重要。”汪楠说完就走了。

汪楠的朋友都替他惋惜，因为能到这家企业工作是许多像他一样的年轻人的梦想。但汪楠并没有觉得可惜，他对自己所做的一切感到很坦然。没过几天，汪楠收到了来自这家美国企业的一封信，信上写着：“你被录用了，不仅仅因为你的专业能力，还有你的忠诚。”

“谁是忠诚的，谁才是最可靠的。”本着这种认识，领导一旦发现你露出不忠诚的端倪，那么任凭你有惊世之才，他们也不会信任你，更不会给你提供发展的空间，这就是忠诚的价值。

实际上，忠诚已成为人才的第一竞争力。人才的竞争，不仅仅体现在技能方面，同时也更指向品德竞争。对于一家企业来说，忠诚排在所有品德中的第一位。过去，企业在招聘员工时，大多数首先看重的是文凭和工作经验，这两方面过得去，基本上就录用了。至于品德方面，只要不是大奸大恶之人就可以了。然而，今非昔比，越来越多的企业认识到员工的忠诚对企业来说是何等重要。他们关注的范围已经扩大了许多，并把忠诚排在了第一位。很多企业会通过各种形式测试应聘者的忠诚，如果被认定是忠诚度不够的人，哪怕你拥有一百个博士学位，拥有一千项成功案例，都可能不会被聘用。因为招聘考官们很清楚，一个缺

乏忠诚的“能人”一旦背叛企业，企业遭受的损失可能是无法估量的。

忠诚和回报是有先后顺序的，忠诚是回报的前提。现实生活中很多年轻人在求职的时候，首先强调的就是企业的回报。这种本末倒置的做法，最终会导致他们无法得到理想的结果。

当下社会缺乏的不是有才能的人，而是缺乏既有才能又忠诚于企业的人。唯有忠诚、团结，团队才会战无不胜。“我们需要忠诚的员工”，这是企业的共同心声。

你真诚地对待企业，企业也会真诚地对待你

一个忠诚的员工是不会被解雇的，因为忠诚不是纯粹的付出，忠诚也会有丰厚的回报。你真诚地对待你的企业，企业也会真诚地对待你；你的敬业精神增加一分，别人对你的尊敬就会增加两分，即使你的能力一般，只要你真正表现出对企业的真诚与忠诚，你就能赢得企业的信赖。

在现代人力资源管理中，员工与企业领导者被普遍认为是一对互利共生体。从表面上看，两者之间似乎存在着对立性——企业领导者希望减少人员开支，而员工希望获得更多的报酬。但是从更高的层面上去分析，两者是和谐统一的——企业拥有忠诚和有能力的员工，业绩才有保证；员工必须依赖企业的平台才能获得物质报酬和满足精神需求。

在互利共生的合作关系中，合作双方是否互相忠诚、信任是决定能否共赢的关键。也就是说，在忠诚的紧密连接下，企业和员工的利益达成统一。员工忠诚于企业，企业信任员工，企业和员工共同走向成功。因此说，忠诚是企业和个人得以生存和发展的保证。

真正的忠诚不是消极的，而是积极的，是一种对归属感的确认，是一种为自己崇高的目标献出全部的行为与心态。一个人一旦确认自己属于某一个集体时，就自觉地认为自己必须为这个集体做出贡献，这样才能得到认可。因此，忠诚可以确保任务的有效完成，以及对责任的勇敢担当。

所以说，生产率的提高，不在于什么奥秘，而纯粹是在于员工的忠诚，在于他们经过成效显著的训练而产生的献身精神及他们个人对企业成就的认同感，也在于员工及其领导者之间的那种充满人情味的关系。

即使在条件艰苦的环境中，忠诚的员工也能够利用现有的资源去努力创造条件，克服困难，尽自己的最大努力完成工作任务。

周楠原来是一家医药科技有限公司的生产工人，后来，他主动申请加入公司营销队伍。因为当时公司正在招聘营销人员，而且各项测试显示他也适合从事营销工作，经理便同意了。

那时，公司规模还很小，只有三十几个人，面临着许多要开发的市场，公司并没有足够的财力和人力。因此，周楠只身一人被派往西部一个城市。在这个城市里，周楠一个人也不认识，吃住都成问题，但心中对公司的忠诚以及工作机会的珍视，使他没有丝毫退缩。没钱乘车，他就步行，一家一家地拜访，向他们介绍公司的产品。他经常为等一个约好见面的人而顾不上吃饭，因此落下胃病。他租住的是一家闲置的车库，只有一扇卷帘门，而且没有电灯。晚上门一关，屋子里一丝光线也没有。那个城市春天多沙尘暴，夏天则经常下冰雹，冬天经常下冻雨，对于一个物质贫乏的推销员，这无疑是严峻的考验。而且公司的条件差到超乎周楠的想象，连产品宣传资料都供不上，周楠只好买了复写纸，自己手写宣传资料。

在这样的条件下，周楠始终没有动摇。他对自己说："我必须忠诚于我所从事的这份工作。"一年后，被派往各地的营销人员都回来了，其中还有几个人早已不堪工作艰辛而悄无声息地离职了。最后只有周楠干得最好。后来，周楠被任命为市场总监。

忠诚的人往往能将自己的发展和企业的存亡紧密结合在一起，他们会积极主动、不遗余力地履行自己的义务与职责。因此说，忠诚表现的是一种对职业的忠诚，是一种对职业的责任感，是承担某一责任或从事某一职业所表现出来的敬业精神。

对于企业来讲，忠诚不仅会使企业的效益得到大幅度的提高，还能增强企业的凝聚力，使企业更具竞争力，能使企业在变幻莫测的市场中屹立于不败之地。对于员工来讲，忠诚能使员工更快地与企业融为一体，真正地把自己当成企业的一分子。

企业犹如一艘驶往成功码头的巨轮，老板就是船长，所有员工则充当助手。只有大家为着一个共同的目标奋斗，各自把自己分内的事做到最好，才能保证这艘船正常前进，平稳、安全地驶向目的地。但如果你朝秦暮楚，这山望着那山高，视忠诚为无物，那你就等于站在一块涂满了油脂的木板上，因为自己对别的船只或岸上的活动的兴趣大于自己所做事情的兴趣而致使木板倾斜，最终让自己落入海里。

所以说，忠诚不仅仅是品德范畴的东西，它更是一种生存的必备品质，可以说是生存的保证。如果一个人失去了对企业的忠诚，失去了发挥个人能力的平台，自然也就没有成功的机会。

忠诚是任何一个职场人必须具备的品质，只有所有的员工对企业忠诚，才能发挥出团队的力量，推动企业走向成功。企业的生存离不开少数员工的能力和智慧，更需要绝大多数员工的忠诚和勤奋。

当你真正把忠诚根植于内心的时候，你就会以一种高度负责的精神去完成自己的工作，从而获得比别人更多的经验，也让自己的潜力得到充分发挥。这样必然会提高自己的办事效率，增强自己的实力，让自己真正拥有实现自我价值的资本，走向自己更加美好的未来。

常挪的树长不大，频繁跳槽只会无槽可跳

在很多人眼里，跳槽就意味着升职加薪，走向人生巅峰。因此，有些人把跳槽作为拿高薪的跳板，也有些人一言不合就要跳槽，不断地徘徊在探索和寻找“理想工作”的路上。然而跳槽真是如此美好吗？

在当今这个社会，员工跳槽，特别是年轻人跳槽已是屡见不鲜。跳槽似乎已经成为一种风气蔓延开来，当这种风气蔓延到整个商业领域时，许多本来具有一定忠诚度的员工也受到感染，有为数不少的人加入了跳槽大军的行列，换工作如换衣服，甚至到最后自己都不记得自己具体做过什么，使得整个职业、商业环境日趋恶化。

频繁跳槽的员工，特别是一些刚参加工作不久的员工，他们往往把企业当跳板，当过渡时期的“临时旅店”，他们总想着下一份工作会更好，于是就积极地寻找下一次机会。他们往往不懂得感恩，缺乏对企业最起码的忠诚，眼中只看到自己的利益。他们总是“吃着碗里的，看着锅里的”“这山望着那山高”，因此，他们虽然在一个岗位上工作，却不能很好地履行自己的职责。这种人往往得不到企业的认可，这种行为更不利于自身事业的长远发展，最终只能像跳蚤一样，在企业间不停地跳来跳去，却落了个人人讨厌的结果。

缺乏忠诚度，频繁跳槽，无视企业对自己的培养，在企业最需要支持的时候离去，无疑会使企业受到直接影响，但从更深层次的角度上看，频繁跳槽对其自身的伤害更深。无论是个人资源的积累，还是所养成的“这山望着那山高”的习惯，都会使员工的价值有所降低。频繁跳槽，不但不利于员工的经验累积和进步，更为重要的是难以取得领导的信任，自然也就没有进一步发展的机会，无疑，这一问题毫不留情地阻断了通向成功之路。

小王和小李毕业后一同到一家著名的软件公司工作，令同学们羡慕不已。

没想到，两个月后，小王因为听一个朋友说网络公司的工作更具有挑战性，就和小李商量一起走。小李对软件公司的文化已经非常认同，也并不看好那家网络公司，便劝小王不要贸然行动。可是被美梦冲昏了头脑的小王去意已决，当月就辞职了。

到了网络公司工作后，小王刚对公司有一些了解，就觉得自己没什么激情再干下去了，于是又开始想转到别的领域工作。在后来的几年里，他就像一只无头苍蝇一样四处乱撞，一次比一次失望，产生了“早知如此……”之类的想法。

短短几年时间里，小王相继涉足了软件、网络、销售、广告、媒体、汽车、保健品等多种行业，可谓“万金油”，什么都会一点儿，但什么都不精通、不专业。于是，只好一直做初级工作。而他以前的技术也跟不上了，奋斗了几年，两手空空。

当年的小王都快成老王了，在他的哥们儿面前他硬着头皮说“无怨无悔”，但“打落牙齿往肚里咽”的难受滋味，只有他自己知道。

小王如果能在最初的那家软件公司坚持下来，早做出成绩来了。他的同学小李现在已经成为公司一个重要的部门经理，手里持有可观的原始股票，买了车，同学聚会都在他新买的高档公寓里举办。而小王则仍然一无所有。

像小王这样的员工，“吃着碗里的，看着锅里的”“这山望着那山高”，心情浮躁，恐怕到最后也一事无成。

任何事都只有理智地参与才有望获得理想的结果，跳槽也不例外，盲目频繁的跳槽有害无益。有些人将跳槽当成解决一切问题的手段：工作不顺利，跳槽；人际关系出现障碍，跳槽；薪水待遇太低，跳槽……然而，工作不顺利，也许是缺少方法或经验不足造成的；人际关系出现障碍，也许是沟通能力欠缺造成的；薪水待遇太低，也许是业绩不佳造成的。这些个人素质欠缺带来的问题，只能通过提升自己来解决，否则，跳槽到任何企业都会面临同样的困境，你上哪儿去找一个为你量身定制的工作呢？

一个员工“身在曹营心在汉”，动不动就表示不满，以跳槽相威胁，怎么会安心工作并得到老板赏识呢？就算你的跳槽言行是无心之举，毫无恶意．也同样让人反感。在这里，要奉劝那些频频跳槽的人，多一些踏实，少一些浮躁。谁都知道，熊掌和鱼不可兼得，在分不清哪儿是熊掌、哪儿是鱼的情况下，最好牢牢抓住一样。企业一般都非常看重员工的忠诚度，对于“贰臣”历来心存芥蒂，担心跳槽的员工到本企业工作后会“后院失火”，即使聘用，也会有疑虑，这样，员工就很难有获得更好发展的机会。

是金子在哪里都会发光，只要你安心在岗位上努力工作，干出成绩，领导即便不说，心里也会记着。如果领导已经在考虑提拔你，而你却突然提出辞职，岂不是前功尽弃？一个频频跳槽的人很有可能会降低自己的“职场资信等级”。所以，一旦你决定了要从事某种职业，或者你正在从事某种职业，就要打起精神，不断地鼓励自己、训练自己、控制自己，对企业、对职业多一分忠诚。

频繁跳槽将极大影响一个人的职业发展，不仅会让人认为你毫无忠诚度可言，同时还会让人对你的行业经验表示怀疑，因为没有在专业上的深度积累，到哪儿都做着基础性的工作，你的个人价值并没有在跳槽中得到质的飞越，不过是低质量地重复而已。

保守企业机密，是身处职场最基本的原则

忠诚的底线是为企业保守秘密。作为企业的一员，只有企业信任你，你才能接触到企业的一些秘密。当你为了私利出卖企业秘密时，你不但背叛了企业的所有同事，更违背了自己的职业道德，甚至会受到法律的制裁。

企业的竞争，从某个角度来说也是信息的竞争。为了不给竞争对手以可乘之

机，每个企业都很看重自己的商业机密。但是任何一个企业都难以保证其每一位员工都能做到保守秘密。现实中，不可避免地会出现员工泄露企业商业秘密的情况。有的是因为粗心大意导致泄密，有的是因为员工缺乏保护商业机密的相关知识而在无意中泄密，有的则是员工由于经不住各种诱惑而恶意出卖企业的机密。如果说是前两种情况导致企业机密泄露还情有可原的话，那出于个人私利而恶意出卖企业的商业机密则不可原谅，这关系到员工的品德问题。

每个员工都要知道，为企业保密是职责所在，是你身处职场最基本的原则。在诱惑颇多的今天，能够保持忠诚显得尤为珍贵。当你忠诚于企业时，你所得到的不仅是企业对你的更多的信任，还有更多的收益。

小王是山东东贝医药科技有限公司的前台，对于公司机密了解得非常少，接触最多的信息无非是最近谁到哪里出差了，要订什么机票；今天哪家企业要来公司访问，要订什么餐厅和宾馆等。她怎么也想不到，自己竟然会因为泄密而受到公司的处分。

一天，小王和朋友喝茶，朋友给她引荐了另一位朋友，是一家研究所的研究员。席间，研究员问起小王工作的情况，并顺带问了问小王公司的情况。小王为了体现自己公司是有实力的大公司，就顺口举了几个客户作为例子。不想言者无意，听者有心。研究员听了小王说的客户后，立刻着手查找信息，搜集关系，将小王所在公司快要签订的一个项目搅黄了，并且取而代之。

煮熟的鸭子飞了，老板自然非常生气。追查下来，发现是小王出了问题。考虑到她是无意的，公司没有辞退她，而是取消了她的年终奖和加薪的机会。自从这件事情之后，公司迅速与全体工作人员签订了保密协议，堵上了这个缺口。

小王泄密造成的结果还不是很严重，但有些不经意的泄密甚至会使得企业破产。因为通过这些小事情，竞争对手会顺藤摸瓜了解更多的信息，加上其他渠道信息的佐证，竞争对手就能全面透彻地了解企业，并可能实施针对性的措施，使其在竞争中立于不败之地。

企业的机密可能关系到企业的成败，身为员工一定要牢记祸从口出的道理，做到守口如瓶。保守企业秘密，是忠于企业的一种体现，是员工取信老板的重要一环。

员工要怎样做到不泄露企业秘密呢？简单来说可以归纳为三点：第一是不该说的别说，第二是不该问的别问，第三是不该听的别听。

不该说的别说。如果不知道什么该说什么不该说，最好的办法就是，除了企业已经公开披露的信息，不要透露其他任何关于企业的信息。如果可以跟外界透露，企业自然会通过正式的渠道发布。企业没有发布的，自己多嘴说出去，就有可能是泄密。

不该问的别问。每个职位都有一定权限，也有一定的责任，身处这个职位的人该了解什么信息，该承担什么责任，一般都是清晰的。该你知道的信息你不问也会告诉你。不该你知道的信息，你问则会将双方推入尴尬境地。别人不回答你，你会觉得没面子；别人回答你，又违反了相关的规定。这种让双方都不愉快的事情，最好就不要做。

不该听的别听。电影中有一个经典情节：一个人无意中听到了不该听的话，如果被人发现，会立刻声明自己什么都没看见，什么也没听见。否则，别人就要杀人灭口，因为，你知道的秘密太多了，让别人没有安全感。

孔子曾经说过君子要“非礼勿视，非礼勿听，非礼勿言，非礼勿动”。严守企业的机密和这个观点有点像，也要求员工做一个君子。这里的“君子”有不同的内涵，指的是具有职业道德的员工。保守企业秘密是员工应该遵守的职业道德之一。当然，无心之失尚有情可原，为了利益出卖企业的机密，就不属于职业道德讨论的范畴了，而是应该追究法律责任了。

对于员工来说，严守企业的机密是员工最基本的职业道德素质，也是对企业无限忠诚的表现。任何一名员工，只有做到了不该说的不说，不该问的不问，不该听的不听，严守企业机密，就一定能够更快得到领导的认可；否则，即使你很有才能，也不会有更大的发展机会，也无法在职场上生存。

勿以恶小而为之，企业的小便宜不要占

职场中任何一个微不足道的细节，都足以毁掉你所有的诚信，这并非危言耸听。如果开始时你认为拿企业的一张纸、一支笔是无关痛痒的话，那么慢慢你会觉得拔个插座、摘根灯管也是小事，“勿以恶小而为之”。

很多人都有贪小便宜的心理，他们认为不贪白不贪，反正是公家的东西。于是乎，顺手牵羊，“一不小心”把企业的物品“私有化”。这种人，如果负责采购工作，就总想吃点回扣，而不管采购回的材料质量怎么样；如果管着仓库，他们就总是在琢磨怎么用“允许误差”挖出一点“宝藏”；如果是一线工人，就常常想着偷偷地将产品或材料带出来卖掉。曾有一个女工在一家袜子厂上了半年班，她家里居然积攒了一千多双各式各样的袜子，都够摆一个袜子摊儿了。

像这样的行为已经严重地违反了最基本的职业道德，到头来他们“捡了芝麻，丢了西瓜”，丢了饭碗之后才大呼“悔不当初”，却是悔之晚矣。

一家药业科技有限公司的大黄工作经验丰富，兢兢业业，很快便被公司委以重任，成了老总的私人助理。但他有个毛病，就是总爱拿公司的一些小东西回家，今天拿几支笔给儿子写字，明天拿一沓复印纸给女儿做算术。公司老总虽然知道这些，但大黄工作细致，任何事都能安排得井井有条，也就

睁一只眼闭一只眼了。

一次，公司在A市的一个办事处业务绩效突然直线下滑，老总不明原因，于是派大黄去了解情况。

A市办事处的负责人知道“钦差大臣”要来，自然做足了准备。大黄一到，负责人早已在当地给大黄订了最好的酒店，并安排工作人员拉着大黄在A市逛了个遍，当地的名酒名烟、土特产给大黄买了一大堆。第二天，工作人员才领着大黄去了办事处所在地，并将早已准备好的材料一一给大黄过目。

总喜欢贪点小便宜的大黄，见这次“收获”不小，材料中也没看出什么漏洞，并且负责人已经答应大黄一定会将业绩搞上去，所以也就不再深究了。公差已毕，大黄美滋滋地扛着大包小包回了家。大黄第二天回公司报告此次调查结果时，“如实”地按照A市负责人的“交代”报告给了老总。大黄说，A市的业绩下滑主要是因为给业务员的提成太低，使业务员心里不满，从而导致工作没有积极性，所以业务量也就下降了。

公司老总依据大黄的报告，立即给A市的业务员增加了提成。但两个月过去后，A市的业绩不但没有提升，而且下滑得更加厉害。然而，就在这个时候，老总接到了A市一个业务员的匿名电话，举报了A市负责人私自降低他们的提成，中饱私囊，导致他们很多人辞职，并且还顺带说了大黄上次出差有受贿嫌疑的事。

老总听后大怒，找来大黄质问情况是否属实。大黄听了大惑不解，认为自己只是拿了点土特产回家。后来，A市的负责人为了推脱责任，居然倒打一耙，说是大黄自己主动索要了那些礼物。老总并没有相信那位负责人的话，立即开除了他。但大黄知道此事后，依然羞愧难当，最终自己辞职回家。

吃人家的嘴软，拿人家的手短。不管你拿了人家多么不起眼的一点东西，在你的内心肯定会对给你东西的人产生不自觉的感激，于是便像大黄一样忽略了自己的真正职责，不明就里地被人蒙骗。

也许你会这样想：占用企业的一本稿纸、一支圆珠笔有什么大不了的，这些不值钱的东西，用用又有什么关系呢？其实，你的想法是不对的。一个人职业品质的好坏，往往从细小的地方表现出来，人们常说："勿以善小而不为，勿以恶小而为之。"不要小看一张纸或一支笔，它所造成的伤害比你想象中要严重得多。许多人在职场打拼多年，之所以没有取得成功，就是败在自己不良的职业操守上。

理智的领导者，常会从细微之处观察员工、评判员工。比如，站在领导者的立场上，一个缺乏时间观念的员工，不可能约束自己勤奋工作；一个自以为是、目中无人的员工，在工作中肯定无法与别人合作沟通……一旦你因这些小小的不良习惯，给领导者留下不好的印象，你的发展道路就会越走越窄。

如果领导者发现你经常在工作期间处理私人事务，就会感觉你不够忠诚。因为工作要讲求效益，任何投入必须紧紧围绕着产出来进行。工作时处理私人事务，无疑是在浪费时间。

尽量不要因私事向领导者请假，因为上班时间内的每时每刻都必须为企业所用，你每月领取的报酬已明确表明了这一点。当然，有些工作即使是带回家做也无妨，而且可以省下一些往返的时间或者说效率更高，像这种特殊的工作也要得到领导者的许可后再离开。

有些员工爱在上班时间打私人电话，这是不对的。另外，比如有朋友打到办公室和你聊天的电话，你很想早点挂断电话，对方却说个没完没了，这时，你就有必要找一些说辞来早点结束。比如："对不起，我现在要开会了，有时间再说吧""对不起，现在有客来访，下班后给你打电话"等。在办公时间抱着电话谈私事，不仅会耽误你个人的工作，还会影响周围其他人办公。更为重要的是，这还会影响到领导者对你的印象。

一位领导者曾这样评价一位当着他的面打私人电话的员工："我想，他经常这样做，否则，他怎么连我也不防？也许他没有意识到这样做有违职业道德。"

对领导者来说，工作时间打私人电话，处理私人事务，很大程度上反映出员工工作的心态。有些领导者通常把私人事务的多少作为考核员工是否积极上进、安心本职工作的标准。因此，工作时间里千万不要做私人的事，否则将影响你的发展。

养成一个好的工作习惯，对你的职业生涯，甚至整个人生都大有益处。上班时要全身心地投入工作中，不要占用上班时间处理私事；下班后，不要“顺手牵羊”拿走企业的任何物品。

轻视自己就职的企业，就等于轻视你自己

我们生活在社会中，企业就像自己的名片一样。企业有了良好的社会声誉，才能在激烈的市场竞争中得以生存和发展，个人的价值才能得以实现。如果企业的声誉、形象受到损害，个人的价值也同样会受到损害。

荷兰飞利浦电子集团前总裁田思达曾说：“目标、信念与人三位一体，形成了企业的形象。而企业形象，实质就是企业员工个人形象的集合。作为企业的一员，精心维护企业形象应当是责无旁贷的事情。”

无论你是企业中的一名普通在职员工，还是已经递交了辞呈的离职员工，对于都不要诽谤和伤害企业，而是要怀有一颗感恩之心。因为轻视自己所就职的企业，就等于轻视你自己。

一家医疗器械有限公司的打印机由于用的时间太久坏掉了，总经理朱晓肸让秘书再买一台新的。于是秘书选择了一家专门生产办公器材的公司，让他们送货上门。

第二天，那家公司就派员工将打印机送到了。朱晓肸突然想起，需要再添置几部新的传真机。于是他想，干脆一事不烦二主，全部在那家公司买算了。

在朱晓肸去跟那家公司的送货员订货的时候，听到了送货员和他的秘书在闲谈。送货员说了这么几句话："现在干业务真不容易，我们公司可烦人了，老板天天催着我们送货不说吧，还老是在那瞎指挥……"

听到这里，朱晓肸眉头一皱，顿时没有了订传真机的欲望，只是让财务人员给那个送货员结了账。

等那个送货员走了以后，朱晓肸让秘书另外找了一家公司订几台传真机。为什么朱晓肸会突然改变了订货的念头？就是因为那个送货员的几句话，让朱晓肸觉得很不舒服。也许他只是无意识地发发牢骚，但给朱晓肸的印象是他们公司既不团结，也不稳定。连自己的员工都对公司没有好感，他们卖出的东西能有保障吗？

所以，无论在什么场合、什么时候，我们都要注意维护企业形象，不说、不做有损企业形象的言论和行为。如果你对企业或同事有什么不满，可以在企业里面提出来，哪怕有争议也不要在背后嘀咕，尤其是在企业以外的人面前议论。当你无所顾忌地在任何场合抱怨自己的企业时，无异于往自己喝水的井里吐痰，是非常不明智的。

任何企业都有一个属于自己的独特形象，或卓越优异，或平凡普通，或真善美，或假恶丑，或美名远扬，或默默无闻……良好的企业形象可以使企业在市场竞争中处于有利地位，受益无穷；而平庸乃至恶劣的企业形象无疑会使企业在生产经营中举步维艰，贻害无穷。企业形象不仅要靠企业各项硬件设施建设和软件条件来树立，更要靠每一位员工从自身做起，塑造良好的自身形象。因为员工的一言一行直接影响企业的外在形象，员工的综合素质就是企业形象的一种表现形式。

员工在工作中的一举一动，在外人的眼中代表着企业的形象。特别是在客户的眼里，员工的自信谈吐会给客户带来积极的影响。如果员工在与客户沟通的时候满口脏话，客户对这个员工所讲的话就要产生怀疑，进而客户可能对企业也有不好的看法。如果客户说，你们公司管理很差，而员工也跟着说“是啊，我也觉得很差”，那就完了。相反，员工如果说“其实不是这样的，我想你是不太了解我们公司，只要你了解了，就一定会欣赏我们公司的”。纵使客户对企业的印象是正面的，第一种回答也不能挽回企业的形象。可能客户以前的确对企业有误解，但是通过这个员工的第二种回答再次维护企业的形象，就消除了这种误解。一个员工如果没有维护企业形象的意识，那他肯定是一名不合格的员工！

一个真正聪明、有远见的员工，会把自己企业的名誉看得比自己的生命更重要。因为他知道，只有维护了企业的名誉，自己的名誉和地位才能得到保障。只有让企业声名远扬，自己的事业前途才会更辉煌。

当然，我们可能并不会一开始就在一个著名企业工作，但是我们完全可以努力将其变成一个影响力很大的企业。到了那个时候，你在向别人说起自己的企业时，这个名字所承载的就不仅仅是一种自豪感了，还会有更大的成就感。

我们完全没有必要因为目前企业的规模或形象不够出色而对其产生各种不满，抑或向身边的人抱怨，甚至诋毁企业，如果这样的话，你不单单是毁掉了企业的形象，也毁掉了身在企业当中的自己。即便你所在的企业现在发展状况不佳，但你也没有必要四处去宣扬，或者觉得丢脸，身在企业当中，你应该有企业荣誉感，不管它现在是否优秀，你都应该告诉他人：我是企业的一员，未来的企业会有很好的前景。

作为员工，应该有这样的觉悟：我是企业的一员，我为企业自豪，不管是在企业内还是在企业外，我都代表着企业的形象，不管任何情况，我都不能损害企业的形象，而是要维护它。

忠诚地对待工作，更容易获得成功的机会

忠诚的人容易获得别人的信任和支持，也值得别人对他委以重任，因此忠诚的人更容易获得成功的机会。忠诚就是成功的通行证。

忠诚的员工最受欢迎，无论走到哪家企业都会受到企业领导者的青睐，往往也会受到企业领导者的重用，在企业里有自己的位置。我们知道，许多企业招聘员工的时候，第一看重的不是能力，而是这个人的忠诚度。因为能力是可以培养的，而要改变一个人的品行，却十分困难。

每个企业领导者都会忠诚于经过自己努力开创和奋斗得来的事业，这一点是毋庸置疑的。对每一个雇主来说，员工的绝对忠诚是首要条件。他们会以此为标准选聘人才，并在经营管理的过程中反复地向员工传播和灌输忠诚的理念。在一大群能力相当的员工中，企业领导者更重视的是他们的忠诚度。无疑，那个忠诚度高、敬业度高的人会是他重用的对象。因为忠诚是信任的基础，信任是合作的前提，在一个企业中，只有每个员工都忠诚于同一个目标、同一个主体，信任才不会轻易破裂，才有利于组织目标的实现。

朱顺去一家医药科技有限公司应聘部门经理，公司说有三个月试用期，朱顺答应了。但是出乎他意料的是，公司把他安排到最基层的商店去做销售员。刚开始的时候，朱顺接受不了这样的工作，他觉得自己怀才不遇，但还是忍气吞声地挺过了三个月的试用期。

直到后来，他才明白公司这样做的原因：他刚来到公司，对该行业还不熟悉，对公司的内部情况也不了解，很多事情确实应该从最基层做起，一点一滴地积累，才能对公司有一个全面的了解，才能熟悉公司里的各种业务。

事实证明，他从基层干起是正确的，他用三个月的时间熟悉了公司业务，对公司有一个全面准确的了解，明白了公司的发展规划，并积累了一定

的工作经验，为以后的工作打下坚实的基础。

三个月后，朱顺正式被任命为公司的部门经理，带领下属取得了优异的成绩，为公司的发展壮大做出了自己的贡献。半年后，因为其工作出色，朱顺顺利升职。接下来，朱顺在公司里如鱼得水，游刃有余。一年后，公司的总经理调走了，他顺理成章地接任了总经理的职位。

在回顾自己这一年多的经历时，朱顺感慨万千，他说："当初忍气吞声地从最基层的销售员做起，我没有抱怨公司，尽管我不知道这是公司对我的考验。事实证明，我对公司是忠诚的，所以赢得了公司对我的充分信赖。"

如果你能忠诚地对待工作，就能赢得领导者的信赖，进而得到晋升的机会。在这样一步步前进的过程中，你的能力不知不觉地得到了提高，离成功越来越近。

本杰明·富兰克林曾告诉我们："如果说，生命力使人们前途光明，团体使人们宽容，脚踏实地使人们现实，那么深厚的忠诚感就会使人生正直而富有意义。"

对于一名员工而言，忠诚于企业，你所得到的不仅是企业对你的信任，你的所作所为还会让企图诱惑你的人感到你人格的力量；相反，如果你背叛了企业，背叛了自己的人格，你的身上将背负一辈子都擦拭不去的污点。

在企业里，忠诚不仅是一个人的品质问题，还会关系到企业的各种利益。忠诚不仅有其道德价值，还蕴含着巨大的经济价值和社会价值。一个忠诚的员工，是能够带给他人以信赖感的，并易于被领导者接纳，在赢得其信任的同时，更为自己的职业生涯发展带来了莫大的好处。相反，一个人若失去了忠诚，也就失去了一切，因为没有人愿意与一个不能信赖的人交往和共事。

要知道，一切商业经营活动中，企业领导者承担的风险是最大的。因此，许多企业领导者常常反复检验员工的忠诚度，为企业出现危机做好充分准备。朱顺如果经不起老板对他的考验，也就不可能坐到总经理的位子上。同样，你如果经得起考验，你也同样会赢得信赖并受到重用。

失业大军里从来不乏才华横溢的超凡之士，造成他们失业的一个主要原因就是他们缺乏足够的忠诚。他们做事总是三心二意，只想着自己的得失，凡事斤斤计较，这样即使其能力再强，也很难得到领导者的青睐。

因此说，一个人是否忠诚，决定了其人生事业的成与败。不管你的能力是强还是弱，你都一定要具备忠诚的品格。忠诚的人无论走到哪里，都会得到别人的信赖；无论从事什么样的工作，都会有成功的机会。只要你真正表现出对企业足够的忠诚，你就能得到领导者的信任，更可能会乐意在你身上投资，给你培训的机会，提高你的能力。

忠诚赢得信赖，信赖赢得机会，机会赢得成功。在这个世界上，并不缺乏有能力的人，但那种既有能力又忠诚的人才是企业最需要的。

赢得了信赖，也就意味着获得了和谐的人际关系、愉悦的心情和对未来的信心。在工作中，赢得领导者的信任，不仅会增强自身前进的动力，而且会赢得更多的发展机遇；赢得同事信任，则会获得更多支持。

企业里忠诚的员工是领导者最倚重的员工，也是最容易成功的员工。如果你能力一般，忠诚会带你走向更好；如果你本身就已经足够优秀，忠诚会引领你登上更成功的高峰。

只有与企业共患难，才能和企业同成长

随着社会经济和教育事业的发展，对于当今的很多企业来说，它们缺少的并不是人才，而是能够与企业同甘共苦的员工。

应该说，企业的命运与员工个人的命运永远有着千丝万缕的联系，所谓“一荣俱荣，一损俱损”，企业发展好的时候，是员工的骄傲和光荣；企业有困难的时候，员

工也有责任帮助其走出困境。正如美国海军部队在优秀士兵价值准则中规定的那样，要把所服务的组织视为“我们自己的船”。一个忠诚的船员总是坚守着航向，即使遭遇大风大浪，他也能够冷静地掌稳船舵，驾驶它到达成功的彼岸。

可是，现实中很多员工似乎从来都没有把企业发展当作自己的责任，相反还总是想方设法为自己从企业谋取更多的利益，一旦听到企业有什么风吹草动，他们就忙着给自己找退路，而不是想着如何帮企业渡过难关。试想一下，如果连一个可以共患难的员工都没有，那么企业在生死存亡关头，又怎么能够逃脱破产或倒闭的厄运呢？

在企业出现经营危机的时候，往往最能检验一个员工的忠诚度，当然也更能显现忠诚员工的价值。这样的员工由于与企业一同走过了危险期，因此也会颇得领导者的信赖与赏识，到企业兴旺发达的那一天，领导者必然会给他丰厚的回报，让他品尝到企业经营成功的果实。

齐燕刚到一家化妆品有限公司工作没多久，公司就接到了一个大订单：某公司要30万贴面膜。公司上下欢欣鼓舞，老板朱先生立即调动所有员工都参与到这个项目中来，并且将公司的全部资金也都投入进去。

不出两个月，30万贴面膜就加工完毕了。然而，一方面由于技术不过关，另一方面由于管理上的疏忽，导致所生产的面膜存在严重的质量缺陷，结果被全部退货。对于一个实力不足、资金不雄厚的企业来说，这无疑是一个毁灭性的打击。更何况，为了生产这30万贴面膜，公司现有的资金已全部投入进去，连支付水电费都成了问题，员工的工资只好一拖再拖。在这样的情况下，看不到希望的员工们纷纷辞职，朱先生几乎都成光杆司令了。

眼看同事们一个个离去，齐燕心里感到一种莫名的失落，但她没有离开，一个人在空荡荡的办公室里安静地工作着。朱先生见到她后很是惊讶：“公司都成这样了，你还不打算离开吗？”齐燕说：“效益不好的公司也得有人为它工作啊！我是公司的员工，公司在，我就该留下来。”

朱先生感动不已，幸好不久后，他从亲友那里筹到了一笔款项。在接下来的日子里，他转变经营重心，开始采用寄销产品的销售模式。由于这种方法的投入很小，利润却很可观，公司的严重负债情况慢慢有了转机。齐燕陪伴朱先生在艰苦的岁月中熬过了两年后，公司终于由负债转为赢利，开始扩大经营规模了。

朱先生一直十分感念齐燕在公司最困难的时候帮助自己，因此在公司扩大规模后不久，他就将公司一半的股权交给了齐燕，并让她出任公司的副总经理。

如果说企业是航行在海上的一条船，那么企业的每一个员工就是这条船上的船员。不管你是船长、大副、舵手还是水手，只要你踏上了这条船，那就意味着从此你必须与这条船风雨相依，荣辱与共。当这条船遇到狂风暴雨，激流险滩时，作为员工，与这条船共进退是你最光荣、最明智的选择。在最危急的关头，唯有忠诚的力量才能战胜险境，走向光明。

在美国著名的费特曼纺织品公司的办公室、会议室、生产车间，到处都能看到一行醒目的大字，就是“唯有你，才可以救下这条船”。为什么呢？因为这家企业一直把自己比作一艘大海里的船。该企业多年来都经营得特别好，员工待遇也相当高，是什么原因呢？就是因为企业所有的员工一直以来都与企业同舟共济。员工们都知道，掌握企业命运的不仅仅是董事长，不仅仅是董事会成员，也包括他们自己。

要知道，员工的忠诚并非单向地对企业有利而已，而是会带来双赢，有时候最大的受益者反而是员工自己。因为一种职业的责任感和对事业的忠诚一旦养成，就会让你成为一个值得别人信赖的人，成为可以被委以重任的人。企业如果选拔干部，首选必定是那些勤奋努力的忠诚员工。而企业一旦需要裁员，留下的也一定是这些员工。

当然，员工对企业的忠诚是要经受考验的。当企业经营出现阻碍的时候，正是考验员工忠诚度的最佳时机。对一个企业而言，员工对企业的忠诚将大幅度地提高企业的效益，增强凝聚力，提升竞争力，使企业在风云变幻的市场中站稳脚跟。对一个职场员工而言，忠诚可以有效地使自己与企业相结合，把自己真正地当成企业的一员。

坤福之道

一个员工的忠诚并不是与企业共庆升平，为企业锦上添花，而应该是患难之中的不离不弃和雪中送炭的温暖。可以说，在患难之中毫无保留的忠诚才是真正难能可贵的，它体现了人性的高贵和美好，有着无法估量的价值。企业拥有这样的员工，就不会在前进的路途中被风雨阻隔，被荆棘绊倒。

第二章

敬业意识：全心全意热爱自己的工作

如果要用一个词来概括一名优秀员工的品质的话，那就是“敬业”。敬业是一种职业道德，更是一种理念、一种行为模式。所谓“敬业成就卓越”，只有深深地热爱一项工作，才有可能全身心地投入，才能甘愿为这项工作而献身，最终获得成功。任何一家企业，如果没有敬业精神做支柱，那么倒闭也是早晚的事情；任何一名员工，如果缺乏敬业精神，那么丢掉工作也是迟早的事情。只有敬业才可以使你在工作中出类拔萃，可以从工作中学到比别人更多的经验，而这些经验就是你“向上发展的阶梯”。

敬业是职业长青的基石，自我实现的前提

有这样一句话：“什么是不简单？能够将简单的事情天天做好就是不简单。什么是不平凡？能够将平凡的事情做好，并长期坚持做好就是不平凡”。工作虽然不是一个人一生的全部，但它是人生的支柱之一，所以做好工作是支撑人生大厦的关键，是发挥人生价值的有效路径。而做好工作的基础就是要有敬业精神。

美国学者罗宾斯认为：“敬业，就是尊敬、尊崇自己的职业”。一个人如果以一种尊敬、虔诚的心态对待自己的职业，甚至对职业有一种敬畏的态度，他就已经有了敬业精神。可是为什么还有那么多的人空有满腔抱负、满腹学识却流于碌碌无为呢？

小李和小肖同时被北京某出版社聘用，为此小李和小肖都非常高兴，因为能到一家国家级的大型出版社工作，将来肯定会大有作为。可没想到上班的第一天，人事部门却安排他俩去校对科，和有经验的老校对员一起工作。面对这样的安排，自负的小李一下惊呆了。他说：“校对有什么好学的？不就是改改错别字、标点符号什么的吗？这样的事，高中生都能做！我可是‘才高八斗，学富五车’的硕士生呀！”于是，小李愤而辞职，因为他不想把自己的才华浪费在这样的小事上。

小肖与小李的想法不同，他接到人事部门的通知时，高兴地想：“校对看似是一件很简单的工作，但肯定也大有学问，我一定要干好它。”就这样，小肖高兴地到校对科报到了。在校对科里，小肖除了做好自己的本职工作外，还不停地向有经验的老同志学习。一次，他还主动帮助一位同事校对完了一本很专业的稿子。这件事无意中被社长知道了，他觉得小肖是一个可造之材，于是便在工作中很注意他的表现，而小肖对交代的工作都能认真、负责地完成，而且工作质量比预期的还要好。

年后，小肖接到通知，他被调到社科类编辑室去当编辑。而此时的小李呢？还在人才市场上奔波。事实上，不是用人单位不要他，而是小李无论做什么工作，都漫不经心。他不是觉得手头的工作太平凡，就是觉得某一件事不值得竭尽全力去做，只用七分心思就行。结果，一些简单的工作也被他做得乱七八糟。当主管批评他时，小李不是虚心接受，而是以“走人”相威胁。因此，他失去很多就业机会，把大好时光都耗费在找工作上了。

其实小李应该明白，从事任何一项工作，无论工作是平凡还是伟大，敬业都是前提，如果不具备这种职业精神，你从事的即使是再伟大的工作，也不一定能取得好的成绩，更不可能使自己从普通成长为优秀。

平凡与平庸，是工作的两种状态、两种心境。而现在很多人缺少的恰恰就是“我本平凡”的认知，他们不能忍受平凡的工作，以为只有伟大的事业才能成就伟大的人生，却不知道，平凡中孕育着伟大，伟大也同样存在于平凡之中。

谢飞刚进印刷厂的时候很年轻，不过他与大多数人不一样，他细心观察印刷厂的生产情况，不辞辛苦地向老技术工人讨教。当从老技术工人那里得知，由文字、图画、照片等原稿到成品出厂大约要经过十几个部门的合作，并且每个部门的工作性质都大不相同时，他主动要求从基层的杂工做起。杂工不属于正式的员工，是印刷厂里最辛苦的工作，这样的工作在很多人看来是十分枯燥的，谢飞却一直兢兢业业地做下去。

由于没有固定的工作场所，谢飞和工厂的各个部门都有了接触，对各个部门的工作性质也都有所了解，渐渐地，他找到了这份工作的乐趣。几年下来，他几乎做过每个部门的工作。后来印刷厂由于效益不好而倒闭，工人们纷纷下了岗，谢飞却凭借着自己在工作中练就的全面而又优秀的技术被一家外资企业聘用。

人生需要从平凡的工作开始，而且平凡的工作也需要敬业精神。设想一下，

如果不是因为谢飞对工作的敬业，他也许一辈子就是一个普通的技术工人，工厂倒闭后和别的工人一样下岗；如果不是他认真地对待杂工这份平凡的工作，他也就不可能从中学到各种零件的制造，更不可能下岗以后很快被外资企业聘用。

要想在社会上生存，就必须要有生存的本领，而工作所带给你的，要比你为它付出得更多，如果你将工作视为一种学习，那么每一项工作都包含着个人成长的机会。尤其在人才竞争激烈的今天，能力比金钱要更重要，一个没有能力的人在社会上很难有立足之地。有句话说得好：不爱岗就下岗，不敬业就失业！珍惜工作，爱岗敬业，说得具体点就是：做好本职工作，把一点一滴的小事做好，把一分一秒的时间抓牢，从我做起，从小事做起，从现在做起。

如果你在工作时只是以业内的岗位要求为自我标准，那你只是一个职场机器人。那些有着丰富工作经验的人，正是由于长期对自己的工作秉持着敬业精神，才使得他们在工作中积累了大量工作以内和工作以外的经验，造就了他们出色的工作能力，即便失去这份工作，他们也会很容易找到另一份工作。

“为草当作兰，为木当作松。”工作需敬业，敬业是你职业长青的基石，是你自我实现的前提，更是你打开成功大门的钥匙；敬业是一项收益率很高的职业投资，虽然短期的回报不明显，但从长远的职业生涯来看，绝对大于你的付出！

也许你的职业并不如你所愿，也许你觉得大材小用，也许你觉得它是那么的平淡无奇，但是，千万要记住，每一个职业、岗位都是展示才华的舞台，大家从舞台上看到的是个平庸的你还是一个卓越的你，完全由你的“演技”决定，而“演技”中最根本的是你对工作的敬业态度。

把爱岗敬业当成习惯，永远不怕会失业

敬业的人能从工作中学到比别人更多的经验，就算你以后更换了工作，从事

不同的职业，丰富的经验和良好的工作方法也必会为你今后的发展带来强有力的帮助。

在现在这个急功近利的社会里，有些人在工作时，最先想到的是如何通过各种手段帮自己获得最大的利益，往往却忽视了敬业本身带给我们的收益。有许许多多才华横溢的年轻人，他们受过良好的教育，在企业中却长期得不到提升，这主要在于他们不愿意自我反省，从而养成了抱怨、嘲弄的恶习，变得心浮气躁，无法独立地做完任何事，只有在被迫和监督的情况下才能工作。敬业从表面上看起来是提升了企业的价值，使企业领导者的预期目标得以实现，但最终最大的受益者是自己，因为我们在敬业工作的同时，找到了实现自我价值的平台。

微软总部的办公楼里有一位临时雇用的清洁女工，在整个办公室几百名雇员里，她是唯一一位没有任何学历的人，而且工作量最大、薪水最少，但她是整个办公楼里最快乐的人。在她工作的每一天、每一分钟里，她都快乐地工作着，对任何一个人都面带微笑，哪怕不是自己工作范围之内的事情，她也愉快地跑去帮忙。

热情是可以传递的。不久后周围的同事都被她的热情和微笑感染了，很多人甚至是那些公认的冷漠的人，也都成为她的好朋友，没人在意她的工作性质和地位，慢慢地整个办公楼的人都在她的影响下快乐了起来。

比尔·盖茨很惊讶，忍不住问她："您能否告诉我，是什么让您如此开心地面对每一天的工作呢?"

"因为我在为世界上最伟大的企业工作!"清洁女工自豪地说道，"我没有什么知识，可是我很感谢企业能给我这份工作，让我有足够支持我女儿读完大学的收入，而我唯一可以回报的，就是尽一切可能把工作做好，一想到这些我就非常开心。"

比尔·盖茨被女清洁工的情绪深深打动，他动情地说："那么您有没有兴趣成为我们当中正式的一员呢？我想您的敬业精神是微软最需要的。"

此后，清洁女工开始利用工作的闲暇时间学习计算机知识，而企业里的每一个人都很乐意帮助她，几个月以后，她真的成为微软的一名正式员工。”

没有责任感的军官不是合格的军官，没有责任感的员工不是优秀的员工。一个人可以不爱自己的职业，但不能不敬业。不论你在哪个位置上，不管喜欢不喜欢，都必须面对，没有草草应付的理由，因为这是对工作负责，也是对自己负责。

比尔·盖茨之所以会正式雇用这位清洁女工，是因为这位清洁女工并没有在意自己在企业中从事什么样的工作，而是积极地对待自己的工作，尽职尽责，哪怕不是自己工作范围的事情也愉快地帮忙。正是因为这种敬业精神和乐观态度让她成为企业中许多人的朋友，也打动了比尔·盖茨，使她从一名临时雇用的清洁工成为微软的正式员工。

日本著名企业家松下幸之助习惯在空余时间巡视一下自己的公司。一天深夜，他发现一间办公室的灯还亮着。

“我绝不饶恕这种浪费的行为！”

一贯严厉的松下幸之助误以为哪位员工下班的时候忘记了随手关灯。当他打开办公室门的时候，一位公司的女员工正在打字机前忙碌。

“我们并不鼓励疲劳作业。”松下幸之助轻咳了一声。

“对不起，董事长，因为临时多了一些材料，所以我留下来打算做完。”

“你为什么不等明天上班继续做？”松下幸之助的口气缓和了下来。

“小泉主管习惯一到公司就看当日的材料，所以，我觉得应该今天把它做完，这样小泉主管明天一早就可以看到这些材料了！”

松下幸之助深深地被这位女员工感动了。“能如此敬业，与上司步调保持一致的员工，会是一名听从上司指令的员工，更会是一名能出色完成任务的员工！”松下幸之助由衷地赞赏道。

第二天，这位女员工就成了松下幸之助的助理。

正是这位女员工对工作负责、敬业的态度感动了松下幸之助，使她从一位普通的员工成为松下幸之助的助理。

决定一个人能力的大小，知识只占20%，技能占40%，另外40%就是态度。态度，就是一个人的敬业精神。一个懂得爱岗敬业的人，即使工资和职位都很低，努力工作还未能得到上司的赏识，但只要勤奋工作，毫不吝惜地将自己的精力与热情投入到工作当中，不为失误或做不到找任何借口，最终就会赢得别人的尊重。

我们选择了我们的职业，也就是选择了实现自我价值的平台。在这个平台上，要热爱工作，对事业有高度的责任感和忠诚感，把爱岗敬业当成是自己的一个习惯。一旦这种习惯养成，就会使你成为一个值得信赖、可以被委以重任的人。如果把“敬业”比作口碑的话，那么你就在自己的职场生涯中取得了一笔无价的财富。因为拥有敬业口碑的人是永远不会失业的，而你所得到的也就远远不只是物质上的财富。那些只懂得追求自己利益的人，只能得到金钱上一时的享受，永远得不到别人根本的信任。因为一艘乘风破浪的大船不会去选择一个自私、遇到暴风雨只顾自己逃命的水手，就像一个企业不会去雇用一个不值得信赖的员工一样。久而久之，这些只顾自己利益的人就会被成功女神拒之门外，更不要说在工作中受益了。

敬业是一种职场上的优秀意识，更是一种积极向上的人生态度，秉持这种态度的人会树立“这个世界上没有卑微的工作”的观念，从而更加热爱自己的工作，并且全心全意投入在工作中充分体现自己的价值。

只要身在职场，就应真诚地对待这份工作

一旦决定要从事某种职业，或者正在从事某种职业，那就需要不断地勉励自

己，训练自己，在工作中培养坚定的意志，不断向前迈进，走向属于自己的成功。“干一行，爱一行”就是爱岗敬业精神的最好体现。

做自己喜欢做的事当然是很美好的。然而，很多时候这只能是个美好的愿望。现实情况是，由于能力、经验、经济压力等各方面因素的影响，许多人并不能一开始就找到自己喜欢的工作。他们把当下所做的工作只是视为权宜之计，很少有人是全身心投入其中。这其实是一种不负责任、缺乏敬业精神的表现。

只要身在职场，都应当以一颗真诚的心去对待自己的工作。哪怕心中所渴求的是一个更加美好的工作，也应当用一种感恩的心去愉快接纳眼下所从事的工作，并用认真负责的态度对待。既然不能实现“爱一行，干一行”，那就不妨调整心态，转而“干一行，爱一行”。

人都具有可塑性，无论干什么，只要用心投入，就能发现其中的乐趣。也就是说，只要我们具有良好的态度和尽心尽力的责任感，即使不是很爱一行，也能干好一行。兴趣是可以培养的，从不喜欢到喜欢，从不爱到爱，都需要一个过程，重要的是先去了解它，接纳它，也许时间长了就会慢慢喜欢上它。

一旦有了兴趣，产生了热情，事情就会变得简单许多。心理学家发现，每个人心中或多或少都对一些特定的事物有热情，这种内心的强烈情感正是驱动人们奋发进取，获取成功的关键因素之一。热情可以激发出一个人的巨大能量，甚至可以补充生理上的潜能，而且更容易使人的毅力坚定起来。只要有了热情，再枯燥乏味的工作都可能变得生动有趣。有的人被称为工作狂，别人无法忍受的事情，他们却是乐此不疲，永不厌倦。之所以会这样，就是因为他们对自己的工作充满了热情。

有个年轻人因为所学专业非常冷门，找工作很难。在找了很长一段时间后，终于被山东东贝医药科技有限公司录用了，可是薪水不高，而且工作极为繁杂琐碎。年轻人从心底很不喜欢这项工作，一来专业不对口，感觉读书多年竟然所学无所用；二来薪水太低，只能勉强糊口，自己堂堂硕士毕业生，居然跟一个专科生拿的工资一样多，心里很不平衡。

面对这份“鸡肋”工作，年轻人每天郁闷至极。有一天同学聚会，年轻人大吐苦水，而且声称，再熬上三个月，凑满一年工作时间就跳槽，这样自己的求职简历上就有一年工作经验了。

其中一位同学听了，就笑话他：“你这算哪门子经验啊？不过是经历罢了。你真的懂你公司的业务？你一年时间根本就没有什么经验嘛，你说你有经验，这不是骗人嘛。我劝你，最好摸清了这个行业门道后再跳槽。否则就太亏了，时间花去了，什么都没学到手。”

一番话说得年轻人哑口无言。仔细想想，好像是这么个道理，就这么辞职，钱没赚到，时间又浪费了，再怎样也得了解清楚后再走。抱着这个目的，年轻人开始真正留心起自己的工作来，拿出了当年在校读书时的劲头，但凡有关行业的问题，他都去问，都去了解。越研究，越发现他所在的行业也很有意思。各种或明或潜的规则，各种各样的技能窍门，还有各色各样的行业精英人物，都十分有趣。这下子年轻人兴趣来了，再也没觉得日子难熬了。

很快三个月过去了，不知不觉中两年也一晃而过。年轻人不仅没走，反而越“混”越好，先是任部门小组长，接着是部门主管，现在已经是部门副经理了，看老板的架势，过不了多久，还要提拔他。同学再聚时，有人问他，当初想跳槽，怎么后来会舍不得走。他笑了，“我也不知道为什么，只是后来发现这工作其实也挺好玩的。玩转了，老板反倒升我的职，加我的薪。想想挺逗的，以前我是拼死拼活地做工作，还郁闷惨了。现在我是玩工作，反倒越玩越轻松了。”

仅仅是一个心态的转变，把工作的热情点燃了，就让年轻人产生如此大的改变，这不能不说是热情的神奇。无论处于何时何地，“干一行，爱一行”都是员工职业道德中一个最基本、最重要的要求。无论处于何种职业，都应忠于职守，一丝不苟，这才是真正具有高度负责的职业精神和职业道德意识。对工作负责，就是对自己负责。一个人爱上了自己的职业，其身心就会融入在工作中。即使身处平凡的岗位上，也能做出不平凡的事业。

人不能沉溺于不切实际的幻想中，如果找不到自己喜欢的工作就应该理智一点，接受现实：改变不了环境，就改变自己。很多事情，不去认真做，就永远不会真正了解它。不真正了解，又怎知道自己就不会爱上这行呢？

不爱岗就会下岗，不敬业就会失业！爱岗敬业说得具体点就是要做好本职工作，把一点一滴的小事做好，把一分一秒的时间抓牢。不论是什么样的岗位、什么样的环境，身处其中就应该努力去适应，所谓适者生存！

在生存中求发展，实现自己的人生价值才是最理智的选择。有人曾说过，世间没有什么伟大的人，只有伟大的挑战。这意味着我们对待工作，就要像对待爱人一样，需要一份持久坚忍的情感。“三百六十行，行行出状元”，只有干好手头的工作，人生才会有一个完美的结果！干一行，通一行；干一行，爱一行，精益求精，不断发展！

全心全意地热爱自己的工作，热爱自己的岗位，即使有荆棘，有羁绊，即使苦些累些，只要“心跟事业一起走”，就一定能在追求与付出中体验到奋斗的快乐。

高标准要求自己，将敬业精神进行到底

拿破仑·希尔说：“实现目标之前就以目标的最高标准来要求自己。”现代企业中，对员工的要求已经由原来的企业规定怎么做，员工只要老老实实照做，变成了员工自我加压和自我完善。这样的转变要求员工必须对自己有高要求，因为这样才能达到自我管理、自我发挥的状态。

天下没有免费的午餐，每个领导者都希望自己付出的金钱能够得到相应的利润。拿人钱财，为人做事，这是职场中最基本的原则。高薪低能是不可能在职场中生存的，这种人最后的结果一定是被“炒鱿鱼”。想要在职场中生存，我们就必须要对得起我们拿的那份工资，这也是一个员工最基本的工作态度。有很多刚毕业的应届大学生，他们的薪水往往并不高，有一些人就抱着“反正工资也不多”的态度，并不在意自己的工作态度能否对得起薪水。有这种想法的人往往在试用期结束后就被企业解雇了。

其实对得起自己所拿的薪水，从另一种角度来说，就是一种敬业精神，无论你的工资是多少，都应该正确对待自己的工作。

曾经有人问梵高：“你的画里面哪一张最好？”梵高回答：“我现在在画的这一张，就是最好的。”过了几天，那个人又问同样的问题，梵高用同样的答案回答他：“先生，我已经告诉你了，我现在画的这一张，就是我最好的画。”梵高的话告诉我们，要认真对待自己手上的工作。同理，要想成为一个优秀员工，最基本的要求就是要做好自己的工作。即便是你以后自行创业，也需要这样的精神。

相信你在买东西的时候都喜欢花最少的钱买到最好的东西，同样，在企业中，老板总是会欣赏那些工作成绩常常超越报酬的员工，将更多的重任交给他们。

在职场中，金钱与价值并没有绝对的等价交换。一个高标准的优秀员工，当然不能只满足于做对得起自己工资的事情，还要让工作结果超出报酬，你也会从中获得更多的机会。

李萍是山东金玖生物科技有限公司的采购员，她所在的部门并不需要什么特别的专业技能，只要能够满足其他部门的需要就可以了。但是李萍工作十分勤奋，在工作之外，还千方百计地找到供货最便宜的供应商，买进各种公司急需的货物。

李萍兢兢业业地工作，为公司节约了许多资金，这些成绩都是其他员工有目共睹的。在她工作了九年时，她为公司节省的资金已超过了 80 万元。后来，公司副总经理知道这件事后，马上就增加了李萍的薪水，她在工作上的刻苦努力也得到了高管的赏识，李萍 36 岁就成为这家公司的副总裁，年薪超过了 50 万元。

按理说李萍的工作只需要满足其他部门的需求就可以了，但是她工作勤奋敬业，时刻为企业着想，她对企业的价值远远超越了她的薪水，同时也获得了提拔。她的故事告诉我们，如果你想获得更长远的发展，就必须让你的工作成果超出你的报酬，当你为企业创造了巨大利益的同时，也为自己创造了机会与财富。

希腊有一位哲学家曾说："最伟大的牺牲就是牺牲时间。"占用下属的私人时间已经是领导者们司空见惯的事情了。其实对于领导者的这种举动，我们并不用太介意，因为他肯占用你的时间，正是显示出了你对企业的重要性。模糊上下班时间正是这些金牌员工常常做的事情。

松下公司在刚开始制造收音机时，生产出来的产品故障非常多，调整也非常困难。松下幸之助由此产生了一种强烈的愿望：一定要制造出没有故障、使用方便的收音机。

有一天，松下幸之助叫来负责技术的员工，下令其设计出新型的收音机。技术员听了很吃惊，说这太难了，希望给予充足的时间来研究。当时的松下电器创业时间很短，只能生产配线器和电热器，也没有收音机专家。在松下幸之助的鼓励下，这位技术负责人下定决心，无论如何也要设计出来新型的收音机。

这位技术负责人放弃了休息时间，夜以继日，沉迷于收音机研发中，结果仅用了三个月的时间就制造出在当时的技术条件下近乎理想的收音机。

后来这位技术负责人得到了公司提拔，他感慨道："原来看上去不可能完成的任务，居然这么轻易就被完成了。一个人如果能有为工作牺牲的精神，好像什么问题也难不倒啊！"

一名优秀的员工，会懂得将工作放在第一位。这位技术负责人为工作牺牲了自己的休息时间，但是他取得了工作上的巨大成就。

有一份调查指出：在美国有33%的人同意长时间地工作，因为长时间地工作也意味着更高品质的生活。有一句谚语："没有痛苦就没有收获"。但凡在市场上打拼的成功者，都不会抱怨工作占用了自己多少时间，而是随时准备为事业献身，因为只有这样努力拼搏，才有前途可言。了解你的工作，然后全力以赴，不久的将来，就会有所收获。如果你始终努力地工作，把工作放在非常重要的位置，在别人喝咖啡休闲的时候，你还在为自己的工作奋斗，你就会拉开与别人的距离，并得到别人的赞扬，赢得领导者的器重。

一个优秀的员工和一个普通员工的区别就在于：优秀员工无论做什么工作，都会用心去做，并力求达到最佳的效果，不会有丝毫的放松；他们无论从事什么职业，都不会轻率敷衍。著名华人企业家王嘉廉曾说："一个用心工作的员工，我们应该发给他双倍的薪水。用心工作的员工是企业的财富，也是企业真正需要的人。""用心去做"是一个严谨的工作态度，"用心"两个字看起来很简单，但我们每个人如果在每一件事上都能挖空心思、全力以赴去对待，那才是真正的用心。

没有高标准就不会有强动力。要想成为职场的敬业英雄，就应时时刻刻以高的标准严格要求自己，将敬业精神进行到底。

积极主动面对工作，为职场开辟广阔空间

一个人能不能将工作做好，最主要的是看他是不是具有爱岗敬业的精神。这种精神决定了他对工作的态度。假如真的希望把工作做好，成为企业中不可或缺

的人物，那么，就需要积极主动地面对自己所要做的工作。可是有很多人并不知道这一点。

当我们在积极主动地做事的时候，我们会开动脑筋，考虑如何把工作更快、更好地完成，成为领导者喜欢的员工。一个优秀的员工，他总能主动为自己的职场开辟出广阔的空间。

孙倩倩取得了博士学位后，没有急着去世界500强的企业工作，而是选择到一家公司做质检员。

最开始的时候，孙倩倩的待遇同普通员工一样。即便是这样，她依然非常努力地工作，每天早出晚归。这一切老板一直看在眼里，记在心上。

差不多工作了半个月，她发现公司生产产品的成本非常高，然而，产品的质量根本上不去。于是，她自己就主动去做了大量工作，做出了一个详细的计划书。

身边的很多同事都不理解她，劝导她说："老板给你的工资也不是很高，你为什么这样辛苦地为他工作呢?"她笑着说道："我并不是为了工作而工作的，既然我做了这份工作，那么，我就要将它做好。对工作负责，实际上也是对我的未来负责，这样我才可以安心工作。"

当她将自己写好的计划书交给老板后，老板非常惊喜，同意了她的计划。过了一年，孙倩倩晋升为公司的经理。

从上面的故事中我们可以发现，我们面对工作时的态度，就已经决定了我们的工作待遇。如果我们没有一个积极主动的心态，在工作中必然会处于一种被动的状态。没有主动的精神，那么我们就会认为工作完全是为了自己的薪水，也就无法拿出百分之百的精力投入到工作中去。而当我们换了另一种心态，积极主动面对工作时，就好像将我们的潜能都激发出来了一样，工作也就变得非常简单。

每个领导者都希望自己能够找到一个有才能的人。一个积极主动的人往往会将自己的能力表现出来，让领导者知道他的才能，因此，也就有了更好的工作机会。当你在积极主动地工作时，你的能力会在实际的工作中得到磨炼和提升，这对你未来的事业也会有很大的帮助。

朱新礼大学刚毕业就有幸来到了一家出版社，做编辑的工作。他的文笔非常好，工作的时候也非常认真。因此，他总是受到领导和同事的称赞。不过，出版社的新员工薪水非常低。工作了一段时间后，薪水依然没有涨，于是，很多员工就开始抱怨："本来以为到了出版社，能够有很好的薪水和福利，没想到这么少！工作了快一年了，一点工资都没有涨。"

朱新礼并没有参与到这种私下的抱怨中，依然勤勤恳恳地工作着。有很多人笑他傻，拿了那么一点工资，还依然那么卖命地工作。然而，每次他都是微微一笑，然后又开始全身心地投入工作中。

当时，出版社有很多书要出版，因此，编辑的工作多了很多，每个人都非常忙碌。而出版社领导根本就没有增加人手的打算，后来，甚至要求编辑部的人去帮发行部的忙。这样一来，不仅是新员工，就连老员工也觉得非常不满意。整个编辑部只有朱新礼愿意去发行部帮忙，其他人都只去了一两次，就不再去了。

有人偷偷地问他："你这样每天都被指派来指派去，干了那么多的活，最后却拿了那么一点的工资，你为什么还要干呢?"

朱新礼笑着说："愿意多付出，你才能够收获更多。我认为多做事对我来说没有什么坏处，反而能够增长我的经验和知识。"

两年过去了，同朱新礼一起来到公司的新员工，有一些已经被辞退了，还有一些虽然在编辑部继续工作，但是他们的薪水待遇没有提升多少。但是，朱新礼的薪水已经提升了两倍，而且，他已经成了第五编辑室的负责人。

从上面所讲述的事例中我们发现，你想要在职场中获得更多的机会，更好的

发展，就必须要积极主动地工作。主动并不只是说将我们的工作做好，更重要的是，可以将我们的能力慢慢地表现出来。

一个爱岗敬业的人一定也是一个懂得主动工作的人，而主动工作使我们能够得到更多的回报，并且能够了解更多的知识，拓宽视野和交际面，这对我们的职业生涯有很大的帮助。这样一来，我们不仅为企业发展做出贡献，而且能够提升自我能力。

揽下不属于自己的工作，是难能可贵的品质

很多人都觉得把自己的事做好就行了，那些额外的工作不是自己负责的，做不做都行。别人如果去做了，有些人还很不理解，觉得那些人真是傻。这种看法其实是不正确的。所以，当我们已经把自家门前的雪扫得干干净净，如果还有多余的时间，不妨主动帮他人清理一下瓦上的霜。

有一些人非常热情，虽然并不是自己应该做的事情，但是，他们依然会去做。因为他们觉得这样有利于他人，有利于大家。而这样的人往往能够赢得他人的好感。这就是一种无私的体现，也是一种爱岗敬业精神的体现。

有一位姑娘，刚刚大学毕业不久。好长一段时间，她都没有找到自己喜欢的工作。后来经过努力，她来到了志腾超市负责售货工作。很多亲友都觉得她不值得，一个大学生，最后就做了超市的售货员。但是她倒没有这种想法，而且认真地工作，非常珍惜这样的工作机会。

商店的建筑看上去非常陈旧，她所在的柜台前面有一个台阶，如果不太注意的话，很容易被它绊倒。她看在眼里，记在心里，于是每次见到顾客经

过的时候，她就提醒道："小心，前面有一个台阶！"很多同事觉得她多管闲事，没有必要这么做，但是她不这样认为。

一天天过去了，每天她都在不断地提醒经过的人，后来成了一个习惯。有一次，总店的总经理过来视察，她并不知情。当总经理经过她这个柜台时，她依然这样提醒了一句。总经理刚开始没有反应过来，继而看了看脚下的台阶，很快就明白了。

没过多久，总经理就找到了这家连锁店的经理，表扬了这位姑娘。很快，她就被提拔成了柜台组的组长。当上组长后，不久她就让人把这个易绊人的台阶削平了。不到一年的时间，她竟然当上了志腾超市的副经理。

很多同事认为她是管闲事，但是在总经理看来，她是在对顾客负责。正是由于她的热情与充足的责任感，商店没有出现什么事故，也少了很多麻烦。这里还有另一个故事。

冯传凤在山东一家药业有限公司担任后勤助理，有一天中午，办公室的同事们都出去吃午餐了，身体有些不舒服的她一个人趴在桌子上休息。这时，公司的一个董事在经过他们办公室的时候停了下来，他想找一些特别重要的客户资料。

这原本不是冯传凤的分内工作，但她立马站了起来，毕恭毕敬地对这位董事说道："您好，负责这项工作的李季刚才出去吃饭了，您是想找些资料吗？您可以告诉我您需要哪些资料，稍后我会尽快把这些资料整理好放到您的办公室里。"一番热情洋溢的话让这位董事有点受宠若惊，他先是愣了愣，然后微笑着点了点头。

冯传凤就强忍着身体的不适，细致认真地将这位董事想要的客户资料全部分类整理好，飞速、稳妥地送到了他的办公室。在接到自己想找的客户资料后，这位董事显得特别高兴，连连对冯传凤说了好几声"谢谢"，并从此认识了极具服务精神的冯传凤。

比起一些人平庸无味的职场经历，冯传凤的人生际遇可要精彩多了。这件事过去不到一个月，她就被提升为这位董事的私人助理，薪水翻了好几番。当别人问起她第二次见到这位董事说了些什么感激的话时，她表示自己高兴得快要说不出话来了，还是这位董事首先开的腔，"司马小姐，你的无私帮助曾让我受宠若惊，这一次我只不过是投桃报李罢了。"

人生就是那么奇妙，很多职场"老人"们在自己的工作岗位上兢兢业业，努力把自己职责范围内的一切工作处理得有条不紊，可最后不仅赶不上加薪又升职的好事，就连领导者口头上简简单单的一句赞赏也没有捞着，而有的人呢，只因为对自己的分外工作稍稍地使上了一把力，就轻而易举地获得了企业领导者的重视和认同，最终赢得了一方施展自己才干的舞台。

不管是第一个案例中的那位姑娘，还是冯传凤，二人实际上都做了额外的事，她们在做这些分外之事时得到了领导者的赏识，从而获得了提升的机会。这些事非常简单，只不过是举手之劳而已，并不需要付出很多，可就是这样的小事，为什么其他人不可以做呢？原因就是，他们没有那种为他人服务的热情和爱岗敬业的精神。要知道，志腾超市其他售货员的能力并不比那位姑娘逊色多少，也许他们当中有人的能力还强过她，但是他们没有像她那样的服务意识和爱岗敬业精神。

做好自己分内的工作是我们每个人的职责所在，并不值得任何人对我们提出特别表扬，而时不时地揽下不属于自己的工作，在别人眼里却是一种难能可贵的品质，当然值得他人对我们另眼相看，真诚相待。

持之以恒的爱岗敬业，必在职场大放异彩

一时爱岗敬业是简单的，一世爱岗敬业是困难的。但只要我们不轻言放弃，

或许只要再坚持往前迈进一步，就能推开眼前那张通向成功的虚掩的门。

据说，古希腊哲学家苏格拉底是一个才思敏捷的智者，当时，很多人慕名前来想要拜他为师。这些学生大多都天资聪颖，能问一答十。

开学第一天，苏格拉底对学生们说："今天咱们只学一件最简单也是最容易的事儿。每个人都把胳膊尽量往前甩，然后再尽量往后甩。"说完，苏格拉底就当着诸位学生的面儿，亲自示范了一遍，"从今天开始，同学们每天都坚持做三百下，大家都能做到吗？"

学生们都哈哈大笑起来，这么简单的事儿，压根就没有一点技术含量，又有何难呢？过了一个月，苏格拉底笑着问同学们："每天甩手三百下，请问有哪些同学还在坚持着？"

话音刚落，有90%的同学都得意扬扬地举起了自己的手，苏格拉底点头称是。又过了一个月，苏格拉底再次抛出同样的问题，这一回，还在坚持每天甩手三百下的同学仅剩八成。

一年过后，苏格拉底再一次问大家："请问，现在还有哪几位同学坚持每天甩手三百下？"此时教室里鸦雀无声，只有一个人举起了手。这个坚持到最后的同学，后来成为世界上伟大的哲学家，他就是大名鼎鼎的柏拉图——哲学著作《理想国》的作者。

从这个故事中，我们可以发现成功并不是一蹴而就的，生活中那些看似简单容易的小事，其实也是最难做成的大事。这句话并不矛盾，说它简单容易，是因为只要愿意动手去做，我们一般都能完成；说它难，是因为能够坚持将它做下去的人，终究是寥寥无几。

一个小小的甩手动作，随着时间的流逝，能够将它坚持下来的人一天比一天少，最后仅剩下柏拉图一人。尼克松说："累了就歇在路边的人是不会得到胜利的。"柏拉图的坚持刚好体现了他骨子里的那一股韧性，因此，和其他"累了就歇在路边的同学"相比，柏拉图无疑是最早尝到胜利果实的那个人。

爱岗敬业亦是如此，半途而废者经常会说：“时时刻刻都保持爱岗敬业精神太难了，我也需要让自己喘一口气！”，而能够持之以恒的人却觉得“再努力坚持一步，成功就在不远处！”两种不同的工作态度，造就的往往也是两种截然不同的人生，无数的事实证明，前者在事业上总是不如后者要来得成功。

蒋康杰在一家图书策划公司工作，刚进公司那一会儿，只有中专学历的他，在一大群拥有大学本科学历的同事面前，还显得有几分自卑，总感觉自己处处都低人一等。

意识到自己和同事的差距所在，蒋康杰工作起来格外努力。他在心里暗暗地告诉自己，有没有和其他同事站在同一起跑线上并不重要，只要他有足够的耐性和韧性，对待工作始终能够坚持下去，最后他就一定能在事业上取得骄人的成绩。

带着这种永不言弃的心态，蒋康杰一直在这家图书策划公司工作了六七年，公司那时正处于创业阶段，每月所创造的利润并不是很高，员工的工资相对而言也就比较低。不到一年的时间，许多和蒋康杰一起进来的同事都坚持不下去了，他们纷纷向公司老板递交了辞呈。

可蒋康杰始终不愿意离开，他觉得公司的发展前景其实非常好，公司的老板也是一个颇有才干、能够沉得住气的人。只要再坚持一下，他相信公司一定能安然地度过创业初期这段艰难的日子，慢慢迎来发展的春天。虽然他现在每个月只能拿到2500元的微薄薪水，但他仍然拿出最认真的态度来对待自己的工作，无论公司多么困难，自己的生活多么不如意，他都仍然保持着爱岗敬业精神。

最终，公司里的员工来来去去，始终坚守在编辑岗位的却只有蒋康杰一人，公司老板也因此对蒋康杰刮目相看。有一天晚上，老板热情地邀请蒋康杰来自己的家里吃饭，饭后他好奇地问道：“公司现在还处于创业阶段，工资待遇也不是很好，这么多人都走了，没走的也都是在混饭吃，为什么你还那么卖命?”

蒋康杰笑了笑，言辞诚恳地回道："工作是否认真跟公司给我的待遇无关，我只是想坚持做好自己的事情罢了！"公司老板听了他这一番话，连连点头称赞，两个人惺惺相惜，私下里渐渐成为趣味相投的好朋友。

在那顿不同寻常的晚饭之后，蒋康杰带着强烈的责任感更加积极地投入工作中，整日忙碌在电脑面前，不停地撰写书稿、改编文稿。闲暇之余，他还跟着公司老板学习图书策划，几年下来，公司的规模日渐壮大，他也一跃成为公司策划团队的总编辑，薪水连翻了好几倍。

罗曼·罗兰曾说："与其花许多时间和精力去凿许多浅井，不如花同样的时间和精力去凿一口深井。"在当今，蒋康杰就是勇于凿深井的最佳代表。当身边的同事一个个因为薪水低廉导致工作热情不高，随便应付工作或选择辞职离开时，蒋康杰却坚持将工作之井凿下去，不见活水誓不罢休。这大概也印证了那句俗话："只要功夫深，铁杵磨成针"。坚持往往就是胜利，只有勇敢地往前走，我们才能到达一片全新的天地。

"骐骥一跃，不能十步；驽马十驾，功在不舍"。同理，我们要想在职场大放异彩，一蹴而就绝对不是成功的秘诀，关键还是要拿出像滴水穿石那样持之以恒的爱岗敬业精神。成功的人告诉我们，无论我们的能力有多强，我们都需要从最基础的工作开始做起，只有我们用心做好每一天的工作，才有机会脱颖而出，才能够做到更好，获得更多的发展机会。

第三章

感恩意识：想想是谁成就了今天的你

"如果你想成为一个成功人士，那么你最好能每天怀抱着一颗感恩的心去工作，在工作中始终牢记：拥有一份工作，就要懂得感恩的道理，那样你一定会收获更多。"感恩既是一种良好的心态，又是一个员工必备的职业素养。以一种知恩图报的心情工作时，你会工作得更愉快、更出色。带着一种从容、坦然、喜悦的感恩心情去工作吧，你会获得更大的成功。

感谢企业搭建的平台，让员工实现自我价值

企业与个人的发展息息相关。个人为企业奉献着青春和智慧，企业也为个人提供自我发展的空间和实现自我价值的平台。在这个平台上，有管理我们的企业领导，有相互支持的同事们。如果没有他们的支持与配合，我们的劳动价值就不容易得到体现。

在企业这个平台上，我们与他人建立友谊，组成团队，产生归属感和荣誉感；我们不断地增加阅历，丰富自我，提升自我；我们用激情点燃梦想，品尝人生。因此，我们要对企业怀有感激之情，并将这份感恩之情转化为回报企业的具体行动。

原微软中国公司总经理、TCL集团常务董事副总裁吴士宏是一个被很多人崇拜的人，她的传奇经历让很多人感叹不已。

吴士宏从一个名不见经传的医院小护士成长为国际跨国企业的著名职业经理人，从一个普通得不能再普通的员工成为风光一时的高级白领和新闻热点人物。对于这样传奇的经历，很多人感慨不已。为什么吴士宏能够成就这个传奇呢？原因就是她遇到了能够重用她的领导。是领导的慧眼识珠、大胆重用，使得吴士宏成为商界传奇。

对于领导的这份重用之恩，吴士宏一直铭记在心。在IBM的最初几年里，吴士宏做的都是打杂的工作。每天她都是做一些烦琐、单调的工作，然而，她并没有因此而有丝毫懈怠。无论多么辛苦，她总是尽力把每一件事做好。

对于吴士宏的努力，IBM公司的全体人员都看在眼里，公司高层认为这位中国女士可以被委以重任，就这样，公司最终决定让吴士宏担任中国公司华南地区的销售总监，从此为吴士宏充满传奇的职场生涯拉开了序幕。IBM

之所以这样做，其实是因为其一直以来的管理策略就是大力重用有发展前途的员工，然后把他们安置在最能体现他们能力的工作岗位上。对此，吴士宏感慨颇深："我在 IBM 的那几年学到了很多东西，如果不是我的经理发现我、培养我，我恐怕是没有机会获得机会并且走向成功的。"

是的，正像吴士宏所说，是领导的重用使我们少走了许多弯路，是领导的重用使我们的眼界变得更加开阔，是领导的重用使我们增强了自信，是领导的重用使我们有机会发挥自己的能力。为此，我们唯有对领导深怀感恩，才能无愧于心。我们要感谢领导的栽培，是他们给了我们翱翔蓝天的自由。

然而，在职场中，有些员工就做不到这一点。这些员工时常会在自己的心中暗骂公司、诅咒公司。这就是不懂感恩的表现。其实，如果我们用一种理性的态度来看待这个问题，就会发现，企业和员工之间不但不是对立的关系，还是一种合作共赢的关系，这其中还多多少少掺杂着一些亲情与友谊呢！

事实上，我们能有机会工作，正是企业为我们搭建了这个平台。无论我们取得了多大的成就，都是在这个工作的基础上实现的。所以，我们应该培养自己的感恩之心，主动承担责任，用更加努力的行动来回报企业。

懂得感恩，是一个员工优良品质的体现。懂得感恩的员工，才能成为优秀的员工。不懂感恩，会令一个人变得麻木，对人对事都缺乏热情与认真，对工作和生活变得渐渐懈怠。这类人，注定无法成为企业重点培养的对象，从而成为职场的平庸者，濒临淘汰的边缘。

在中东地区，有两个名为"海"的湖泊：加利利海和死海。令人意外的是，这两个"海"虽然有一个共同的源头，但是特色完全不一样。

加利利海水质清澈甘甜，人们可以直接饮用，四周是绿意盎然的田园景观，鱼儿在水中自由地游弋。很多人为了欣赏这不可多得的美景，便将自己的房屋修在了湖边。死海的水是碱性的，还有一股怪怪的味道。不但人们不敢取来饮用，连鱼儿也不愿意在这个湖泊中生活。在它的岸边，连小草都无法生长，人们就更不愿意在这里居住了。

两个湖泊为什么会有这么大的区别呢？原来加利利海不仅有入口，还有出口。当约旦河水流入加利利海后，水会继续流出去。于是，加利利海的水能不断地循环更新，自然就清澈、干净了。

死海呢？只有入口，没有出口。当约旦河水流入之后，水就被完全封锁在死海里。于是，在这个只进不出的湖泊中，所有的污水或废水也全都汇集在了这里。长此以往，死海能不“死”吗？死海的水还能喝吗？死海沿岸还能住人吗？

这两个湖泊不也正像是两个人吗？像加利利海的人懂得感恩，既有“接受”，也有“付出”，于是造就了生活中的一片生机盎然。像死海的人则不懂感恩，只知道“接受”，却不懂得“付出”，结果生活变得贫瘠荒芜。

在职场中，像加利利海的员工，由于懂得感恩企业，所以不但能够积极主动地履行自己的职责，还能够在企业面临困难时，站出来想办法为企业解决难题，渡过难关。这就是能够“付出”。

像死海的员工，由于不懂得感恩企业，所以不但做不到尽职尽责，还在企业陷入困境时，想办法逃避，认为这不是自己的责任，所以“事不关己，高高挂起”。这种不能“付出”的员工，职场之路必定越走越窄。

总之，企业为我们提供了施展才能、放飞梦想、实现人生价值的舞台，让我们拥有稳定的收入，有了结交朋友的机会。因此，我们要时时怀有一颗感恩之心，平时，我们要努力工作、乐于奉献、不斤斤计较、不见利忘义；当企业需要时，我们要当仁不让，倾尽全力、想尽办法地为企业出力。

把企业作为成长的平台，你的努力自然会获得回报。不知感恩的人，很难有所成就，更难被人们敬重。懂得感恩的人即使其工作岗位再平凡，也终会有出头之日，并被人们所敬重和喜爱。有一句话说得好：“没有卑微的礼物，只有不懂珍惜的人；没有卑微的工作，只有不懂感恩的人。一个懂得感恩的人，才会带着感恩的心去回报公司给予的一切。”

换位思考一下，你会自觉自愿感恩领导吗

员工虔诚感恩，全身心投入，必将有丰厚的收获，会有迷人的人格魅力，智慧将成为资源不断地被挖掘出来，能力将会得到充分展示。而当有一天你和领导的角色互换后，你也会成为一个优秀的领导，而这并不是遥不可及的幻想。

中国企业在管理上越来越成熟，管理者和员工的观念几十年来有了很大转变，领导与员工、企业与员工、员工与员工的关系，在各种规范的调整下，越来越和谐，这是和几十年前不能比的。懂得感恩的员工理解企业领导的难处，懂得感恩的企业领导关心员工的生活，企业领导与员工同甘共苦，一起创业发展。员工们懂得，企业是他们生活的依靠，工作的本领在企业中学会，个人的社会价值也是在企业中实现。感恩企业，摆正心态，换来的是合作共赢的局面。

但也有些员工对于企业和企业领导所给予的帮助和各种利益漠然视之，不以为然，他们思想上的误区没有得到纠正。有的员工认为，我与企业领导的关系是平等的商品交换关系，我付出了，企业理所当然应当给我支付薪水；有的员工认为，天下的企业领导都一样，都是盘剥员工的吝啬鬼，恨不得把员工的血都榨干才罢休；还有员工认为，员工在企业打工，老板在企业赚钱，两者是两股道上跑车，各得其所，互不相干，谈不上感恩不感恩，也没有必要讲感恩。

抱有各种不端正心态的员工工作消极，从不愿意多做一点点，这样的员工不仅会使自身发展受到影响，还会造成企业工作效率低下的后果。听听企业领导的心里话，也许心态能改变一下。以下是某企业领导的一封信。

“我到香港和国外考察了很多的企业，他们的管理技术很先进，员工的素质也很高。在这里，员工像员工的样儿，老板像老板的样儿，各人都在自己的岗位上履行着自己的职责。员工心甘情愿听命于老板，而老板发号施令也不必小心翼翼、缩手缩脚。我感到我们内地的一些员工真的是心态应当转变了。有些员工拿老板当敌人，背地里诅咒我们，对我们没有一句好话。可是，他们真的理解我们当老板的吗？当一个老板真的是那么容易吗？老板真的那么好当吗？当初，我起步创业时，没有哪家银行愿意给我贷款，我只好东借西凑，好不容易凑齐了启动资金，经过了不知道有多少关口，才拿全了各种各样的注册证明、登记证明和数不清的行政许可。公司开办后，原材料价格、采购、运输，产品设计、产品质量、市场需求、销售渠道，设备技术、产品的更新换代，企业的长期规划、资本运作、财务管理、成本核算，员工的招聘、培训、福利待遇，等等，哪一样不是要我操心的？表面看，公司在阔气的写字楼里，知道公司财务状况的人才知道，我们就是坐在火山口，随时有可能被喷发出来的岩浆吞没。由于精神压力大，头发早早白了，高血压、糖尿病、冠心病，就是我们的职业病。如果人生能让我重新选择一次，我决不会再走创业路。

我贡献了几乎一生的努力，而我自己得到了什么呢？房子、汽车、企业、设备，哪一样东西死后都带不走。可是我活着一天都不敢懈怠，神经高度紧张，每天眼睛一睁，上千口人都张开了嘴，在他们的背后又有多少妻子、儿女、父母靠他们养活。

虽然我有太多的苦衷，但没有人会替我分忧，没有人能替我承担困难，千斤重担一人挑，再苦再累我都得咬牙挺着。谁都可以倒下，唯有我不能。

我从来没有奢望员工对我感恩，我也不会乞求员工对我感恩，我只希望员工们为了自己，为了家庭，能尽心尽力工作。”

换个角度思考，假如你是企业领导，你会怎么想呢？你有没有苦衷呢？你需要不需要员工感恩于你？你需要不需要国家、社会感恩于你？答案是肯定的，那么为什么需要？为了事业，为了员工，为了社会，他们肩挑重担，顶着雨雪，在泥泞的道路上奔走，他们比常人要付出更多的心血。企业为社会创造了财富，为社会提供了就业岗位，为国家上缴了税收。国家、社会、个人，都从企业获得了利益，所以，国家、政府、社会和员工，都应当尊重企业老板，珍惜他们的劳动成果，感谢他们为社会做出的贡献。

企业领导希望员工能够换位思考，而不是站在自己狭隘的立场上，对企业心存芥蒂；希望员工感恩，是想以此激发员工的积极性，保持工作热情。

有些员工刚刚在事业上取得了成功，就把自己的成功原因都归结于个人的努力，他们把感恩和溜须拍马、阿谀奉承画了等号。

你应当勇敢面对他人的流言蜚语，更无须与企业领导保持远距离。感恩是换位思考的结果，这是一种高尚的情操，而不是卑劣的行为。感恩是坦荡心胸的流露，是对企业的价值认同，是对企业领导工作的支持，是激励企业的正能量。感恩是真诚的，是发自内心的，是自然情感的流露。

有的员工认为，领导没有看到自己的努力与能力。他们认为领导心胸狭窄，没有容人的肚量，没有宽广的胸怀，没有识人的慧眼，没有用人的能力。他们把自己的挫折归于领导，可是，他们走了一家又一家公司，都没有找到一个赏识自己的人。

企业领导者都希望自己的企业取得辉煌的成就，他们希望自己的每个员工都是精英。一方面，他们无时无刻地在寻找、发掘人才；另一方面，又时时刻刻地精心培养着员工团队，希望自己的员工迅速成长起来，人人都可以独当一面，成为企业的栋梁。他们懂得当下的社会是一个竞争激烈的社会，而竞争的胜利最终靠的是人才，如果员工懂得感恩，很可能会成为受重用的人才，从企业中得到的肯定不会是冷板凳。只有那些头重脚轻、不懂得感恩的员工，才会在激流中被淘

汰。这不是企业领导者的初衷，而是自然法则的作用。

换位思考才会让你轻松地学会感恩，是自觉自愿的感恩，而不是勉强地应付。

有了领导的知遇，你才可以发挥自己的才智

一位优秀的领导就是我们生命中的“伯乐”，遇到这样一位重要的“伯乐”是我们的福气。因为有这样的贵人相助，我们不仅能在职业成长的进程中大大加快前进的脚步，而且会在人生路上多一位很好的指引者。

“千里马常有，而伯乐不常有”，历史的经验告诉我们，伯乐的知遇之恩更值得珍惜。先有了伯乐，然后才有千里马。现实工作之中，企业领导者在很大程度上扮演着伯乐的角色。如果我们能够在职业生涯的路途上刚刚迈出脚步的时候，遇到一位赏识自己的领导者，真是一件十分幸运的事情。领导者的指点和帮助，会使我们受益终身。所以，我们更应该对领导者的知遇之恩抱有感激之情。

的确，员工与领导者的关系是一种雇佣与被雇佣的关系，但这种关系背后不仅仅是简单的利益关系，它蕴藏着很多感恩的成分。很多员工总是将自己同领导者对立起来，实际上，每一位员工和领导者都是共赢关系，他们在情感上也存在一份友情与亲情。

不懂得感恩的人，总是自视过高，对企业和领导者百般挑剔。他们业绩平平，不思进取，最终一事无成。如果你还在抱怨不得志，不如好好反省如何才能让别人看到你的优点。

企业从众多应聘者中选择了我们，在这之后，我们成为企业的一员，可以有平台让自己一展身手，并让自己在其中成长成才，难道这不值得我们去感恩企业

吗？一个懂得感恩的员工，应当懂得感谢企业的知遇之恩。

我们在企业提供的岗位上工作，领取自己的那一份薪水，企业也依靠我们维持正常的运转，并不断发展壮大。由此可见，我们和企业合作互助，本身就是一个利益共同体。

侯安岩是一位“海归”，回国之后，他在一家 IT 公司任职，是该公司数字芯片研发团队的成员之一。当年他还没回国的时候，就在互联网上给该公司发去一份自己的应聘材料。起初他只是抱着试试的心态，没想到，公司很快就回了信，更让他不可思议的是，几天后，公司人事部的人竟然亲自到他的老家——湖北武汉，要求面试，并且没费什么周折就录用了他。他们说，像侯安岩这样的人才是公司目前最急需的。一句信任的话，让侯安岩热血沸腾；一座已经初步搭好的平台让侯安岩感到可以在该公司这个舞台上大显身手。

就这样，侯安岩便很快正式入职了，并加入了该公司的研发大本营，担当起了研发数字芯片的重任。研发工作是异常辛苦的，他和他的团队不知道度过了多少个不眠之夜，其中也有面红耳赤的争吵，甚至在项目最艰难的时候，侯安岩想到了放弃，而且公司里有些同事还在背后说三道四，这让侯安岩感觉到了前所未有的压力。因为侯安岩所在的项目组存在的价值就是做“信芯”，如果“信芯”开发不出来，一切都得重归于零。

就在侯安岩已经急得焦头烂额的时候，公司总裁找到了他。总裁对他说：“这个任务确实非常艰巨，对于任何一个人都是一个巨大的挑战，但越是困难我们就越要挺住，要对自己充满信心，怎么能说放弃就放弃呢?”总裁的一席话，让项目组的所有成员都感到了一丝温暖，他们感受到了来自公司管理层的高度信任和支持；总裁的一席话，等于给他们注射了一支强心剂，使得他们的士气倍增。于是，侯安岩和他的团队立下了军令状，表示不达目的誓不罢休。他们开始寻找多种解决方案，建立了更加详细的讨论文档。3 个月之后，他们终于获得了成功。

我们不妨想一想，如果不是总裁的“知遇”，力压群议、鼎力支持，侯安岩和他的团队怎么会有继续坚持下去的勇气和信心呢？那样他们就会永远抬不起头来，永远无法获得成功。

通用电气集团前董事长兼首席执行官杰克·韦尔奇曾说：“一个人的成功当然跟个人的努力有很大关系，但也缺少不了别人的帮助。在你努力工作的时候，总有老板的帮助，在你从普通到优秀的时候，你最应该感谢的是曾经帮助过你的老板。”

企业领导者在我们工作的时候，给了我们无私的帮助和支持。不要因一点点成绩就沾沾自喜，偏执地以为成绩是自己一个人的，如果离开了企业领导者你很可能是另一副样子。当你成功时，要感恩领导者的栽培；当你受挫时，要感恩领导者的鼓励。感恩无须任何代价，只要你诚心给予，最终都会带来出人意料的收获。

一旦你心怀感激，你体会到的就不单是心灵的宁静，生活还会赋予你更多的回报。如果你每天都怀着感恩的心热情地去工作，那么你就会生活在轻松与激情之中，你也往往会因为自己的感恩而收获成功。

无数成功人士的经历告诉我们：光有才能是不够的，还需要有一个能够“知遇”的伯乐——企业领导者。只有领导给了我们机会，我们才可以更多地将自己的才智充分发挥出来。同时，如果我们在工作中能遇到一位敢于和善于有效授权的领导者，可以使我们在工作的实践中得到更多的锻炼和提高。

与同事们一起共事，是一生中最美妙的缘分

同事，顾名思义，就是一起做事的人。人之所以成为同事，就是为了完成共

同的事。假如事情完成得不好，那叫事故；事情完成得很好，就成为了事业。可见，同事对一个人是多么重要。对大部分职业的人来说，最好的给予是有一个好同事，比有一个好同事更好的是有一群好同事。

> “谢谢你包容我的缺点，教我那么多东西，不计较我的不懂事和青涩。”某网站“90后”网络编辑琳达在感恩节前几天就已写好了多张感恩节贺卡，准备在感恩节当天发送给公司的同事和领导。琳达觉得，自己初入职场，很多事情处理得并不恰当，跟领导、同事偶有冲突，关系紧张，平时有些话不好意思说，借着感恩节的机会，希望能获得谅解。

“一个篱笆三个桩，一个好汉三个帮”，同事是与我们朝夕相处、给予我们工作上的支持和帮助最多的伙伴。关爱同事就是在关爱我们自己，我们要学会感激自己身边的同事，与同事一起共度风雨，通力合作携手打造属于我们的卓越团队。

事实上，企业中的每一位员工都有着各自的专长，他们拥有的专业技能构成了一个团队存在的价值。可以想象，如果没有同事的信任和支持，我们就会在企业中陷入孤立状态，寸步难行，无所作为。而当我们怀着一颗感恩之心与同事一起工作时，气氛就会融洽得多，我们也会从中得到更多的快乐。要知道，与同事们能在一个企业中工作，也是一种缘分。一天24小时，一年365天，除去睡眠和节假日时间，我们生命中的大多数时间都是和同事一起度过的，因此，我们更应该懂得珍惜同事之间的这份情谊，互相关爱。

每个人事业的成功都需要别人的帮助。刘备若没有诸葛亮，想三分天下无异于白日做梦；约克在曼联威风得不行，因为他身后有贝克汉姆、吉格斯的强大火力支持，但他，一回到特立尼达和多巴哥国家队就碌碌无为，就是因为孤掌难鸣。

当天才遇到天才，互相勉励，就会放射出更耀眼的光芒。即使是庸才遇到庸才，只要互相取长补短，同样能如虎添翼，所谓“三个臭皮匠，顶个诸葛亮”。优秀的同事就像撑杆，让你跃过不可能的高度，获得更好的成绩。

因此，要对同事感恩，他们的帮助绝不是可有可无的。很难想象一个在同事中间孤立无援的人，能够把工作做得出色。俗话说“得人心者得天下”，同理“得同事者得事业”。

同事与你共事时，一直理解你、支持你，正是由于他们的帮助为你搭起通向成功的阶梯。要感谢他们的支持和付出，成功的勋章里有着同事们辛苦的功劳，在庆祝成功时别忘了给同事们一个有力的拥抱，并轻轻地说一声：“谢谢！没有你就没有我今天的成功，真诚地感谢你的付出！”

露西的电脑没有连接打印机，工作中需要打印的时候，她总是找杰克帮忙。开始的时候，露西非常客气，但是过了一段时间，大家已经非常熟悉了，露西就开始随便起来，经常把文件发过去，只说打印几份，就耐心等待杰克把打印稿送过来。

有一天，露西等了好久也不见杰克出现，就走到他的工作台，问他：“怎么还没打？”杰克皱着眉头，脸上露出不高兴的神色：“我忙着，我有自己的工作，你以后打印不要找我，找秘书帮忙吧！”

露西大吃一惊，这显然超出了她的预料。究竟是哪里出问题了呢？后来，露西请教了人力资源部的一位同事，才找到原因，原来是露西说“谢谢”的次数太少了。

打印稿子不是杰克工作范围内的事，他本来可以不用给露西帮忙。露西长期不对杰克的帮助表示感激，杰克感到不被尊重，没有一种成就感，得不到价值认定，所以就不愿意帮忙了。

莎士比亚说：“如果你想到达你的目的地，就必须用温和一点的态度向人家问路。”你希望同事怎样对待你，你就应该怎样对待你的同事。学会用欣赏的眼光看待周围的同事，你就会收获他们对你的赞誉，上班时的心情也大大好转，甚至提高你的工作效率。美国心理学家威廉·詹姆士指出：“渴望被人赏识是人最基本的天性。”我们应该在工作中学习和掌握它。对同事多怀有一份感恩、多一点尊重和赞赏，同事关系就会变得和谐而美好。

同事间的关系会成为你一生中最宝贵的财富，必要的时候，会对你产生莫大的作用。同事和朋友不仅给予我们最温暖的关怀，还给予我们最无私的帮助：是他们在我们事业最低落的时候伸出援助之手，是他们在我们人生最低迷的时候为我们排忧解难，虽然大家并没有骨肉亲情，但他们给了我们胜似亲情的关爱。协助同事工作，不可避免地会占用你的时间，但是你会因此而受益匪浅。你这样做，不仅彰显了你为人的美德，也展现了你的才华，同时也可以促进同事之间的人际关系。假如你能够无怨无悔地全力协助同事，就会赢得良好的人际关系，增加同事对你的信任，领导也会更加器重你。

与同事们一起共事，是一生中的缘分，应该惜缘。珍惜缘分首先要懂得感恩，就是铭记身处逆境时同事的一句鼓励，在顺境时同事的一句忠告，取得每一点成绩同事给予的帮助和支持。“投我以桃，报之以李。”面对同事的真诚，我们应真诚地感恩。感恩同事的教育、关爱、启迪，丰富了我们的阅历，教会了我们付出，提升了我们的智慧。怀着一颗感恩之心对待同事，我们工作的心情、态度和效果会大不一样，会使得工作环境融洽，合作愉快，个人的成长进步就有更坚实的群众基础。

常怀感恩，珍惜工作机会，勤勉尽责干事，与同事携手共进。关爱同事，关爱他人，受益的最终是自己。所以，一定要关心、支持、帮助我们的朋友和一次次共渡难关的同事。

学会感恩，让机遇的“金蛋”砸出意外之喜

无论是生活还是工作，取得成功的前辈们都会告诫我们：机会可遇而不可求。虽然话是如此，但是机遇又是随时都会降临的天使，如果你能适时地抓住机

遇，机遇就会带着你翱翔在更广阔的天空。

把企业喻为员工“成长的摇篮”一点都不为过，相比之下，机遇就是摇篮里待孵的“金蛋”，感恩是机遇的“孵化器”，工作是机遇的“恒温器”。员工要想在工作中获得人生事业的成功，仅仅把机遇抓在手上还不够，还要让机遇之卵得以孵化，并健康成长，才能带领你走向成功，否则就会功亏一篑，将机遇扼杀在摇篮里。

懂得感恩的员工会把企业当作自己成长的摇篮，在工作中持之以恒地发扬主人翁精神，以感恩的心做好每一份工作、每件事情。机遇对于这样的员工来说，就是企业为其准备的“幸运金蛋”，只等时机成熟，就会孵化出天使的翅膀。它将在其遇到困难时，给予力量；在其遇到挫折时，给予信心；在其进取时，使其更快地飞向成功的巅峰！

毕胜是一家小型软件公司的电脑程序员。他在这家软件公司足足干了六年之久，他得心应手地在公司工作，期望有一天公司能发展壮大起来，自己也能获得一些成就，但是今年公司不堪市场竞争的负荷倒闭了。

毕胜一夜之间失业了，他有三个孩子，妻子为了支持他的工作，一直在家操持家务，是一个名副其实的全职太太。生活的压力让毕胜急着找工作。但是，一个多月过去了，他并没有找到工作，因为除了编程序，他一无所长。

偶然间，他在报纸上看到一家有名气的软件公司要招聘程序员，招聘启事上特别强调要“工作经验丰富，从业5年以上工作者优先”，而且待遇非常不错。他想以自己的工作经验和资历一定能胜任，并不存在问题。欣喜若狂的他怀揣着资料，满怀希望地赶到那家软件公司应聘。可是，前来应聘程序员的人多得无法想象，竞争的激烈性是毕胜没有预想到的。

面试开始后，毕胜和面试官进行了简单的交谈，公司通知他一个星期之后进行笔试。由于毕胜的专业知识过硬，笔试毫无意外地顺利过关。笔试过后，公司要他两天后来面试。两天的时间转眼就过去了，自信的毕胜想自己已经有六年的工作经验了，面试一定会顺利的。可是，主考官的问题和编程没有太大关系，而是问他软件未来的发展方向是什么、软件行业的发展前景如何等问题。毕胜从来没有想过，这些问题，没多久毕胜就接到应聘失败的邮件。

尽管如此，毕胜并没有丝毫抱怨，相反，他觉得软件公司的做法是非常专业和负责的，只是自己的人生格局太小，缺乏更高远的眼光和思想。所以虽然应聘失败了，但是他觉得他收获了很多。于是，毕胜给应聘公司回了一封信。在信中，他写道："虽然落选了，但我非常感谢贵公司花费人力、物力，为我提供了笔试、面试的机会！通过应聘使我大长见识，获益匪浅。在此，真诚感谢你们为之付出的劳动，谢谢！"

这封信给那家公司带来不小的意外，落聘的人不但没有抱怨，没有不满，还给公司写感谢信，这是在公司从未发生过的事情。于是，这封信被层层上递，最后送到总裁的办公室。总裁看了信后，一言不发，把它锁进了抽屉。

几个月后，当时正值新年来临之际，毕胜收到了一封精美的新年贺卡，上面写道："尊敬的毕胜先生，如果您愿意，请和我们共度新年。"这封贺卡是毕胜三个月前所应聘的那家软件公司寄来的。原来，总裁一直记着这个懂得感恩的应聘者，现在软件公司有了空缺，他马上就想到了写感谢信的毕胜，因为他知道一个心怀感恩的员工远比十个虽有才能但不知感恩的员工强上百倍。

毕胜怀着对总裁的知遇之恩的感激，在工作中改变思维模式和以往死板的工作方式，通过多方面的努力，提升专业知识，提高工作水平，两年后成长为编程部部门经理，带领着自己团队，为公司做出重要贡献。

现实生活和工作中，大多数人认为感恩就是要以物质或其他的形式，给予别人什么，或要为别人具体做什么。由于他们觉得感恩会给自己带来压力，于是就

放弃感恩，冷漠地对待企业、对待他人。其实，感恩不一定要你真承担什么，很多时候，你只需像毕胜一样懂得感他人之恩，机遇的天使就在不远处等着给你带来好消息，等着为你打开成功的大门。

作为职场人士，作为企业的员工，想要成就职场成功人生，就放下你内心那些负面的思想吧。学会感恩，做一个懂得感恩的人，机遇的“金蛋”，就会为你孵化出意外的惊喜。

因此，现代职场成功人士说：机遇可遇更可求，就看你是否心怀感恩，能否做到宽他人之过、感他人之恩。

在职场竞争中，无论是面对企业，还是企业领导者；无论是面对成功，还是失败，心怀一颗感恩的心，不仅会让我们抓住机遇，还会得到超出期望的回报。“有心栽花花不开，无心插柳柳成荫”是对这个道理最恰当的形容。每个人的机遇都很多，但是要让机遇生根、发芽、长出树叶、开花结果，就要懂得感恩。感恩是成功机遇不可或缺的阳光雨露，在任何时候都滋润着我们的生命和希望！

保持平和的心态，感谢折磨你的那些人和事

懂得感恩，是摆正心态、解救心灵、战胜挫折的最佳良方！只有在挫折面前，保持轻松平和的心态，才能开阔胸怀，重拾信心，从跌倒的地方爬起来，克服困难，最终获得成功。

在人生的道路上挫折与成功总是相伴而行，在工作中挫折总是不期而至。挫折本身并不可怕，可怕的是你缺乏战胜挫折的勇气。人们并不缺乏战胜挫折的方法，那么要想这些方法行之有效，把挫折转换成人生的转折点，就要学会感恩，

以感恩的心态赢得信心，在挫折面前不折不挠。

有一首歌这样唱道："不经历风雨，怎么能见彩虹，没有人能随随便便成功"。成功是在挫折中磨炼出来的结果，并非一帆风顺，尤其是职场上的成功，更是人们在日复一日、年复一年的重复劳作中，积极奋发、乐观进取、敢于战胜挫折而获得的。这其中的每一份工作，每一件事情，每一个细节，都伴随着看不见的风险和挫折的考验。

打败我们的往往不是挫折本身，而是我们的心态。在工作中，挫折对于心怀感恩的员工来说是上天赐予的考验，对于急功近利的人来说是上天有意地为难。对待挫折的态度决定着我们是否能战胜挫折，从而决定着我们在职业道路上是越走越顺，还是寸步难行。挫折只会打败那些目光短浅、心胸不够宽广的人，而成功总是会眷顾那些懂得感恩、宽人宽己、眼光卓远的人。

其实在工作中有些困难根本算不上是挫折，只是工作的一个小插曲而已。只有当你把它当成挫折时，它才真的成为你过不去的坎，拦住你前行的脚步，让你陷入迷失状态，因此错失良机。有资深人士说"工作就是解决问题"，这句话告诉我们：工作有问题是正常的，没有问题的工作才不正常。那么，同样的道理，在工作中，挫折也是在所难免的，没有挫折的工作会让人失去斗志和激情，工作正是因为有了挫折才更加值得我们挑战自己、积极奋发，实现自我突破。

有一个小伙子在工作中遇到了挫折。因为工作失误，其合作很久的客户被别的公司挖走，他陷入深深的自责与消极悲观之中，并一蹶不振。经理了解到他的状况后，非常担心。有一天，经理将他约到咖啡厅，那里正播放着优雅的音乐。他们边喝着浓香的咖啡，边聊着天，说着说着就说到了他的工作上。

经理说："这段时间，每天看到你沮丧的样子，我就非常难过。你整个人都变了，失去了往日的活力和光彩。"

"我太无能了，跟了大半年的客户就这样轻而易举地被别人抢走了。我还能做什么？"他满脸悲伤得差点落泪。

“其实，对于工作来说，这点挫折算不了什么，只是一个小插曲而已。我还是一个普通业务员时，这样的事情几乎时常发生，有时一个月一单也成交不了，生活都成问题。但是我坚持下来了，我也在挫折面前沮丧，甚至绝望过。”经理缓缓地说。

“真的吗？您也遭受过这样的挫折吗？”他惊讶地看着经理。

于是，经理跟他讲了自己的故事，甚至还讲了一些故事的细节，并把自己当时的心情和情景详细地描述了出来。末了，经理说：“我现在对经历过的挫折满怀感恩，对那些让我遭遇挫折的人和事，更是充满感恩。没有挫折，没有这些人和事，我不可能有今天的成就，或许我还在为了生计日夜奔波，最终徒劳无功。回想起这些走过的岁月，有时我又会为自己当时的年轻无知，而错失了很多良机而惋惜。”

小伙子这才从悲观失望中似乎看到了生机，他的眼睛里终于开始出现了光彩，从与经理的交谈中，他感悟很深。临分手时，他拥抱着经理，感激地说：“经理，不用担心我了，我知道应该怎么做了。谢谢您！”不等经理说话，他就欢快地奔跑起来。经理看着恢复活力的小伙子的背影，宽慰地笑了。

在现实生活和工作中，每个人都会遭遇挫折。就像故事中的小伙子一样，发生类似的事情时，只有能在挫折中懂得感恩的人，才会成为真正的强者。没有挫折，我们不会真正懂得成功的意义。挫折是人生的导师，只有当我们学会感恩它时，它才会教导我们如何善用自己的智慧，如何排除万难获得成功。就像经理对小伙子说的那样：其实，对于工作来说，这点挫折算不了什么，只是一个小插曲而已。我们越早读懂它，就越早懂得感恩，感恩之心就能越早帮助我们点亮智慧人生。

《感谢折磨你的事儿》一书中，作者王龙泉这样写道：“受挫一次，对生活的理解加深一层；失误一次，对人生的感悟增添一阶；不幸一次，对世间的认识成熟一级；磨难一次，对成功的内涵透彻一遍。”从这个意义上说，想获得成功和幸福，想过得快乐和欢欣，首先要把失败、不幸、挫折和痛苦读懂。感谢折磨你的那些人和事吧，正是因为有了他们的存在，我们才会不甘于平庸，不甘于落后他人。

心怀感恩，会在逆境中为我们打开一扇智慧的门，让我们快些找到成功的钥匙。当我们困顿于在挫折之中时，当我们困顿于工作的难题时，换个思维，换种心态，我们会如修行者一般从中得到启悟。因为心怀感恩，你不会计较个人的利益得失，而是以主人翁精神的高度责任感，承担起企业兴旺发达的重任，在工作中不但不会被挫折打败，还会因挫折激发自身更大的潜能，在与困难对抗中越战越勇，最终走向金碧辉煌的成功殿堂。

抱怨不会产生任何价值，感恩可以消除烦恼

抱怨的情绪具有传染性，对团队精神具有极大的破坏性。所以，一个喜欢抱怨的员工，无论走到哪里都是不受人欢迎的。优秀的员工不会抱怨工作，他们只会感恩工作。因为他们深知抱怨不仅影响工作，还会让自己成为最差员工。

奋斗的征途上荆棘遍地，向上求索时有数不清的坎坷。在种种失败和无奈面前，有人抱怨自己的命运不佳，有人抱怨自己的命苦，有人萎靡不振，慢慢消沉。

对于种种失败和不幸，是对生活充满感恩，跌倒了再爬起来？还是一味抱怨，甘于堕落？这是检验一个人的人生态度的重要标准。英国作家萨克雷说："生活是一面镜子，你笑，它也笑，你哭，它也哭。"对生活充满爱和希望的员工，会正确面对失败和挫折，会把失败当作宝贵财富，当作上苍的偏爱，尽享人生。这绝不是自我麻痹，不是自我欺骗，不是现实逃避，更不是鲁迅笔下阿Q的

精神胜利法。

要感恩失败，感恩伤害，感恩困难，这不是胡言乱语，是让你学会辩证思维，把磨难变为人生经历，把困难变为财富，把坏事变"好事"。失败、伤害、困难，是人生都会遇到的，它磨炼了你的心志，增长了你的见识，锻炼了你的意志，增强了你的能力……不要因此陷入抑郁而不能自拔，这样的情绪累积下来，会把自己毁掉。如果每个员工都能以辩证的观点来看待这些负面的影响，则可以消除许多烦恼，更可能取得许多成功。

钱颖惠在一家医疗器械公司实习结束之后，便换到离家比较近的另一家医疗器械有限公司工作。面试的时候，经理说一个月后转正，半年后根据个人情况调薪升职。可是工作已大半年了，钱颖惠还是在原来的岗位上工作，没有升职，也没有加薪。其实，平常钱颖惠对待工作还是很认真细致的，但是为何没有得到晋升和加薪，她百思不得其解，决定当面向经理问清楚。

一天，钱颖惠鼓起勇气敲开经理办公室的大门，说出了自己的困惑。经理没有告诉她为什么，只是让她回去好好观察同事，再联系自己的工作表现，反思后再来找他。

这几天，钱颖惠没有一上班就充当大喇叭，一上班就吵吵嚷嚷着，而是边工作边观察同事们的工作表现。她发现公司里的那些比较优秀的员工干起工作来都非常专注认真，从没有听到过他们对工作、对领导、对公司有任何抱怨的情绪宣泄，他们总是做得多说得少。而那些敷衍应付工作的员工，不是抱怨薪资待遇少，就是对工作挑三拣四，甚至找个资料都说："哎呀！这什么资料啊，那么难。"

看到这些，钱颖惠再联想起自己的工作表现，心里顿生悔悟。

原来，进入这家医疗器械有限公司工作一段时间后，她觉得自己的理想和公司的情况有很大的差距，就开始产生了不满情绪，于是在日常工作中变得非常喜欢抱怨。虽然工作做得还算认真，但是经常不是喊累就是嫌烦，经常在同事面前抱怨工作太多，经理要求太高，工作环境不好，薪资福利待遇太差，公司制度不合理等。就这样，钱颖惠渐渐对工作不如刚上班时用心了，工作能力、工作效率等一直得不到提升。而且经理从她的工作成绩，也注意到了她的工作表现，自然不会给予升职加薪。

经过回顾和反思，钱颖惠这才明白，自己之所以在工作中止步不前，甚至倒退，是因为抱怨已经成为她在职场前进的“绊脚石”，并且限制住了自己发展的空间，让自己的人生格局越来越小，看不到更宽更广的天地，只看到了眼前的一些蝇头小利。钱颖惠下决心一定要改掉抱怨的毛病，找回那个充满激情、努力上进的自己！

不满情绪的滋生，会让一个充满活力、积极进取的人，养成抱怨的坏习惯，使抱怨成为自己人生发展的“绊脚石”。其实，在现实工作和生活中，像钱颖惠这样经常抱怨的人不在少数。这部分人眼里永远没有值得高兴的事，而总把不顺心的事挂在嘴上，弄得自己很烦，也严重影响了别人的情绪。

有些员工太过于理想化，他们总认为自己所有的东西都应当是“最好的”，自己的人生应当是最顺利的，自己应当是一切利益的天然获得者，稍不如意便大发牢骚。对于有可能遭受的不幸、工作上的种种困难、应当履行的社会义务，他们没有接受的任何思想准备。有些人说：“天生我材必有用，千金散尽还复来”。一旦不顺心，工作打不开局面，不受到领导者重视，便自暴自弃，四处抱怨，甚至远走他乡。这样的员工不会享受真正的工作与生活乐趣，也不懂得事物的双重性，每天生活在痛苦中，自我压抑和自我封闭也就在所难免了。

鲁迅先生笔下的祥林嫂，是抱怨的最直接见证。你刚开始抱怨时，或许能获得一些同情，但是当抱怨养成一种习惯，就会让周围的人开始对你生厌而远离你。因此，我们应该明白抱怨在任何事情面前是最于事无补的做法，抱怨不会产生任何价值，只会削弱我们的意志，让积极、阳光的心志离我们越来越远。

发扬主人翁精神，争做优秀员工，必须杜绝抱怨。学会心怀感恩，才能完美融入企业这个大家庭。满怀抱怨的员工，会被同事边缘化，受到众人的孤立，难以融入团队，成为领导不信任的人。

第四章

责任意识：工作的底线就是尽职尽责

古人云："在其位，谋其政；行其权，尽其责。"所谓有职必有责，在什么样的岗位就会有什么样的职责，就应该负起什么样的责任。在职场中，企业更看中的不是一个人的能力，而是他的责任心。能力不够可以培养，但一个没有责任感，对工作敷衍了事、得过且过的员工是任何企业都不愿聘用的。因此，无论身处什么样的岗位，我们都要肩负起自己的责任，唯有如此才能不断学习、不断提高，获得更好的发展。

要干好本职工作，必须具备高度的责任感

一个有责任感的员工更愿意花时间去研究解决问题的各种机会和可能性，其对企业分配给自己的任务勇于“复命”而不是“逃命”，不但对自己的工作负责，也会对企业负责，因而不会太多地去计较“分内”或“分外”的职责。这样的员工当然更值得信赖，在工作中也能取得更大的成就。

现实中，责任是由许许多多的小事构成的。你选择了一份工作，就要接受这份工作的全部。比如说，早晨闹钟响起来，该到上班的时间了，你躺在暖和的被窝里，而外面阴冷冷地下着雨，你是多想再睡一会儿啊，可是责任感驱使你立刻从床上爬起来，穿衣、洗漱，然后精神抖擞地去上班……试想，如果没有工作，你还需要承受这份早起的辛苦吗？

推卸眼前的工作，就是推卸责任。而当需要你承担起一份重大的责任时，总想着等以后准备好了、条件成熟了再去承担，这种想法是错误的。你要做的是马上勇敢地面对它，这对于你来说就是最好的准备。如果你不愿意这样去做，那么即使等到条件成熟了，你也不可能真正地承担起责任来，对于重要的事情，你更不可能把它完成好。

不要觉得责任就是负担，或许对于你来说，承担工作中的责任不是一件轻松的事情，它需要你做出某种牺牲，让你在承担责任的过程中备感辛苦与压力，但你不妨换个角度来看待工作中的责任。事实上，承担责任是对你的价值和能力的一种肯定和证明，如果你不具备承担责任的能力，别人又怎会强人所难呢？你应该为自己拥有一份工作、承担一份职责而骄傲，因为这足以证明你的存在是有价值的。

你可以站在企业领导者的角度思考一下，在分配任务时，他会信任什么样的人呢？在提升职位时，他会优先考虑哪一类员工呢？如果企业领导者在分配任务时，对你极不放心，甚至还要派人来监督你，三天两头检查你的工作进度和工作质量，你一定不会觉得好受，但你更应该反思一下：你对自己的工作尽到责任了吗？

责任感是简单而无价的，因为它可以存在于每个人的心中，让人们创造出无形的价值。美国前总统杜鲁门的桌子上摆着一个牌子，上面写着："Book of stop here"（问题到此为止），体现的就是责任感。现实中，如果每个员工在工作中都能够做到"Book of stop here"，那么这样的公司必定会有着令人瞠目的发展速度，这样的员工也将赢得足够的尊敬和荣誉。

大学毕业后，苏凯源到一家家具厂做采购员。工作半年后，由于公司计划进一步扩大生产规模，为了提高产品质量，增强市场竞争力，公司决定从东北地区购进一批优质木材。当这项采购任务最终落到苏凯源身上时，部门里的几个同事都很羡慕他有这样的"美差"，因为这次公司采购的份额大，只要在报价上略施小计，就能捞到不少"外快"。

面对同事羡慕的眼光，苏凯源不以为然。他到东北后，并没有直接去找供货商联系，而是先到木材市场进行了一番深入细致的调查，这样就对公司要采购的同一品种木材的零售价有了初步了解。之后，苏凯源又联系了几个同行，大家在一起交流后，他发现自己所要采购的这批木材市场价格比供货商开出的价格足足低了五个百分点。苏凯源对木材供应市场又进行了进一步的研究分析，很快掌握了供货商的价格底线。

做好这一切工作之后，苏凯源立即将自己所掌握的信息向公司汇报。公司很快发出要求他全权负责的通知，于是苏凯源开始找供货商谈判。由于事先对市场进行了调查，供货商的花言巧语没能迷惑住苏凯源，他们最终以很低的价格签订了采购合同。

这次采购让苏凯源赢得了领导充分的信任和赞赏。回到公司后，领导特意召开公司全体员工会议，对苏凯源予以表扬，并号召全体员工向他学习这种对工作认真负责、把公司的事当成自己的事的敬业精神。不久后，苏凯源就受到了公司重用，被任命为供应部门的经理。

一些员工认为，只有那些手上有权力的人才有责任，自己只是一名普通员

工，没有什么责任可言，一旦工作出现失误，有权力的人理应承担责任，而自己则是无事一身轻。要知道，成功人士大多都是从平凡的岗位做起的，不同的是他们意识到了自己的责任，并且承担起了责任。他们在承担责任的过程中不断成长，最终才成就了自己辉煌的事业。

在工作中，一个人的职位越高、权力越大，他肩负的责任就越大。要知道，高职和高薪同样也意味着更高的责任和对职业奉献精神更高的要求。想要在工作上有一番成就，让老板器重自己，就必须不断寻找机会，扩大自己对企业的贡献。不要害怕承担责任，要坚定信心，相信自己一定可以承担起任何正常职业生涯中的责任，也一定可以比前人更出色地完成工作。

一些人没有意识到工作的职责所在，他们对一切组织中的岗位制度都莫名其妙地抱有一种抵触情绪，在工作中总是一副漫不经心的样子，对企业和自己的工作也时时抱着嘲讽的态度，稍有不顺就离职，频繁跳槽。可以说，在他们身上看不到一点责任的影子。要知道，每份工作都有其相应职责和意义所在；有其赋予我们的权利，也有其赋予我们的义务。一个真正有责任心的人，即使对自己的工作不感兴趣，决定离职，在离职之前也会站好最后一班岗，做到有始有终。

在这个世界上，没有不需承担责任的工作，而你既然选择了一份工作，就意味着你必须承担起一份责任。没有责任感的军官不是合格的军官，没有责任感的员工也不是优秀的员工。一个人要干好自己的本职工作，必须具备高度的责任感，以火焰般的热忱和生生不息的奋斗精神去迎接工作中的每一天。身为员工，你一定要牢记：无论做什么事情，都不能忘记自己的职责，无论在什么样的工作岗位上，都要对自己的工作负责。

为公司多做贡献，担起职责范围外的责任

著名英国哲学家罗素曾经说过："爱和智慧是人们走向幸福的两种最重要的

力量。一切能力、技能都是中性的，它们必须建立在一颗爱、善良和负责任的心灵上，才能给世界带来益处。”由此我们可以得出这样的结论：一个人的能力越大，承担的责任越多，他对社会的贡献也就越大。

但凡一个人具有非同寻常的能力，这个社会对他的期望和要求也会高于常人，他应该用自己的知识和技能为这个社会做出更多的贡献。那些成功人士之所以肩负着更重大的责任，就是因为他们有能力为社会多做贡献。他们做到了，而社会也将会给予他们更多的回报。

同样，我们在工作中唯有尽可能地多负些责任，为企业多尽些力，多做出些成绩，我们才能得到比自己期望中要多得多的东西。你承担了职责范围之外的责任，你就等于为企业多做了贡献，企业自然不会亏待你，而你在业内的信誉度更是一种潜在的无形资产，会为你带来意想不到的收获。所以，如果你想在工作中取得成就，就不应拘泥于本职工作的狭小圈子，而应迈开步伐，一脚踏进责任的河流。相信你涉足得越多，贡献越大，你离成功也会越近。

吴德云是一家印务有限公司的技术工人，他在自己的岗位上兢兢业业地工作了六年，受到同事和厂领导的好评。如今，工厂因发展需要从国外引进了五台工业用的大车，厂领导决定由吴德云负责这五台大车的技术维护工作。

然而，还不到半年，这五台由公司花费巨额资金购进的大车就突然坏了，怎么都发动不了。吴德云带领技术组到车上查找原因，同时联系了生产该车的国外厂家的技术人员。经过一番检修，外国技术专家认定故障是由工人操作不当引起的，他们不负责维修。但吴德云认为，工人完全是按照说明书进行操作的，并没有不当之处。

双方争执不下，这让工厂的领导犯了难：如果承认是工人操作不当引起的故障，那么厂家就不负责保修，两百多万元的维修费得自己掏腰包；而如果不承认，本厂的技术人员不精通这方面的技术，又拿不出有力的证据。

就在厂领导决定咬牙承担这笔巨额维修费用时，吴德云却坚决不同意，他主动向厂领导请缨，声称一定要把问题查个水落石出。于是，他带领技术人员在车上一待就是几天，用各种检测工具从头开始一点一点地检测每一个数据。

功夫不负有心人，到了第四天早上，吴德云带领技术人员终于在一组数据中发现了问题，足以证明这五台车在生产设计时就存在着严重的问题。最后，外国厂家不得不承认是自己设计上的疏忽，才导致了这五台车的故障，他们表示愿意承担全部维修费用。

吴德云的举动使工厂避免了很大的损失，厂领导不禁对他刮目相看，当即决定提升他为工厂的技术总监。而吴德云的事迹也在业界广为流传，很多技术工人都以他为榜样，还经常有人慕名前来向他请教各种技术上的问题。

正是因为有着以企业为家、对企业高度忠诚和负责任的精神，才让吴德云在领导已经做好准备自掏腰包承担损失之际，主动站出来维护企业的利益，从而为企业节约了巨额资金，做出重大的贡献。而对他来说，职位的提升则是水到渠成的事。

有很多员工认为，在工作中多一事不如少一事，反正无碍大局，自己没有必要去承担那么多的责任。他们不曾想过，自己是企业的一分子，企业的事就是自己的事，无论企业发生了什么样的情况，自己都不可能置身事外，摆脱干系，都有一份责任存在。如果企业不幸走向衰败，自己更不会从中捞到什么好处，相反，一旦丢了饭碗，生活的一系列问题就会接踵而来。

捷克作家米兰·昆德拉在其著作《不能承受的生命之轻》中说过：“一旦用责任来规定生命，灵魂便不再脆弱，必然也不会残忍。”而在现实中，一旦用责任来定义我们的工作，我们的心灵就能够远离怠惰和颓废的侵蚀。我们就能告别懈怠责任、漠视生命所带来的“生命不能承受之轻”，我们的才能就不会荒废，我们的职业生涯就会充实而富有意义，我们将愿意用尽毕生的精力，为企业、为社会多做贡献。

你承担的责任越重，取得的成就才越大

只有敢于承担责任，才能使自己不断得到提高，获得同事和领导的认可。因此，要以自身所承担的责任为荣，相信唯有承担起比别人更重大的责任，才能取得比别人更耀眼的成功，成为企业的栋梁之材。

无论做什么工作，你都需要具备与之相匹配的责任心。只有做好了眼前的工作，你的能力才会得到了相应的锻炼，你的视野也变得更加开阔，那么对于接下来更大的挑战，因为有了足够的积累，你也就比较容易把握分寸了，足以为你的事业成功增添筹码。

在很多人眼里，苏香运气似乎特别好。她长相一般，所学的专业与公司所属的行业完全不相干，而论能力她好像也不是最优秀，但在进入公司后短短两年的时间里，她在每一个位置上都做得有声有色，由此获得了一个个提升的机会。

刚进入营销部工作时，由于苏香是部门里最吃苦耐劳、最能承担责任的一个，她赢得了不少与客户合作的机会，进步得也很快。半年后，她凭借几

份全面、详尽的调查分析报告为自己赢得了一片掌声。一年后，她已成为营销部举足轻重的人物。

荣升营销部副经理不久，老板就问她愿不愿意接受挑战，去情况并不乐观的北方分公司担任副总经理。苏香一口答应了。

来到北方分公司，苏香选择了库存积压最厉害的第一销售处，着手开始工作。在寒风凛冽的冬天，她一个人借了一辆自行车，找到代理公司产品的代理商，了解产品滞销的原因，以期寻找突破口。

在随后的几个月里，由于苏香的不断努力，情况开始明显出现好转，员工们的工作热情也被充分调动起来。半年后，第一销售处不仅解决了库存积压的问题，同时也成为北方分公司的销售亚军。就在这时，苏香也得到了升迁，成为北方分公司的总经理。

谈到成功，苏香深有感触。她说："有了责任才能成功。一个人能有多大的事业，往往取决于他有多大的责任心。如果说事业舞台是一个圆的话，那么责任心便是这个圆的半径。每个员工只有从心底真正地对工作负起责任，才有可能得到更多的机会与平台，进而走向成功。"

苏香通过承担更多、更大的责任，一步步走向了自己事业的顶峰。现实中，有责任感的人会给别人一种信任感，会吸引更多的人与其合作。而实际上，无论在什么样的场合，每个人都在不同层面分别承担着责任人与合作者的双重角色。如果我们意识到并承担了这样的双重角色，我们工作的积极性和效率就会处于最佳状态，并且会在这个过程中吸引更多的合作者，取得更大的成功。

作为员工，你应该经常自问："我还能为企业承担什么责任？"而不是因循守旧地重复着毫无挑战性的工作。你要多想想：除了做好手头上的工作外，自己还能为企业做点儿什么。如果你总抱怨领导分派给你太多的工作，那你就大错特错了。实际上你应该感到高兴才对，因为承担更多的责任，意味着领导给予了你更多的信任和器重，代表你在领导心目中有着较高的地位。试想一下，如果你的工作总达不到领导的要求，他还会不断地把任务交给你去完成吗？

或许你觉得一个人担负的责任愈大，付出的也比别人愈多，因而在责任面前选择了逃避。在上班时间内，你不能将心思好好地用在工作上，下班以后更是连想都不会想一下工作上的事情。在你看来，人活着不仅要工作，更要享受生活，这看起来确实也有一定的道理，但可以预见到这样下去是不会取得多大成就的，耽于享乐到头来只会让自己一生平庸。

或许还有很多人羡慕企业领导者拥有一份自己的事业，但要知道，在企业领导者耀眼的光环背后，担负着一份沉重的责任。如果想保持企业良好的发展势头，企业领导者一定要想尽办法做好各种战略规划。所以，如果你想要获得更好的发展，那么就先承担起自己肩上的这份责任吧！

一个人成就的大小是与其责任心成正比的。如果你想要获得成功，就必须具有强烈的事业心，而事业心的核心部分就是责任心。英国前首相丘吉尔说：“伟大的代价是责任。”作为一名员工，你所承担的责任越大，证明你对企业的价值越大，那么你就会在企业赢得更多的资源和机会，所取得的成就当然也非一般人可比。

对工作丧失责任感，最终只会断送大好前程

没有责任感的员工不会是一个好员工，这是因为责任感是驱动一个人前进的内在动力，是一个人取得成功的前提条件。在任何时候，责任感对国家、社会、个人都是不可或缺的，而作为一名员工，只有以强大的责任感来严格要求自己，才能在工作中不断地取得进步。

事实上，任何一项工作都蕴含着无限的成长机会，只要你肯对工作负责，认真努力地去做，你就能够在工作中迅速地成长起来。俗话说，有付出就会有收

获，当你从一个初出茅庐的新手成长为一个工作熟练、高效的员工时，就已经从工作中获益良多。而在这一过程中，基于对工作的责任感，你就会自觉地学习新知识、新技能及新经验，不断提升个人能力，使自己无论面对多么复杂与困难的局面和形势都能将任务圆满完成。由此可见，责任感正是我们在工作中取得进步的源动力。

当我们积极地对工作负起责任时，我们就会从中学到更多的知识、积累更多的经验，并且能够从工作的过程中体会到无穷的乐趣。相反，如果我们不培养自己的责任心，让“不好好工作”成为一种习惯，其结果就不只是给企业带来经济损失，最重要的是还将毁掉自己的一生。由此来看，即使我们在工作中已取得了一些成就，也不应满足于现状，放弃进取的姿态和拼搏的信念，而是要不断学习，在工作中树立一个又一个明确的目标，坚定不移地走下去，使自己取得新的突破。

郑加超是一家药业有限公司的营销总监，他刚进公司那会儿，只不过是一名普通的业务员。由于他拼命工作，取得了非常突出的业绩，因此深得老板的赏识，在不到两年的时间里，便将他提拔为公司主管销售工作的营销总监。

坐上营销总监的位置后，郑加超的生活品质得到了超乎想象的提升：有丰厚的薪水可拿，开着公司配备的专车，住着公司购买的豪宅，生活极其奢华。面对拥有的一切，郑加超感到非常满意。随着应酬越来越多，他便把更多精力花在了享乐上，对工作的热情也一落千丈。

当朋友问到他的生活目标时，他回答说现在已经达到自己所期望的顶点了，没有必要再去做什么，人要学会知足常乐。郑加超认为，公司的总经理是总裁的侄子，自己要坐上这个位置是不可能的，能保住目前的职位就已经心满意足了。

这样过了差不多一年的时间，那位朋友看到他没有做出什么值得一提的成绩，便善意地提醒他说：“你要上进了，在公司干，没有成绩是危险的！”

而郑加超竟然说："放心吧，我是公司的功臣，老板不会把我怎么样的。"

的确，公司有很多工作都离不开郑加超，但他对工作不负责任的表现还是惹恼了老板。终于在一天早晨，当郑加超驾着车像往常一样来到公司时，优越感十足的他迈着方步踱进办公室，第一眼看到的就是一份解聘通知书。这下子，丰厚的薪水没了，车子、房子统统还给了公司，摆在他面前的两条路是：要么再回到公司普通营销员的位置，要么离开公司另谋高就。此时的郑加超真是追悔莫及。

郑加超在工作中取得了一点成绩便不思进取，丧失了对工作的责任感，最终断送了自己的大好前程。现实中，大多数人由于没有意识到对工作负责就是对自己负责的道理，他们把工作只看成是一份赚钱养家的职业，觉得干多干少、干好干坏没有多大区别，只要保住眼前的工作就可以了，而并没有站在事业的高度来对待眼前的工作，从而导致他们不思进取，无法取得应有的成就。

用对待事业的态度来对待眼前的工作，并把工作当成是使命，你就能发掘出自身特有的潜质，把工作做到完美。在完成使命的过程中，你会从中感受到工作真正的价值和意义，与此同时，工作也会真正变成你的一项事业。因此，不妨把工作当成上天赐予你的头等舱船票，趁现在还没有下船，好好享受在工作中进取的乐趣吧！要知道，对眼前的工作负责，就是对自己的未来负责。

现实中，每个人的能力和智慧都是在工作中不断努力获得提升的，无论你处在什么样的岗位上，都应该认真负责，用强烈的责任感鞭策自己不断进步。毕竟生命是一个不断前进的过程，唯有积极进取，你才不会在生命中留下遗憾。

为自己的行为负责，才能得到别人的信赖

如果说，智慧和勤奋像金子一样珍贵的话，那么，还有一种东西更为珍贵，那就是勇于负责的精神。有一位伟人曾说："人生所有的履历都必须排在勇于负责的精神之后。"

如果我们不能对自己过去的行为负责，就不可能对自己未来的行为负责。对自己曾做过的事情，我们应该做的只有承担，而不是寻找借口逃避。很多时候，勇于承担责任，错误不仅不会成为我们发展的障碍，反而会成为我们前进的推进器，促使我们更快地成长。

20世纪末，在美国得克萨斯州韦科市的一个异端宗教的大本营内，发生了邪教徒集体自杀的事件，其中有20多名儿童被其身为邪教徒的父母所毒害。现时，在这次事件中，也有10名正在查案的联邦调查局的探员遭到杀害。因为这次事件，美国司法部部长珍纳·李诺在众议院里，遭到许多议员的愤怒指责，他们认为她应该为这起惨剧负责。

面对千夫所指，珍纳痛心地说："我从没有把孩子的死亡合理化。各位议员，这件事带给我的感受远比你们想象的要强烈得多。的确，那些孩子和探员的死，我都难辞其咎。不过，最重要的是，各位议员，我不愿意加入互相指责的行列。"很明显，她愿意负起所有责任。珍纳接受谴责，并一人独负责任，使众议员为之折服，大众传媒也深受其感动而对她大加赞扬。

另外，因为珍纳一人担起所有的骂名，没有推卸责任，使本来会给政府带来灾难性后果的指责声音减弱了。一些本来对政府打击邪教政策抱有怀疑态度的民众，也转变观念，开始支持起政府的工作了。

珍纳·李诺的勇于承担使自己赢得了竞争对手的支持，有效地缓解了危机，

加速了问题的解决。勇于承担责任，能够加强组织的团结，保证工作顺利进行，同时，它也是成就一个人事业的可贵品质。

列宁说过："认错是改正的一半。"那么另一半是什么呢？另一半就是采取一切可能的措施去弥补自己的过错，这不仅可以将你为错误付出的代价最小化，还可以使企业领导者更进一步了解你的能力和潜在价值。

一次，一家药业集团物流有限公司的王明远和楚恒负责把一件大宗邮件送到码头。这个邮件很贵重，是一个古董，上司反复叮嘱他们要小心。

没想到，送货车开到半路却坏了。楚恒说："怎么办？你出门之前怎么不把车检查一下，如果不按规定时间送到，我们要被扣奖金的。"

王明远说："我的力气大，我背过去吧，反正离码头也没多远了。而且这条路上车特别少，等车修好，船可能就开走了。""那好，你背吧，你比我强壮。"楚恒说。

王明远背起邮件，一路小跑，终于按规定时间到达了码头。这时，楚恒说："我来背吧，你去叫货主。"他心里暗想，如果客户能把这件事告诉老板，说不定还会给我加薪呢。没想到，他想得出了神，王明远递给他邮件时，他却没接住，古董掉在地上，"咔嚓"一声摔碎了。

"你怎么搞的，我没接你就放手？"楚恒大喊。"你明明伸出手了，我递给你，是你没接住。"王明远辩解道。

两人都知道，古董打碎意味着什么。工作没了不说，可能还要背上沉重的债务。果然，老板对他俩严厉批评了一番。

趁着王明远不注意，楚恒偷偷来到老板的办公室对老板说："老板，不是我的错，是王明远不小心弄坏的。"老板平静地说："好，楚恒，我知道了。"

随后，老板把王明远叫到办公室，问他："王明远，到底怎么回事？"王明远就把事情的原委告诉了老板，最后王明远说："这件事情是我们的失职，我愿意承担责任。另外，楚恒的家境不太好，如果可能的话，我来承担

他的责任。我一定会弥补我们的损失的。”

老板的处理结果很出乎王明远和楚恒的意料。老板把他俩叫进办公室，对他们说：“公司一直对你们很器重，想从你们中间选一人担任客户部经理，没想到出了这件事，不过也好，这让我更清楚哪一个人是合适的人选。”楚恒不禁暗喜：“一定是我了！”

“我们决定请王明远来担任。因为，一个能够勇于承担责任的人是值得信任的。王明远，用你赚的钱来偿还客户。楚恒，你自己想办法偿还，明天不用来上班了。”“老板，为什么？”楚恒很不明白。

“其实，古董的主人已经看见你俩在递接古董时的动作，他跟我说了事实。还有，我也看到了问题出现后你们的反应。”老板最后说。

任何人都不可能做到完美无缺，偶尔的疏忽也是可以理解的。但是，如何对待已经出现的问题，从中可以看出一个人是否勇于承担责任。一个真正有责任感的员工不会为自己的失职寻找借口，推脱自己的责任，他们深知“责任到此，不能再推”的道理。

任何一家企业都希望把工作交给真正富有责任心的人，因为任何一个老板都清楚，能够勇于承担责任的员工对于企业有重要意义。

因此，当一个人想要实现自己内心的梦想，下定决心改变自己的生活境况和人生境遇时，首先要改变的是自己的思想和认识。要学会从责任的角度入手，对自己所从事的工作保持一个清醒的认识，努力培养自己勇于负责的精神，因为这才是成功的最佳方法。

人们都喜欢具有勇于负责精神的人。一个普通的员工，一旦具备了勇于负责的精神之后，就能得到领导者、同事、客户的信赖和支持，其能力就能够得到充分的发挥，其潜力便能够不断地得到挖掘，因而为公司创造出巨大的效益。同时，也会使其本人的事业不断向前发展。

在责任意识的驱使下，将压力转化为动力

作为一名员工，你在企业中处于什么样的位置，就要承担什么样的责任。而不管你承担的责任是大是小，你都应该肩负起自己的职责。俗话说："责任重于泰山"。一份责任就是一股无形的压力，时刻让你警醒，鞭策你积极稳妥地向前迈出每一步。

一些人错误地认为，选择承担责任会让自己活得很累。他们对责任畏之如虎，在工作中拈轻怕重，一遇到需要他们承担稍微困难一点的工作时，就推三阻四，找各种理由推托。在他们的眼中只看到了困难，而看不到解决问题的方法；只看到别人在职场平步青云，却看不到自己职位晋升的死结所在。

每个企业领导者都很清楚自己需要什么样的员工，哪怕你只是一名不起眼的普通员工，你的责任依旧重大，只要你担当起了自己的责任，你就是企业领导者最需要的员工。而在责任面前选择担当，会让你拥有更为积极的心态，促使你去主动解决问题。因为责任感就是我们战胜工作中诸多困难最强大的精神力量，它能把我们自身潜藏已久的力量激发出来，使我们有勇气排除万难，甚至可以把"不可能完成"的任务完成得相当出色，让你看到自己原来是这样的强大。

社会学家戴维斯说："如果你放弃了自己对社会的责任，就意味着放弃了自身在这个社会中更好的生存机会。"因此，任何时候我们都不能放弃自己所肩负的责任，放弃责任就等于放弃了自我。一个缺乏责任感的员工，首先会失去企业领导者对他的基本认可，再者会失去别人对他的信任和尊重。现实中，只有那些敢于承担责任的人，才有可能被赋予更多的使命，获得更多的发展机会，才有资格获得更多的荣誉。

承担责任就是一种荣耀。从某种程度上来说，因为企业领导者看重你，才会对你施压，让你肩负起更多的责任，为企业发展做出更大的贡献。而对于一个有抱负的员工来说，追求的目标越高，对自己的要求越严，其能力就增长得越快。

如果你想把看不见的梦想变成看得见的事实，就要在工作中做到兢兢业业。当你扩大了自己的责任圈，不断地给自己施压时，就会有更多成功的机会。

索尼公司对东京帝国大学的毕业生十分青睐，当时才华横溢的大贺典雄刚刚大学毕业，就顺利进入索尼公司工作。

进入公司后，大贺典雄经常因为工作上的问题与索尼公司的创始人盛田昭夫发生争论。大贺典雄直言不讳地向盛田昭夫指出工作中存在的各种问题，由于他的观点独特、才思敏捷，很快便引起了盛田昭夫的注意，从而对他刮目相看。在同事眼中，大贺典雄无疑是一个幸运儿，纷纷感叹其事业发展之顺利。

然而，就在大贺典雄工作得心应手之际，盛田昭夫竟然安排他到生产一线，在一名普通工人手下做学徒。这样一来，工作的苦累不用说，大贺典雄也少有施展个人才华的机会。公司很多人都认为是他得罪了盛田昭夫，都为他的遭遇鸣不平，但是大贺典雄并没有说什么。在当学徒工期间，凡是他的工作，他都认真完成，毫不懈怠，同事们不禁对他忍耐的态度感到十分不解。

一年过去了，还是学徒工的大贺典雄一下子被提拔为公司的专业产品经理。这又让公司里的人大吃一惊，对此更为不解。后来盛田昭夫解释说："只有对产品绝对清楚的员工，才有可能成为专业产品总经理。我将大贺典雄放在基层岗位上，的确是给了他一定的心理压力，但是他在这样一个卑微和又脏又累的工作环境下，却能如此心平气和，不提拔他还提拔谁呢？"

盛田昭夫正是因为看重大贺典雄的才华，才有意给他施压，让他在成为专业产品经理之前先做学徒工，好让他对公司产品了然于胸。盛田昭夫此举可谓用心良苦，而大贺典雄也没有辜负他的期望，在艰苦的环境下勇敢承担起了自己的职责，最终成为盛田昭夫身边深受器重的一员得力干将。

当工作中出现强大的压力时，有的人在心理上无法承受，表现得手足无措、唯唯诺诺，想要极力逃避和退缩。由于他们害怕失败，害怕给企业领导者留下不好的印象而影响自己的职业前途，于是遇到问题不是在第一时间寻找解决的办法，而是尽可能地找各种理由推托。事实上，在工作中真正给你造成负担的不是堆积如山的工作，不是看似难以解决的各种棘手的问题，而是你天性中的懒惰。如果这种状况长期延续下去，你的思想就会趋于僵化，走向保守。

一位著名的企业家说："当我们的公司遭遇到前所未有的危机时，我突然不知道什么叫害怕了，我知道必须依靠我的智慧和勇气去战胜它，因为在我身后还有那么多人，可能就因为我，他们从此倒下。我不能让他们倒下，这是我的责任，因此我在最艰难的时候，才变得异常勇敢。当我们走出困境的时候，我对自己的勇敢难以置信，我会这么勇敢吗？是的，那一次遭遇让我真正明白了，唯有责任，才会让你超越自身的懦弱，真正勇敢起来。"

对于一个负责任的人来说，内心强大的责任感会促使他将压力转化为动力，这种积极的力量会让他保持一种积极乐观的心态，激励他攻克一道又一道的难关。因此，当面对责任时，我们不需要逃避，而是要勇敢地迎上去，我们就会成为生命的强者。一旦我们选择了对工作负责、对自己负责，我们便开始对外部世界产生一种有利的、积极的影响，任何恶劣的环境都将会在我们的努力下得到改善，任何外力的阻挠都将会在责任的延伸中自然而然得到解决。

压力和动力是一种对立统一的关系，而责任就是这样的一柄双刃剑，它既是压力，也是动力。对于员工来说，责任心就是我们完成任务的保证，是它让我们在高难度的任务面前不退缩，让我们不再把"绝对不能失败"当作一件压得自己喘不过气来的包袱。在责任意识的驱使下，压力已经转化为了一股强大的动力，让我们克服自身的恐惧和怠惰心理，在工作中一往无前。

为企业多尽一份责，机会蕴藏于责任之中

在企业这个大家庭中，虽然我们的岗位各异，所做的工作不尽相同，但毫无疑问，我们都应该承担起自己的工作职责，这是我们做人、做事最基本的原则。事实上，在我们为企业的发展尽一份责任的同时，也就等于为自己提供了一个成长和发展的机会。

在工作中，你的责任感越强，承担的责任越多，作出的业绩越大，越能体现出你的才干，你也会因此得到更多除薪水以外的资源财富。任何一个企业的管理者都喜欢和信任那些愿意为企业发展多尽责任、多出力的员工，他们也会给予这样的员工更高的职位和更多的使命，让他们有更多的发展机会，这样的员工也会更容易地实现自己的理想和抱负。

2004年，年仅43岁的查理·贝尔出任麦当劳快餐连锁店新总裁，他是麦当劳开创以来的首位澳大利亚老板。在15岁那年，生活没有着落的贝尔不得不进入当地的一家麦当劳店打工，他本打算在这里挣点零用钱，并没想过以后要在这里长期发展。当时他被录用了，工作是打扫厕所。虽然扫厕所的活儿又脏又累，但贝尔没有别的地方可去，于是他就坚持了下来，并且做得十分认真。

由于从小养成了勤劳的习惯，贝尔在麦当劳店也不肯闲着。他常常是扫完厕所又去擦地板，擦完地板又去帮着翻正在烘烤的汉堡包，无论什么事贝尔做起来都很认真负责。他的表现引起了麦当劳达人澳大利亚餐饮市场的奠基人彼得·里奇的注意。彼得·里奇认为贝尔很有发展的潜力，没过多久，他就说服贝尔签了员工培训协议，让他踏上了公司正规职业培训的轨道。

待培训结束后，里奇又刻意把贝尔放在店内的各个岗位上逐一进行锻炼。虽然只是做钟点工，但由于贝尔的悟性出众，没过几年他就掌握了麦当

劳门店生产、服务、管理等一系列的工作，没有辜负里奇的一片苦心。在19岁那年，贝尔被提升为澳大利亚最年轻的麦当劳门店经理。

贝尔还是一名普通雇员的时候，就主动为企业承担更多的职责，彼得·里奇意识到了他的发展潜力，便给了他更多的锻炼机会，而贝尔更是通过自己的努力获得了成功，这一切都是他不懈奋斗和勇于担负责任的结果。只要你心中常存责任感，并将它化为实际行动，你就能拥有不寻常的业绩，从众多员工中脱颖而出。

在工作中，你承担的责任越多、越重，你得到提升的机会就越多，这是职场的一大法则。因此，我们在工作中一定要勇于负责、勤于负责，主动为自己的工作设定目标，并不断改进工作的方式和方法。这样你的能力就会不断得到提升，当达到了理想的高度时，你的报酬和职位就会一路飙升了。

当工作需要你承担责任的时候，你要勇敢地去面对，这样你才有望抓住自身发展的大好机会。一味推卸眼前的责任，不仅会让你失去勇于负责的精神，更会让你的能力逐渐被埋没，让你的潜力被掩埋，你的前途自然不会光明。要知道，如果你是一个负责任的员工，那么问题就不会长久存在于你的面前，阻碍你前进的步伐。事实上，方法总比问题多，困难也必能解决，责任感加上智慧和汗水，就没有什么事能难倒你了，机会也就在眼前。

可以说，机会蕴藏于责任之中，责任也就等同于机会，勇于承担责任的人，迟早会有机遇降临到他们的头上。比如，当企业需要实施一个重要的项目，企业领导明确提议竞争上岗时，只要你把这个责任承担下来，把项目做好，你就等于抓住了升职和加薪的机会。但如果你缩手缩脚，做起事来前怕狼、后怕虎，那你可能会永远窝在企业底层，得不到发展，或者发展缓慢，最终失去这份工作。

现实中，很多人埋怨自己没有机会，他们常把“哪里有机会”“机会在哪里”这两句话挂在嘴边，却不注意从身边一点一滴的小事当中去寻找机会，不肯为机会的到来多出一份力，多负一点责任。结果他们白白地错失了机会，却还要在那里怨天尤人，这样的员工无论到哪个企业都不会有什么发展前途。

作为一名员工，我们有责任使企业的产品达到更高的水准，有责任使企业更成熟、更完善。只要我们能够克服短期雇用的思想，人人都有责任心，与企业同呼吸、共命运，企业就能兴旺。而对于我们来说，多一份责任就会多一份机遇，责任向来与机遇是携手而行的。只要我们承担起责任，并把握住了隐藏在责任背后的机遇，我们的前途就会无限光明。

只有用心将小事做好，才会有机会做大事

对于一个有着超强责任感的人来说，小事从来都不小，只有用心将小事做好，才有机会去做大事，才能不断提高自己的工作能力，才能让自己所在的团队更有竞争力，最终获得事业上的成功。

众所周知，在工作中，很多人的大部分时间都在做着各种微乎其微的小事。有人却认为小事没必要认真去做。殊不知，这些观点就是导致其失败的原因。毕竟从小事做起才能成就大事，一个人如果连小事都做不好，又何谈对工作负责，又如何能担当大任呢？

因此，我们不论从事什么样的职业，都要有责任心，把工作当成自己的使命，哪怕是再小的事情，我们都要尽自己最大的努力去做好它。我们要热爱自己所从事的工作，时间久了，在我们的眼中，也就没有什么大事或小事，重要或不重要之分，我们会把十分的热情全部贡献给自己热爱的工作，把工作中的每一件小事做到最好。我们要明白，将小事做细致，不仅可以学到更多知识与技能，而且能在过程中发现机会，最终走上成功之路。

虽然我们每天所做的工作可能大多是一些琐碎的小事，但是我们绝不能因此就对工作不重视，敷衍应付。要知道，我们与成功者的唯一区别就是，我们认为

不值得去做的小事，成功者们都在用心、认真地做着。曾经有一个非常典型的成功案例，说明的就是注重小事从而取得成功的道理。

故事的主人公是某公司的总裁罗伯特·雷德福。起初他只是一个小小的杂工，却有着不同于他人的认真负责的工作态度，他总是把自己工作中的每一件小事都做到最好。渐渐地，他掌握了工作的技巧，不断积累经验，不断成长，最终成为总裁。

从一个无名小杂工到32岁就当上公司的总裁，毫无疑问，这是一件不可思议的事情。那么，他是如何做到的呢？他独一无二的秘诀又是什么呢？

当时，年轻的罗伯特进入这家公司的一个制造厂时只有20岁。年轻气盛的他带着自己的梦想来到这个制造厂，刚开始工作时他就显得与别人与众不同。首先，他对整个工厂的生产情况做了一个全面的调查和了解。经过调查，他知道了一辆汽车需要经过14个部分生产出来的不同零件组装才能完成。从制造零件到装配出售，每个部分的工作性质都不相同。

在了解了一切后，他对自己的职业生涯进行了规划。他深知，要想在汽车制造这个领域做出惊人的成绩，就要对汽车生产的各个部分有全面的掌握，要对每个部分有独特的见解。所以，他主动向领导提出从最基层的杂工做起。杂工的好处就是没有固定的工作岗位，这正好满足罗伯特的心意，于是，他认真地学习了起来。通过长时间的杂工工作，罗伯特对汽车的各个部分都已有了深刻的认识。

在做了很长时间的杂工之后，罗伯特申请调到汽车椅垫部工作。很快他就把制椅垫的手艺学会了。后来他又申请调到点焊部、车身部、喷漆部、车床部去工作。不到五年的时间，他几乎把这个厂的各部门工作都做过了。最后他决定申请到装配线上去工作。

罗伯特离成功越来越近，而他的父亲却对他的做法颇有微词。有一天，父亲按捺不住询问儿子："你工作已经五年了，总是做些焊接、刷漆、制造零件的小事，恐怕会耽误前途吧？"

罗伯特微笑着对父亲说："爸爸，我的成功你看不到，我不看眼前的成功。我有我自己的目标，我不会因为短暂的利益而失去锻炼自己的机会，因为真正的财富是自己获得的经验，是自己学会的技巧，更是了解一切之后管理这一切的能力。现在我是一名杂工，十年之后我会是这个公司的总裁。"

这个故事告诉我们：我们不能因为想要干一番大事而忽略了小事。一件事情，无论大小，去做了就会有不同的结果。那些眼高手低的人，总认为自己做的事情没有意义，做事态度消极，对待工作不认真负责，每天都在混日子；而那些脚踏实地的人，就像罗伯特一样，对待工作认真负责，总是积极主动地面对每天所做的每一件小事，深入地了解公司的情况，努力将每件小事做好，并利用小事去多方面学习，增强自己的判断能力和思考能力。

不难发现，我们至今所拥有的经验、阅历、财富都是由无数件小事慢慢积累而成的，没有这些小事，就不会有我们现在的成就。多米尼克·珀塞尔曾告诫我们："世界上那些最伟大的事业，都是一点一点完成的。"由此可见，把每一件简单的事做好就是不简单，把每一件平凡的事做好就是不平凡，而我们若想在工作岗位上有所作为，我们就必须拿出认真负责的工作态度，踏踏实实把每一件小事做好。

正如比尔·盖茨所说："每一天，我们都要尽心尽力地工作，每一件小事情，都力争高效地完成。尝试着超越自己，努力做一些分外的事情，不是为了看到老板的笑脸，而是为了自身的不断进步。"所以，不要再忽略工作中的小事了，若想成为一个有责任心的员工，我们必须重视小事，从小事做起，将小事做好。

坤福之道

世界潜能大师安东尼·罗宾曾说："一个不能看到微小差距的人，永远不可能成为卓越的人，不可能成就伟大的事业。"在工作中，我们很多人会将目光投在能够满足虚荣心或是能够出人头地的大事情上，其实这本身并没有错，因为每个平凡的自我都曾幻想干一番大事业。但是，想要实现自己的价值，我们必须从小事做起，要知道，一个从不忽略小事的人，往往才是一个对工作负责的优秀员工，这样的员工才有可能获得成功。

第五章

执行意识：保质保量地完成自己的工作

职场上，工作能力的强弱最终体现在执行力上。说到不如做到，做到不如做好。说到底，执行就是把想法付诸行动，再把行动衍生为结果。具有良好执行力的人能够保质保量地完成自己的工作和任务，而缺乏执行力的员工，就会出现执行不到位、工作没成果的现象。可以说，执行力就等于竞争力，身在职场，我们要想赢得一席之地，唯有高效执行，用行动证明自己。

下属拥有完美执行力，是很多企业领导者的愿望

所谓执行，在职场上，就是员工将领导者安排的计划付诸实践的行动过程。执行到位，就是要求员工行动完全贴合领导者制定的目标。

拥有具有完美执行力的员工，是很多企业领导者的愿望，但是现实生活中员工们往往把握不住这个度，出现很多执行不到位的现象。常人在做错事后，总会给自己找一些推诿的借口，他们或许会把责任推到领导者的身上，认为领导者的意思令人难以捉摸，理解好了是顺水推舟，理解有误便成了众矢之的。但是社会在发展，文明在进步，许多企业已经将责任推行到个人身上，领导者如果指令传达不当自然要担起相应的后果，但是员工如果一味地将责任推到领导者身上，这也是行不通的，因为员工不明确的任务可以向领导者问清楚，一切阻碍都不应当以牺牲执行为借口。现代企业更加注重利润，而利润的实现不但需要领导者的决策正确，更加需要有一个执行力高度到位的团队。丧失执行力的团队犹如虎躯上的一块腐肉，即使忍痛也定要除去，社会和职场的残酷性从未改变——任何企业都需要能干又聪明的员工，而这两点全都体现在员工的执行力上。

所以在如今这样越发具有灵活性的企业体系中，员工们需要重视发挥个人在企业中的能力，如何做到执行到位，给企业带来利润，这是每位员工每天都必须面对和思考的问题。

我们都知道要成为对企业有帮助的、不可或缺的人才，但是在职场中有许多人总是为行动找借口：每天到公司之后，面对领导布置的任务，总是会发出种种疑问，诸如“这样的计划行不通吧”“领导为什么不让张三去而让我去，是不是针对我”“领导说的那个地方在哪”……任务布置下来，还未细看和琢磨，便本能地生出抗拒执行的想法。试问，如果大事小事企业领导者全都能做到，还要员工做什么呢？这还不算完，到了真正执行的时候，很多人又开始“磨洋工”，不到最后期限绝不交工，生怕又接到新的任务“吃亏”了，多干了。这些都是不思进取的现象，不在意完成任务的质量和效率，认为只要完成就好。

克里斯蒂安·贝尔是好莱坞著名演员，然而他最令人称道的不是精湛的演技，而是他对自己严格的要求以及近乎残酷的训练。

在工作中，为了更好地达到目标，克里斯蒂安·贝尔总是能够以惊人的毅力和极端敬业的态度要求自己向不可能完成的任务发起挑战。拍摄《机械师》时，需要他在短时间内体重下降三十公斤，在一般人看来，这几乎是不可能完成的任务，然而克里斯蒂安·贝尔做到了。不仅如此，在另一部电影中，克里斯蒂安·贝尔又增重了将近四十五公斤，这让很多人都吃惊不已……

在克里斯蒂安·贝尔成名的过程中，这样的事情还有很多。功夫不负有心人，严苛的自我训练和不达目标不罢休的态度最终使克里斯蒂安·贝尔成了好莱坞炙手可热的明星。

从个人角度来看，以克里斯蒂安·贝尔的实力，不需要接拍这样挑战身体极限的电影也一样可以在好莱坞风生水起，为何他一定要选择出演这样高难度的、具有挑战性的影片呢？

每一个企业领导者应该都希望能拥有克里斯蒂安·贝尔这样认真对待工作的员工，没有人不喜欢这样不遗余力付出的人。在职场，员工们首先需要考虑的并不是要不要做与值不值得做，而是要牢牢抓住能够展现自己能力的机会。

克里斯蒂安·贝尔就是深深明白这个道理的人。每一天都有无数新鲜血液进入职场，而能够使你屹立不倒的只有你的能力，而你的能力就体现在你的执行力上。

正因为克里斯蒂安·贝尔完成的事并不是每一个人都愿意并能够做到的，所以他在好莱坞占据了非常广阔的一片天地。他用行动与实力向所有的导演和投资方证明，在考虑演员的时候，他首先在职业操守和完成度上是胜出者，拥有了这样的优势，他便能成为被优先考虑的对象。一个人只有在具有一定实力之后，才能够拥有谈条件的资本。在付出了巨大的努力之后，克里斯蒂安·贝尔的身价自然也是与日俱增。

克里斯蒂安·贝尔这样的人就是现代企业所急需的人才。在看到剧本的时候，贝尔没有像我们一样去否认故事内容，他不会提出“这样的情节不行吧”“为什么不可以用别的方式替代”“我怎么才能做到”这些质疑，他所做的只有一件事情，那就是马上执行。

从另一方面来说，任务下达之后，仅仅执行就可以了吗？如果克里斯蒂安·贝尔只是减了几公斤的体重，看起来瘦了那么一点的话，他所付出的努力并不可能引起任何关注，因为减肥的力度和效果都达不到剧中所要求呈现的，也就不会造成任何话题性。

由此看来，执行不到位就等于是执行失效，甚至还不如不去执行。而要彻底做到执行并达到执行的要求，我们除了要明白企业所布置的任务内容以外，还要明白这个任务为企业发展带来的战略意义。如此便能在执行的过程中，想方设法地去解决所遇到的问题，而不是在执行任务的时候首先考虑自己，降低对任务完成度的要求。

一位具有竞争力的员工，在接受任务并充分领悟上级想法的同时，还能够进一步思考任务对企业发展产生的影响和意义是难能可贵的。在执行任务的时候，他不会敷衍了事，不会找借口逃避困难，而是能够积极应对并找到完美的方法去解决障碍，凭借自己的智慧和部门间的合作，灵活周旋并最终将任务完美完成，这就是到位的执行力，拥有了这样的执行力，便是拥有了竞争力，员工便能因此在企业中游刃有余，成为不可或缺的人才。

准确领悟“言外之意”，顺利完成指派任务

像企业领导者一样思考和行动，而不仅仅站在自我的角度去思考和行动，我

们就能够把握正确的方向和目标，就知道自己应该怎么做，以及如何做，就能够实现并超越上司的期望和追求，成为上司所依靠和信任的人。

如今，越来越多的企业已经认识到执行的重要性，并以执行的好坏来判断一个人执行力的高低。员工在执行过程中扮演着重要的角色，一旦领悟不了企业领导者的意图，其执行力就会受阻。

日常工作当中，很多员工因不能完全领悟企业领导者的意图，而做了很多无用功，结果不仅耽误了工作的进度，还被企业领导者认为能力有问题。而有些人却能准确地领悟企业领导者的意图，知道企业领导者让他做事情要达到怎样的结果，过程也很简单，没有花费太长时间就取得了令领导满意的结果，受到了领导的赏识。

管理专家帕蒂·哈撒韦认为："你做事的方法可能和你上司不同，但若要改进关系的话，你必须知道上司喜欢什么方式，打动他人的方法是了解和满足他们的需求。"

然而，很多时候，领导们会有碍于自己的身份，或者是有什么难言之隐，无法将话直接说出来。下属若是一个有心人，就应该认真观察领导的情绪，细细品味他们说过的话，领悟出领导的"言外之意"。

欣怡是个青春活泼的女孩，她身上集合了机灵女孩的所有优点，尤其是她那双会说话的眼睛，经常能够观察出上司的真实想法。其实，她之所以能够练就这身本领，是从一次失败中总结出的教训。

在欣怡到公司工作的第二年，有一天，老板找到她，问："如果你是你部门的主管，公司要考虑裁员的话，你会不会考虑裁掉你的员工？"欣怡被这句话问蒙了，她没有丝毫的心理准备，这些同事很多都是与她一起进公司的，谈不上生死之交，但也是患难之交，于是她马上回答："不会。"

这件事过去没几天，欣怡的同事升任部门主管的同时，还裁掉了几个部门职员。这时候，欣怡才明白，老板是想裁员的，他这么问只希望得到下属

的支持，自己反对他的想法，怎么可能获得提升？从那以后，欣怡牢牢记住了这次教训，凡事多看上司的意思，再说话。

不久，老板打算去法国出差，他找到欣怡，问：“我听说你可是外语学院的高才生，以你的法语水平和老外交流应该没有问题吧？”欣怡考虑到上次的事，立即理解了老板的意思，分明要带她一起去法国，于是她赶紧说：“没有问题的。”老板顿时眉开眼笑，说：“我就说你行吧，好好准备一下，过几天我们就动身。”其实，欣怡大学时的法语忘记得差不多，但是她抓住一切机会，恶补了法语。

到了法国之后，欣怡给男朋友买了一只一万元的包包，老板看到后很喜欢，问欣怡是在哪里买的？欣怡当即带着老板找到那家店，老板虽然喜欢欣怡买的那只，但是在店里看了半天，还是没买。欣怡感觉老板很失望，于是赶紧向老板推荐了另一款三万元的包包，并且说：“老总，您看这个包包多适合您。我买的那款只适合给我男朋友用，您哪，更适合这个。”老板听后，非常高兴，当即就买了下来。

回国以后，欣怡就被调任到老板助理的岗位上了，用老板的话来说：“我需要的就是这样一个善解人意的助理。”

欣怡正是因为理解了上司的“言外之意”，才获得了晋升的机会。

看了欣怡的表现，很多人都会说：“我又不是领导肚子里的蛔虫，他想什么我怎么能知道。”其实，只要平时留心观察，说话做事小心谨慎，就能够领悟领导的“言外之意”。

领悟领导的“言外之意”，是每个职场人士不可或缺的技能，它能够让你的能力更好的得以展现，给领导留下明事理、机智灵活的印象。假如领导经常抱怨你不懂事、做事不知变通，交代多少遍也不明白，你最好在领悟力上多下点功夫，不然很难有出头之日。

那么，该如何把握领导的意图呢？

一是要站在领导的角度看问题。很多时候，如果单纯站在自己的立场上看问题，思想会变得很狭隘、呆板，只有站在不同的角度，看问题的方式才会不一样，并且也会让你变得更顾全大局，开阔视野，并且领悟领导的管理方法，这样一来，就更容易接受领导的各种指令，工作完成得更加轻松。

二是要多了解自己的领导。只要是领导，都喜欢“机灵”“一点就通”的下属，在他们的眼中，这样的下属办事会比较让人放心。于是，他们一般都会将重要的工作交给“机灵”的下属去完成，从而使“机灵”的下属获得被重用的机会。所以，想要获得领导的垂青，就应该多了解领导，只有在这个基础上，对领导的语言、行为进行判断，才有利于更准确地把握领导的意图。

三是要领会领导的眼神。很多时候，眼神比语言更能表现一个人的真实想法，否则“眼睛是心灵的窗户”这句话也无从谈起。尤其在职场中，上下属之间的眼神交流有时候比语言更能表达出两个人之间的默契。所以，一定要注意观察领导的眼神，因为眼神会无意中流露出其真实想法。

其实，了解领导的工作作风、生活上的细节与喜好，以及及时有效的沟通，都是非常必要的，这对于顺利完成领导下达的任务大有裨益。总之，与领导相处，最重要的一点就是把自己放空，心态归零。与其幻想能遇到一个和自己性情相合的领导，不如培养自己的适应力，如此，无论你遇到什么样的情况，都可以立于不败之地。

做就必须做到最好，执行更要执行到位

在工作中，有许多人总是把完成作为工作的结果。但是完成工作任务的程度是怎样的呢？在任务中遇到的问题都解决了吗？这些应该一同汇报的问题却被忽略了。

很多员工在向上级汇报任务完成的结果时，总会遇到这样的情况，这并不是因为执行出了问题，而是抱着敷衍了事的态度去面对任务，在心中把任务作为一件不需要认真对待的事情，就自然会发生这样的事。这样的员工在接到任务的时候，第一反应并不是如何做好，而是怎么才能做得看起来像是完成任务的样子。这样的员工是不合格的员工，更谈不上执行到位了。

对工作充满热情的员工，会在接到任务之后立刻就着手准备工作计划，不但会思考如何执行任务，更会要求在执行的同时确保完成的质量。要做，更要做好；要执行，更要执行到位。执行不到位不如不去执行，不到位的执行只会成为绊脚石，不光损害企业的利益，更会毁掉自己的职业前景。

有一家国内面粉厂的厂长受邀访问韩国企业，在考察韩国的面粉厂时，他发现了一个令他十分震撼的现象，这样的发现令他夜不能寐，无法安枕。到底韩国的面粉厂有什么独特的地方，会让这位厂长受到如此强烈的震撼呢？

原来这家面粉厂处理小麦的能力超级强大，但是它的员工只有六十几名。以这样的生产规模，在国内是不可能达到如此高的生产能力的，但是这家韩国面粉厂做到了。这样的工作效率自然让国内的面粉厂厂长震惊不已，在国内同样生产规模的工厂，每天处理小麦的吨数还不足这家韩国面粉厂的1/2！究竟这家韩国工厂有什么样的生产秘籍，能够拥有如此高的生产能力呢？

为了弄清楚其中的玄机和奥秘，中国面粉厂的厂长与这家工厂的管理层进行了深入的交流。他在谈话中了解到，这家韩国工厂为了降低生产成本也曾在中国投资创办过面粉生产工厂，当时的地址选在了内蒙古的乌兰浩特。当时面粉厂的日处理能力为250吨，但是员工数量高达155人。虽然中国的劳动力、粮食价格都相比韩国要低廉许多，但是超出韩国用工1/3还多的人员，却只能生产出韩国本土1/6的面粉。也就是说中国要想达到每天生产1500吨面粉的能力至少需要930人，这与韩国本土生产效率居然相差10倍，这样的效率当然会严重拖了利益的后腿，效益自然也不会太理想。在磨合了一段时间后，韩国方面觉得没有改善这种情况的可能性，便将工厂关闭了。

为了搞清楚中国和韩国工厂为何会产生如此巨大的生产差异，中国厂长对韩国工厂进行了深入的研究。他先是从生产设备下手，认为对方肯定是机器比国内先进，所以在人力相当的情况下才会制造出如此大的产能差异。研究的结果却让他惊讶不已，原来两家的生产设备并没有多大差别，甚至韩国本土工厂使用的设备还比较老旧，这个结果令中国厂长大跌眼镜。那么，问题是出在管理上吗？也不是，在内蒙古的面粉工厂所配备的高层管理人员，全部都是韩国本土工厂的高层人士担任的。于是中国厂长找到了当时任职蒙古面粉厂的韩方管理人，向他请教这个问题。

在听完中国厂长提出的问题之后，韩国厂长很感慨。他意味深长地说道："可能是中国工人在执行任务的时候，总是做不彻底吧。"这个回答带给了中国厂长很大的震撼。

事实上，韩国工人和中国工人在工作信条上确实有着天壤之别。在韩国人看来，工作的时候就一定要做事，不光要完成任务，还要把任务完成好。在中国的工厂里，经常发生消极怠工的现象，工厂虽然设置了很多勤工的奖励，但是他们并没有把工作的事当作自己的事来做，面对任务的时候，缺乏发自内心的热情，因此做事情的时候，能少做一分就不会多付出一分。归根结底，是中国的员工没有把企业的事当成自己的事来对待，韩国人做到了，所以韩国企业发展得越来越强，人的积极性占很大的因素。

在平时的工作中，消极怠工的现象已经成了普遍现象。员工在接到任务之后，并不能立刻着手去做，而是能拖延一分就拖延一分，能白拿一分薪水就白拿一分薪水。这样的拖延就导致了积压的工作越来越多，就算勉强开始执行任务了，也是不情不愿。在工作分派好之后也只是固守在自己的岗位上，不会去关心别人在做什么事，更不会对别人伸出援手或寻求通力合作。严格来说，企业付给你的薪水包括你在工作中的每一分钟，所以在八个小时的工作时间之内，你应该全都用在工作上面，但是这样硬性规定的话，又会显得太过苛刻了。其实工作时间并不能作为工作尽职与否的衡量标准，国外许多企业已经不要求员工时刻守在工作岗位上，甚至提倡员工将工作加速完成，余下的时间便可以自由支配，这种按照工作内容而非工作时间来衡量的方法，已经开始被越来越多的企业所采用，这使得员工的工作积极性有很大提升。可见，积极的工作方式和消极的工作方式，必然会产生不同的生产结果和效率。

要将平凡的事情做得不平凡，就需要严格要求自我，更高的要求能够促进更高的生产效率，更高的执行标准能够决定任务执行的程度。

要把工作任务完成好，不光需要单纯执行，更需要用积极的态度，发自内心地去对待工作。

遇事主动承担起来，不用领导者一一交代

一名优秀的员工在工作时总能保持积极主动的精神。很多事情，在领导未下达指令前，我们就应该积极思考，主动地寻找自己应该做的部分。当我们养成自觉工作的习惯后，就很容易从人群中脱颖而出。

李开复曾经说过："不要再只是被动地等待别人告诉你应该做什么，而是应该主动地去了解自己要做什么，并且规划它们，然后全力以赴地去完成。想想当今世界上最成功的那些人，有几个是唯唯诺诺、等人吩咐的？对待工作，你需要以一个母亲对孩子般的责任心和爱心全力投入、不断努力。果真如此，便没有什么目标是不能达到的。"

有一个女孩长相一般，专业能力普通，是玛尔思商学院的一名秘书。她

平时的工作就是帮助培训师查找资料，做一些演讲准备等，但她并没有像其他秘书那样把自己当作一个普通的助教，而是经常主动帮助培训师解决问题。

女孩每次查找资料都非常认真负责。有时她会跑好几个图书馆，只为找到一份最合适的案例。每次她都会找出很多资料，面对这些资料，她有时会想："讲师工作那么忙，根本没有时间自己整理，怎么办?"于是，她将资料编号整理，并写出有针对性的提纲，然后一并交给讲师，同时还主动提炼出梗概和资料里精彩的故事、案例，讲给讲师听。

她每次讲故事的时候都很生动，讲师听了很高兴。于是，再培训的时候，讲师就带上她，并大胆地让她站到讲台上给学员讲故事，面对台下众多的企业领导，她依旧表现得落落大方、自信满满，故事讲得非常生动、精彩。三个月后，她晋升为助理讲师。

这个女孩正是秉着"我要解决"的工作态度，才得以在短时间内获得晋升。只有在遇到问题时主动解决，而不是被动地等待领导下达命令的员工，更容易得到领导的认可，获得更好的职业发展。

任何企业的员工都要审时度势，根据自身的责任范围和职责权限，主动执行工作。"早请示晚汇报"本来是一件好事，代表下级对上级的尊重，但是如果任何事情都因为"没有指示"就不去做，不但可能会影响工作进度，甚至会贻误良机，使企业遭受重大损失。

迈克是财富演说专家朱先生的助理。这天，因为三天后要在北京举行一个非常重要的演讲，朱先生要求迈克去订一张飞往北京的机票。迈克二话不说立刻拨打订票的电话了。随即，迈克回复道："航空公司的人说，三天后飞往北京的航班都卖完了。"朱先生无奈地挥了挥手。

另一个助手艾伦见状，主动要求再去试试。过了一会儿，艾伦回来对朱先生说："从上海飞往北京的机票确实已经售光了。但是，我们还有其他的方式。首先，您可以先去南京，然后转乘其他飞机飞往北京。或者，可以订一张从上海飞往天津的机票，然后转京津城际铁路乘火车前往北京。但是，这样一来，您需要提前一个小时出发。另外，最近北京天气非常不好，根据天气预报，三天后北京会有一场暴雨，飞机很可能无法正常降落。所以，建议您采用第二种方案。您看这样行吗？”

同样是一项工作，迈克只做了朱先生吩咐的事，结果还没有做好，而艾伦却一次性将所有问题都解决好。他们的差别就在于艾伦能主动思考，他不但要做好领导交代的事，而且提出了最佳方案让领导定夺。然而在职场中，却不乏像迈克一样的员工，他们像机器按钮一样没有主动性和责任心，对于上司交代的事，只会机械地去执行。他们不能给企业带来任何利益，甚至还会造成损失。因为面对“领导没有布置”的未知环节，他们总要等待领导发出新的指示。

职场中，领导更青睐于那些“不必自己交代”就积极主动做事的员工。所以，遇到问题时，不要等领导吩咐做什么、怎么做之后才开始行动，而是在领导下指令之前就做好。

主动的人实际完成的工作往往比其事先承诺得更多，质量更高。主动的人不缺乏加薪和升迁的机会。任务是领导布置的，但是做到何种程度，这都由你自己决定。

身为员工，全心全意、尽职尽责工作是必需的，但它还不足以让你脱颖而出，除了做好自己分内的工作外，不能因为“没有指示”就给自己推卸或逃避责任找借口，而应该多想一点，多做一点，多为你的领导、客户考虑一点，这样才能让自己吸引更多他人的注意，才能给自己创造更多的机会，成功的概率才会更大。

吴敏是一家公司的普通员工。一次开会时，老板提到了他朋友的企业中已经实行了计算机管理，十分羡慕。吴敏听后，在一周内突击学习计算机管理方面的知识，并尝试与提供计算机管理软件的公司联系。

一切准备就绪后，吴敏向老板提交了一份在企业内全面启用计算机管理的计划书，并包含了详细的预算和实施计划。老板看后非常欣赏吴敏，就决定由吴敏组织实施这个计划。公司导入计算机管理之后，工作效率有了很大的提升，吴敏也成了公司正常营运不可或缺的人员。

优秀的员工，总是积极主动地去工作，就像吴敏这样，虽然领导没有要求他这样做，他却主动做了。相信任何一位领导都会喜欢这样的员工，因为他们能够真正地进入工作状态，独立自主地把工作做好。

在任何一个组织里，领导都不可能把所有的事情安排妥当；在工作中，我们也经常遇到制度所没有界定或明确的事情。这种情况通常发生在公共职责区域或职责盲区内。当这种意外的情况出现时，任何一个企业的老板都希望员工能够主动站出来，多想一步，多做一点，承担起这一份额外的职责。

告别推诿和借口，毫无怨言地去执行

工作中，每个人都会遇到自己不想做、不会做的事情。作为一名合格的企业员工，此时唯一要做的就是服从命令，全力以赴。完不成、做不好，也不该找任何理由来推托，因为对工作而言，没有任何借口！

“没有任何借口”是美国西点军校多年来奉行的最重要的行为准则。第二次世界大战以后的世界500强企业里，西点军校培养出来的董事长有1000多名，副董事长有2000多名，总经理、董事一级的有5000多名。任何商学院都没有培养出这么多优秀的经营管理人才。西点军校对学生的要求：准时、守纪、严格、正直、刚毅，在一些工商管理学专家看来，这正是21世纪企业管理所必需的。

在美国西点军校，有一个广为传诵的悠久传统，学员遇到军官问话时，只能有四种回答："报告长官，是""报告长官，不是""报告长官，不知道""报告长官，没有任何借口"。除此以外，不能多说一个字。

它强化的是每一位学员想尽办法去完成任何一项任务，而不是为没有完成任务去寻找借口，哪怕是看似合理的借口。秉承这一理念，无数西点毕业生在人生的各个领域都取得了非凡成就。

在工作当中，我们经常能听到各种各样的借口。

"那个客户太挑剔了，我无法满足他。"

"我可以早到的，如果不是下雨。"

"没有在规定的时间里把事做完，是因为我没学过。"

"我没有足够的时间。"

"现在是休息时间，半小时后你再来电话。"

"我没有那么多精力。"

"我没办法这么做。"

这些无处不在、无人不知、无人不会的借口充斥于我们的工作当中。一个任务失败，可以找出千千万万个客观因素，甚至有人不断地推诿，唯恐自己担上丝毫的责任。这样的员工让每个企业管理者都头痛不已。

美国成功学家格兰特纳说过这样一段话："如果你有自己系鞋带的能力，你就有上天摘星的机会！"让我们改变对借口的态度，把寻找借口的时间和精力都用到努力工作中来。因为工作中没有借口，人生中没有借口，失败没有借口，成功也不属于那些寻找借口的人！

商场就是战场，工作就如同战斗。在战场上只会逃避的士兵是会被最先枪决的！没有哪个长官允许自己手下的士兵未战先逃、推卸责任。找借口人人都会，事情一旦办砸了，就搬出各种冠冕堂皇的理由，掩盖自己的过失。时间久了，养成了一种陋习，就再也不会努力去争取成功，而是一味地闪躲，把大量的时间和精力花费在寻找更合适的借口上。工作占了生命近乎 1/3 的时间，不少人就这样将它白白浪费了，这是多么悲哀的一件事！

其实说到底，我们不断寻找借口的原因无非有两点：一是习惯懒惰，二是没有勇气。

因为懒惰，我们对工作不能抱着全心全意的态度，做不到按时、按质、按量，更不用说超额完成或创新之类的事情。这就使我们养成了马马虎虎、应付了事的习惯，工作中纰漏不断。

又因为我们缺乏勇气，我们不敢面对自己的失误，不敢面对老板与同事的指责，因此想方设法地逃避接踵而至的所有问题，找出各种理由说明这个不美好的结果与自己无关，或者自己无能为力，其实，只要当初我们稍微勤劳一点、细心一点，就完全能够避免事后花时间找借口的尴尬，一次到位、保质保量，这才是精英员工的标志，才会得到老板的赞赏与另眼相看。

张璇是一家置业有限公司的预算员，她的工作内容主要是跑工地、看现场，并为不同的老板修改工程预算方案。虽然工作很辛苦，报酬也不高，但她仍积极努力地工作，毫无怨言。她是预算部唯一的女性，但她从不因此寻找借口，逃避强体力的工作，也从不感到委屈，因为她热爱自己的工作。

一天，老板安排她为一名客户做一个预算方案，但时间只有两天。这是一件充满挑战的工作。接到任务后，张璇没有犹豫，而是立即开始工作。两天里，她跑建材市场，调查各种材料的价格，又四处查询资料，虚心地向前辈请教。

两天后，张璇按时把一份完美的预算方案交给了老板，老板非常满意。因为这次完美的执行，张璇从普通职员晋升为公司预算部门的主管。老板不但提升了她，还将她的薪水提升了两倍。后来，老板告诉她："我知道给你的时间很紧，但我们必须尽快把预算方案做出来。你表现得非常出色，我最欣赏你这种工作认真、积极主动的人！"

几乎所有的工作都是建立在自动自发地完成工作的基础上，必须义不容辞地承担责任，更要毫无怨言地去执行。只有这样，才能让自己更上一层楼。要知道，如果你不积极主动、尽职尽责地完成属于你的工作，成功的果实永远不会属于你。

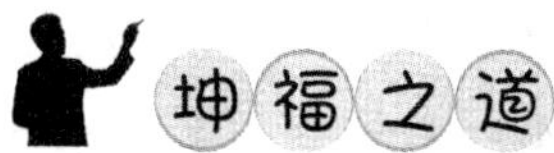

面对同样的一份工作，只要在过程中多考虑一些，就可以完成得更好。将手头的每一件事、每一项工作尽力做到企业所预期的，最大限度地完成领导对你的要求，这才能保证个人最大限度地发展。

行动要高效，不要在最后一刻才奋起

一位勤奋的艺术家，为了不让一个奇妙的想法溜掉，他会在产生新的灵感时，立即把它记下来。即使在深夜，他也会这样做。养成这样的习惯毫不费力。一个优秀的员工其实就是一个艺术家，他对工作的热爱及立即行动的习惯，就像艺术家捕捉自己的灵感一样自然。

执行是依靠人去实施的，所以要保证有效的执行力就要依靠职业化的人。作为一个合格的职业人，你至少应该具备三方面的条件：一是熟知职业游戏规则，二是具有良好的职业素养，三是具有良好的职业所需的专业技能。

作为一名合格的员工，努力一点、用功一点、让自己忙碌一点不是坏事。问题在于，我们在做每一件工作时，要清楚自己做的是什么，不要因为对正在做的事情毫无计划、毫无概念而茫然。有时间有条件，就要抓紧时间，提高效率多快好省，高质、高效地完成任务，不要盲目、迷糊或拖延工作，这样对自己、对企业都是百害而无一利。

“拿下美国B客户非常难!”洗衣机海外产品经理崔淑立接手美国市场时，大家都这么说，因为前任产品经理们在这位客户面前都业绩平平。

真这么难吗?崔淑立不信。这天，崔淑立一上班就看到了B客户发来的要求设计洗衣机新外观的邮件。因时差12小时，此时正是美国的晚上，崔淑立很后悔，如果能即时回复，客户就不用等到第二天了!

从这天起，崔淑立决定以后晚上过了11点再下班，这就意味着，可以在当地的上午时间处理完客户的所有信息。这被她称为“夜半日清”

三天过去了，“夜半日清”使崔淑立与客户能及时沟通，开发部很快完成了洗衣机新外观的设计图。就在决定把图样发给客户时，崔淑立认为必须配上整机图，以免影响确认。当她“逼着”自己和同事们完成“日清”——整机外观图并发给客户时，已经是晚上12点了。

大约凌晨1点，崔淑立回到家，立刻打开家中的电脑，当看到客户回复“产品非常有吸引力，这就是美国人喜欢的”时，她顿时高兴得睡意全无，为自己“夜半日清”的效果而兴奋不已!

项目推进中，崔淑立常常半夜醒来，打开电脑看邮件，能够回复的就即时给客户答复。美国那边的客户完全被崔淑立的精神打动了，推进速度更快了，B客户第一批订单终于敲定了!

其实，市场没变，客户没变，拿大订单的难度没变，变的只是出现了一个有竞争力的人——崔淑立。

崔淑立完全有理由说:“有‘时差’，我没法当天处理客户邮件。”但她只认目标，不说理由!为什么?崔淑立说:“因为我从中感受到的是自我经营的快乐!有‘时差’，也要‘日清’!”

为了便于国际交流，海尔的日清管理法也被称为“OEC管理法”，即“Overall Every Control and Clear”，全面地对每人每天所做的每件事进行控制和清理，“日事日毕，日清日高”。OEC管理法适用于大多数企业，有的企业之所以贯彻不了，不是因为OEC管理法有多深奥，也不是因为操作有多复杂，关键是能否坚持下去。

在生活中，许多人都有办事拖延的倾向：在做某一件事时，能拖延就拖延，实在拖延不下去了，才会用全部的精力去努力完成。对于一些不需要马上完成的任务，习惯在最后期限即将到来时才去努力完成的现象在心理学上被称为“最后通牒效应”。

许多拖延者普遍都有个错误的认识，他们认为在巨大的压力下自己会表现得更为出色。其实这完全是自欺欺人。拖延本身就不是一种好习惯，它会引起人们的焦虑和内疚，是对自我的一种心理折磨。

著名作家奥格·曼狄诺讲过这样一个故事。

有位教授告诉他的朋友，他想写一本传记，内容关于“曾经让人们津津乐道的人物逸事”，这个主题既有趣又少见，真的很吸引人。

这位教授学识广博，文笔细腻、生动，这个计划注定会令他名声大作。

一年过去了，一天教授的朋友碰到教授时，无意中问起了他写书计划的进展情况如何。但教授根本没有开始写。教授犹豫了一下，只好说自己太忙了，还有许多更重要的事情要完成，因此那本书的写作计划被搁置了。

他这么辩解，其实就是要把这个计划取消。计划还没有开始实施就注定失败。

拖延的习惯总是让人陷入一事无成的境地。所以，每一个想要成功的人都应该改掉这个坏习惯。只有立即行动才是首先要做的，不要总在最后一刻才奋起。

事实上，人们习惯拖延并不是个性的懒惰所致，而是源于一种恐惧和逃避现实的心理：通过拖延时间，可以暂时回避那些自己不感兴趣而又不得不做的事情；可以心安理得地维持现状，暂时不去承担随之而来的疲惫和后果。

而事实证明，拖延不但不能解决问题，反而会带来一些负面效应。一味地拖延不但会使人不得不投入更多时间，更会花费许多不必要的精力。而在最后期限的重压下，人们只能超负荷工作，这会使自身感到疲惫，影响工作和生活状态。

美国著名成功学家戴尔·卡耐基曾说过："忙碌加低效率就等于瞎忙空忙，因为这样的忙意义甚微收获极小，资源浪费却不小，因此是工作中须克服的大敌；而忙碌加上高效率才会取得优质的结果，这样的忙碌最有意义，这样的结果最有实效，也最有竞争力。"

如果我们细细观察，就会发现那些成功人士无一不是高效大师，他们视时间为生命，视效率为生命，忙碌但从不瞎忙，工作起来效率极高。相比那些工作、生活总是失意的人来说，这样的工作效率是可望而不可即的，因为在低效率员工的意识里，只要忙就可以了，每天坐在办公室里，看看书、看看报，一天的时间在他们看来漫长而无期，似乎一点都不值钱。于是，美国著名的管理学家德鲁克警告说："如果你想慢性自杀，就把办公室当成茶馆吧！不能管理时间，便什么也不能管理。时间是世界上最短缺的资源，除非严加管理，否则会一事无成。"

聪明工作代替拼命工作，才是成功的捷径

在工作中，没有一成不变的状况。遇到不同的问题，我们要随机应变，作出不同的决策。用理智战胜冲动，用巧干代替蛮干，才是成功的捷径。

民间谚语中有所谓"卤水点豆腐，一物降一物"的说法，《射雕英雄传》里面有一个情节："黄蓉被一个巨大的海蚌夹住了脚，费了老大的劲也掰不开，结果抓了一把细沙放到蚌壳里面，蚌就自己打开了，因为蚌最怕的就是细沙"。可见，巧干既可以减少劳动量，又可以达到事半功倍的效果。

有的员工会发现，自己付出的辛勤汗水并不比别人少，成绩却总没别人好，究其原因，主要是方法技巧问题。工作中，没有一成不变的工作任务，处置不同

的情况，需要我们因时因地制宜，作出不同的决策。做事时，需要一种求实的态度和科学的精神，在任何情况下都要按科学规律办事，自觉用理智战胜冲动，用巧干代替蛮干。这才是职场成功的捷径，不能深刻理解这一点，将事倍功半。

美国华盛顿特区的杰斐逊纪念堂前，有一堆造型别致的石头，由于时间久远，石头被腐蚀得厉害，在很长的一段时间里，清洁维护工作令纪念堂管理人员大伤脑筋。他们曾考虑过将石头换掉，但这样做不仅浪费金钱，更重要的是会改变纪念堂的原貌。这个问题令许多专家都一筹莫展。

一天，一个年轻的清洁工声称自己已经找到了解决问题的办法。望着领导疑惑的表情，他平静地问："石头为什么被腐蚀？"领导回答："当然是因为维护人员频繁地清洗石头。"

清洁工又问："为什么要频繁清洗？"

"因为有鸽子在上面留下了太多的粪便！"领导不耐烦地回答。

"这里为什么会有这么多的鸽子？"清洁工继续问道。

"那是因为这里有足够它们觅食的蜘蛛。"

"蜘蛛又为什么会往这里跑？"

"因为……这里每天傍晚都有许多飞蛾。"领导迟疑地答道。

"很好，"清洁工笑着说："那么，这里为什么会有如此多的飞蛾呢？"

"哦，应该是……傍晚纪念堂的灯光吧！"

领导豁然开朗，他立即命令下属推迟开灯时间。没了灯光，飞蛾就不会光顾；飞蛾少了，蜘蛛也渐渐消失了，鸽子自然就很少来了。

一个困扰了很久的难题，就这样被轻而易举解决了。

巧干是一种分析判断、解决问题和发明创造的能力，是敏锐机智、灵活精明的反映，也是充满活力、随机应变的智慧。

在工作中，我们是否问过自己："我只是在拼命地工作还是在聪明地工作？"事实上，仅有拼命还不够，我们更需要聪明地工作、创造性地工作。因为，在瞬息万变的竞争环境下，任何人都会遇到难题。有效地解决难题没有固定规律。然而，成功并不是无迹可循。遇到问题时，一定要找到问题的关键，有的放矢地从根本上找到解决问题的办法。只有这样，我们才能以一种更加游刃有余、从容不迫的姿态来面对人生的各种挑战。

意大利有一个小村庄，村里除了雨水没有任何水源，为了解决饮水问题，村里人决定对外签订一份送水合同，以便每天都能有人把水送到村子里。村子里有两个年轻人，分别叫布鲁诺和柏波罗，他们愿意接受这份工作，于是村里的长者把合同同时给了这两个人。

签订合同后，布鲁诺便立刻行动起来。他每天在十公里外的湖泊和村庄之间奔波，用两只大桶从湖中打水运回村庄，倒在由村民们修建的一个大蓄水池中。每天早晨他都必须起得比其他村民早，以便村民用水时蓄水池中存有足够的水。由于起早贪黑地工作，布鲁诺很快就挣钱了。尽管这是一项相当艰苦的工作，但他还是非常高兴，因为他能不断地挣钱，并且他对能够拥有两份专营合同中的一份感到满意。

柏波罗呢？自从签订合同后就消失了，几个月来，人们一直没有看见他。这令布鲁诺兴奋不已，由于没人与他竞争，他挣到了所有的水钱。那么，柏波罗干什么去了？原来，柏波罗做了一份详细的商业计划书，并凭借这份计划书找到了四位投资者，和自己一起开了一家公司。六个月后，柏波罗带着一个施工队和一笔投资回到了村庄。花了整整一年时间，柏波罗的施工队修建了一条从村庄通往湖泊的大容量不锈钢管道。

后来，有类似环境的其他村庄也需要水，柏波罗便重新制订了他的商业计划，开始向全国甚至全世界的村庄推销他的快速、大容量、低成本且卫生的送水系统，每送出一桶水他只赚 10 分钱，但是每天他能送几十万桶水。无论他是否工作，无数的村庄每天都要消费这几十万桶水，而这些钱都进了柏波罗的银行账户中。

从此，柏波罗过上了幸福的生活。而布鲁诺在他的余生里仍然拼命地工作着，同时还在为未来担忧。

拼命干不如巧干。要卖力地工作，更要聪明地工作。这个道理也许大家都懂，却很少有人去实践。因为不少人认为，在工作量与成功之间存在着一种直接的联系，即一个人所投入的人力、物力和精力越多，他获得的成功就越大。然而，拼命地工作不一定如预期那样给自己带来快乐和成就。只有用聪明地工作代替拼命地工作，才能多一些时间享受生活，也会获得更佳的业绩。

有这样一句俄罗斯谚语："巧干能捕雄狮，蛮干难捉蟋蟀。"这句话道出了一个普遍的真理，即做事要讲究方法，巧干胜于蛮干。埋头做好领导交办的事情本是无可厚非的，不过要想迅速攀到职业"顶峰"，这是远远不够的。许多人为了在领导面前表现自己，常常加班加点工作。这些人错误地认为唯有这样才能得到上司的赏识。其实工作效率与工作业绩才是最重要的，不能盲目地为忙而忙，也不能为做表面文章而假忙，结果却没有任何成绩。

工作分清主次、轻重，效率自然会提高

你是否经常遇到这种情况：手头上压着A级任务，却总在忙于做并不重要的C级工作，越是重量级的任务你越想回避，而诸如擦拭办公桌、倾倒垃圾等不足挂齿的小事对你却有不小的吸引力，如果上级不反对的话，你甚至想学习雷锋把所有同事的办公桌都擦拭一遍，当然擦拭若干遍更有助于消磨时间。

为什么会有人把时间浪费在不重要的任务上，却对重要的任务置之不理呢？其中一个重要原因便是通常重要的任务执行难度都比较大，它难以在短期内给人

带来成就感，反而会给人以强烈的挫败感。不是每个人都喜欢攀登险峻的华山，绝大多数人宁愿踩着滑板在地面上寻找快感，因为后者显然要比前者容易得多。可是在职场上，处理工作不分轻重缓急是极其错误的，先把次要的事处理完了，重要的事却被耽搁了，这样显然是不合理的，同时暴露出执行力不足的问题，势必会影响个人的发展前途。

张萌是一家生物工程有限公司的职员，主要负责日常行政事务，工作内容包括维护公司全体员工的宿舍、定期采购办公用品、为出差人员订购机票等。她是个十分勤奋的员工，每天都提前到办公室打扫卫生，总是把每个房间打扫得一尘不染，还经常给办公室里的花草浇水；做完这些杂活以后，她便不厌其烦地往业务部跑，为了能在第一时间取到报刊和信件，她要询问好几次；公司的快递都是由行政部负责发送的，她担心物品受损，细心地在包装箱上缠上胶带，把包装箱加固得结结实实。

张萌自认为做事很周到，可是同事们说她办事拖拉，故意磨洋工，这使她感到十分委屈。有一天，生产部的主管气愤地问张萌："你是不是不把一线工人的事当回事，工人宿舍有两部空调坏了，跟你提过多少次了，你总是搪塞着说以后找人维修，都拖了半个月了，还是不见有人修空调。现在天气那么闷热，宿舍没有空调，员工热得没办法入睡，上班总打瞌睡，如果出了事故，你能负责吗?"张萌不服气地说："我太忙了，没有抽出时间找人维修空调。"

生产部主管气冲冲地离开了，行政部经理走上前来也训斥起张萌来："你怎么回事？这几个月的机票费用怎么莫名增多了？员工出差的次数根本就没发生变动。"张萌一时不知如何作答，行政部的经理便给订票处拨打了电话，经过询问才知道前任的行政人员总是提前十天订票，便享受了较高的折扣，而张萌接手行政工作以后一般是提前两三天订票，这时飞机票多数不打折，只有一小部分能享受较低的折扣。

行政部经理弄清事情的原委以后，对张萌说道："你做事也该讲究一些方法，不要总是去做不重要的工作，把重要的工作都耽误了。你把精力都花在扫地、浇花、包快递上，正式工作却做得一塌糊涂。你不去包扎包装箱，快递公司照样能完好无损地把物品送到，可是你不及时找维修人员修员工宿舍的空调，就会影响员工工作；你不及时订票，就不能享受机票打折的优惠，公司支出就会增多。”

行政部经理的一席话，使张萌充分认识到了自己工作上的失误，以前她工作时确实不分主次，以至于搞得领导、同事都对自己不满，她决心以后一定要先把重要的工作做好，决不拖延，她会用自己的实际行动来改变大家对自己的看法。

张萌的工作方式是典型的“眉毛胡子一把抓”，这样什么工作也做不好。如果你也是一个拖延者，是不是也像张萌一样整天围绕着无关紧要的事情忙个不停呢？这种忙碌和敬业可是完全不相干的，可以毫不客气地说这就是一种变相的“磨洋工”。那么该如何纠正这种错误的工作方法呢？

第一，先从主要的工作任务着手，不给自己拖延的机会。

把所有工作按照重要程度排序，而后依次完成，可在办公桌上放一块小白板，上面写上一天的工作内容，以此达到最佳提醒效果。不要给自己任何拖延的机会，一定要按照小白板上的工作规划来执行工作。

第二，告诫自己重要的工作任务是逃不掉的，督促自己完成。

拖延是要有时限的，无论你对自己的工作任务有着多么苦大仇深的复杂感觉，早晚都要执行，这就好比你皱着眉头不愿去吃苦口的良药，拖到最后还是要感受它的苦涩，既然无论是否愿意，最终都必须面对，那么拖延又有什么意义呢？所谓“长痛不如短痛”，还不如咬牙坚持把工作做完，如果你坚持认为这个过程过于痛苦，那么不妨学会苦中作乐，把该做的工作想象成自己喜欢的事情，快快乐乐地完成它。

第三，与要好的同事互相监督，优先执行主要的工作任务。

拖延可以传染，不拖延也一样，有的拖延者通过参加“战拖小组”逐渐摆脱了拖拉的坏习惯。如果你没有额外的时间和精力参加类似的活动，可以考虑与同事互相监督，与其约好每天优先处理主要任务的工作法则，两人共同遵守，以此来纠正自己靠处理琐事“磨洋工”的拖延行为。

坤福之道

在工作中，要想高效地创造价值，我们一定要学会抓重点、抓中心、抓关键。要想有效地做好一件事情，做精一件事情，同样要懂得合理的分配时间，利用好最关键的资源，并做到重点出击、重点突破。

第六章

创新意识：职场唯一不变的就是变化

这是个企业竞争不断加剧的时代，为了保证企业的生存和发展，企业需要拥有具有出色创新能力的员工。优秀的创新者拥有出色的创新意识，不会迷信过去经验，更不会墨守成规，而是勇敢地挑战权威，积极地冲破思想的牢笼，在坚持不懈的创新中实现自我突破。积极创新使员工更具有职业竞争力，同时保证企业兴旺发展、基业长青。

创新意识助力企业发展，助力员工能力提升

一部人类的文明发展史，就是一部人类不断创新、不断求变的进步史。创新意识和创新能力的强弱，决定着一个国家、一个民族的强弱，同时也决定着每一个生存个体在社会中的成就和地位。

很多人都知道爱因斯坦有一句名言："天才是1%的灵感加上99%的汗水。"却很少有人知道这句话的后半句："但那1%的灵感是最重要的，甚至比那99%的汗水都要重要。"爱因斯坦所谓的"灵感"，其实就是一种思维方式，就是创新意识。

企业没有创新意识将无法长久发展下去。创新意识是企业发展的原动力，没有创新意识，企业就会变成一潭死水，永远缺乏活力与生机。企业的创新正是来自员工的创新。优秀的员工都拥有出色的创新意识，创新意识又可以进一步引导员工提升自身素质，激发员工的工作主动性和创造性，使员工自身的内涵和视野得到极大地丰富与扩展。

"不创新，就灭亡"是福特公司每一位员工都必须记住的工作信条。福特公司的创始人亨利·福特在经历事业的失败后，深深意识到创新意识对企业发展的重要性，后来才将"创新"作为经营企业的法宝。

福特公司的创始人老福特是一个农民的儿子。在当时地广人稀、道路交通并不发达的美国，农民的文化水平都不高，因此他们需要可客货两用、操作简单、坚固耐用、价格低廉的车辆来满足日常生活所需。老福特看准了这个市场，因此大批地生产了符合条件的T型车，很快就占据了当时美国汽车市场50%以上的份额，成为美国汽车产业的"龙头老大"。

可是，进入20世纪之后，美国社会进入了大众化富裕的时代，人们的生活水平大幅度地提高，各州的道路已经修好，人们不再需要价格低廉、方

便实用的T型车，而需要速度更快、造型更美观、更具个性化的车子。这时候，老福特的儿子小福特建议他说："消费者更喜欢款式新颖且节能的轿车，现在，我们应该推出豪华轿车。"可是，这条建议并没有被老福特采纳。

与此同时，福特公司的竞争对手通用汽车则适当地根据市场需求，制定了生产节能、小型、轻便轿车的计划，这种汽车上市后大受消费者的欢迎，通用汽车逐渐在竞争中后来居上，使福特汽车走向了濒临破产的地步。

这个时候，老福特才意识到自己的错误，马上按照小福特的建议，推出了豪华型轿车，可是市场时机已经失去，福特汽车再也回不到当年汽车行业"龙头老大"的地位。

福特公司的教训应该成为很多企业发展的前车之鉴，也应该成为许多员工成长的前车之鉴。没有创新能力的企业势必会在竞争中处于劣势，没有创新意识的员工也会在职场上失去宝贵的机会。出色的工作能力和敬业负责的态度会让我们在工作中找到自己的价值所在，而出色的创新意识则是帮助我们更上一层楼的法宝。

只有小学文化、靠自学拿到大专文凭的宋维明进入一家药业集团之后，一直从事车间的技术支持工作。前几年，公司从国外进口了一批国际先进水平的涂布机。可是，设备引进之后，宋维明在调试的过程中发现，这些涂布机在工作时都要拖着一条连接操作台的电缆。这条电缆就像是一条辫子，密密麻麻地缠绕着很多线路，影响工人操作。而且，由于是进口的设备和零件，修理费用也高得吓人，换一根电缆就需要两三万元。

"维修成本这么高，长此以往的话，企业会吃不消的。"宋维明一直苦恼着这件事，希望能找到适当的解决方法。

宋维明带着这个问题，开始了艰苦的钻研。他想尝试用国产电缆代替进口电缆的方法。进口的电缆需要几万元一根，而国产的电缆只需要几千元，这样不仅大大降低了维修的成本，而且不需要从国外进口零件，节省从国外

订购零件和零件运输的时间，还缩短了设备维修的周期。

为了实现这个目标，他坚持不懈地研究，自己设计了一套远程控制的程序。宋维明发明的这个控制系统取代了进口涂布机原本的“继电器控制系统”，在后续的改进中，他又完善了自己的设计，在控制台上安装了无线遥控装置。

经过三个月的调试、运行，他设计的控制系统成功地让涂布机摆脱了电缆这根“辫子”，而他后续加入的遥控操作，也让操作员可以走出台车，实现对设备的远程控制。

对企业和员工来说，能否不断超越过去取得更多好成绩、超越自己，创新是至关重要的因素。创新意识来自员工对日常工作的认真观察和积累。只有始终保持一种不安于现状、不甘于平庸的工作态度，才能促进创新意识的培养。宋维明并不比其他员工聪明，工作能力也不是最强的一个，但是他能够发现隐藏在问题之后的突破点，能够有效地将创新意识转化为创新能力，并在实践中得以印证。

在纷繁复杂的工作中，创新意识决定了员工能否在岗位上实现突破，创造更好的成绩。创造性地工作，不仅可以帮助企业在发展道路上走得更宽、更远，同时也是员工的工作能力、职场地位得以提升的最佳途径。优秀的员工通常都会主动地争取、积极地创新，因此他们能够获得更多的机会，而缺乏创新意识的员工只懂得原地踏步，在原本的基础上守株待兔。试问，无论是职位的晋升，还是发展的机会，怎么可能落在只懂得原地踏步的人身上呢？

打破传统思维，成为所处领域的“常青藤”

有这样一句话：“思想有多远，路就会走多远。”它意在鼓励人们在这个科技日新月异的时代，要敢于冲破思想牢笼，实现自我突破，人生之路才会越走越宽、越长远。那么，这就需要人们打破传统常规，树立创新意识，用行动实现创新成果，成为自己所处领域的常青藤。

创新的关键就在于不同寻常，在于打破常规，在于敢于对传统的东西说“不”。很多员工在工作中无法做到创新，最重要的原因就是无法摆脱传统思想的束缚，无法冲破思想的牢笼，不能在已成规范的格局中勇敢地走出第一步，实现自我突破，因此不得不循规蹈矩、按照陈旧的方式继续工作和生活。

很多时候，束缚我们的并不是外界的因素，而是自身思维的封锁。长久的生活经验、工作经验让我们形成了惯性的思维定式，这种定式会像公式一样框住我们创新的思维。要想创新工作，就需要我们解放思想，大胆突破，开动脑筋，遇到工作上的难题时，要学会换另外一个角度思考问题，才可能有新的发现，找到新的突破口。

在遥远的非洲，生活着一种身材强壮、长得像牛一样的动物——角马。角马生活在非洲的东部和南部，在雨季期间，一群群的角马会停留在草原的一边静静地生活、繁衍。到了旱季，为了寻找更充足的水源和鲜美的草料，角马就不得不离开现有的草场，开始它们宿命一般的迁徙旅程。

每一年的迁徙，角马群都会经过位于肯尼亚的马拉河。这条河曾经让无数的小角马丧命于此，已经成为角马群迁徙中的噩梦。因为马拉河里住着世界上体形最庞大、最凶残的尼罗鳄。尼罗鳄每年的这个时候，都会静静地潜伏在马拉河水底，耐心地等待着食物的到来。

每一年渡河，角马群都要和尼罗鳄发生一场生与死的厮杀。经过了很多年的经验积累，角马群已经清楚地知道，在混乱中渡过湍急的河流已经是他们生存的宿命，而与尼罗鳄的厮杀也是宿命之一。角马群的集体潜意识多年来帮助他们在与尼罗鳄的斗争中存活下来，可是，这种思维定式也严重限制了他们寻找更聪明的渡河方法。

有一年，又到了角马群的渡河时间。这年10月的马拉河河水显得很平稳，个别地段甚至可以清楚地看到河底。这种情况实属罕见，在马拉河恐怕几十年才会出现一回。这时候，几头年幼的角马从不远处走过来，打算在河流清浅的地方渡河。可是，就在小角马准备下水的一刹那，十几头老角马过来将小角马驱赶开，将他们向水深的方向赶去。而尼罗鳄更喜欢将自己潜伏在水深处，趁角马混乱的时候发起突袭。年幼的角马按照老角马的意图开始从水深处渡河，结果可想而知，历史的悲剧重演。

案例中的老角马按照它们固有的思维模式，驱赶了原本可以安全渡河的小角马。老角马过去的经验告诉它们，所有的角马都是从水深处渡河，并且有生还的可能。可是在它们从来没有涉足过的水浅处，却因为受固有思想的束缚，不敢轻易尝试，最后只能按照传统的方式渡河，承受亘古不变的自然选择所带来的代价。

我们在工作中也常常犯这样的错误。受惯有思想的束缚，总是依靠过去的经验做事，不敢运用新方式方法开展工作，更不敢去打破僵局。其实，创新并不是高不可攀的事情，关键在于我们有没有勇气去冲破束缚，独辟蹊径。《易经》中有句名言："穷则变，变则通。"说的就是事物处于穷尽局面则必须变革，变革后才会通达，其中"变"的实质就是抛弃过去陈旧的思想，实现思维方式的创新。

这里有一个讲述做事不知变通的故事。

法国有一位叫法伯的科学家曾经做过这样一个试验：他将许多只毛毛虫放在花盆的边缘，每只毛毛虫首尾相连，绕着花盆边围成了一个圈。同时，法伯在离花盆周围不远处的地方撒了一些毛毛虫最爱吃的食物。法伯观察到，毛毛虫按照既定的轨迹一个跟着一个，绕着花盆一圈一圈地走，没有一只毛毛虫选择脱离队伍，去食用不远处的食物。几小时过去了，几天过去了，毛毛虫还在绕着花盆不停地转。毛毛虫在花盆上绕了一个星期，最后通通筋疲力尽而死。

这里还有一个讲述做事灵活变通的故事。

英国戏剧家萧伯纳晚年的时候身体消瘦，看起来身材矮小而缺乏生气。有一次，他去参加宴会，一位大腹便便的资本家看着萧伯纳瘦小的身材，讥讽地说："萧伯纳先生，一见到您，我就知道世界上正在闹饥荒。"

萧伯纳并没有生气，反过来笑着说："是这样吗，先生？我一见到您，我就知道闹饥荒的原因了。"

资本家一时间哑口无言。

从这两则故事中，我们都能体会到一个富有创新思维的人在任何时候都会表现出其过人的才智，而像毛毛虫一样固守定式的人，则难以在尴尬时刻，为自己化解尴尬；难以在危机时刻，化险为夷，成功解救自己；难以在逆境中，突破自我获得新生。因此，作为企业的员工，在工作中总是会遇到这样那样的问题和困难，甚至在职场遭遇"瓶颈"。如果我们不积极主动地挣脱思想的牢笼，就很难胜任工作，很难获得更好的发展。

永远不要忘记：能够限制我们思想的，只有我们自己。人的思维方式有千万种，任何一种组合的方式都可以形成创新的成果。转换思想，坏事可能变成好事；改变思维方式，原本失去的可能瞬间挽回。学会逆向思维，沉舟侧畔过后，就是柳暗花明的世界。

一个人的创新思维陷入了某种思维定式大都是不自觉的，而跳出这种思维定式则常常需要自觉地做出努力。我们在认识问题的时候，要尝试从多角度思考，多方面衡量，多手段进行操作。只有让思想从固定的牢笼中解放出来，才能突破思维定式，实现积极创新，实现自我突破，成为拥有使企业基业长青的出色创新力的员工！

坚持不懈的创新，才能等来峰回路转的机会

《礼记·大学》中有句话说："苟日新，日日新，又日新。"意思是说：倘若能够做到一日创新，就应该做到日日创新，不断创新。其实，也就是告诉我们，创新需要积极，更需要不懈坚持，在日常工作中积极成就创新成果。

每一个员工在岗位上都需要积极创新，这样才能把工作做得更好更快，才不会让工作变为负担，才不会在工作中失去活力和动力。一个不懂得创新的员工，在长期死板的工作中养成"拿来主义"的思想，其很难从工作中获得快乐，其生命只能在岁月的蹉跎中失去光华。

但是，创新的道路上大多不是一帆风顺的，要想突破旧事物，往往要经历艰难和困苦。道路上的迂回曲折甚至徘徊不前，不但会让我们的自信心受挫，还会引来他人的嘲讽和打击。这时如果不坚守目标，坚持到底，我们的意志就会动摇，就会让自己之前的付出前功尽弃。我们只有抱着一种顽强的毅力和稳定的心态，在困境中持续发力，才能等来峰回路转的机会，从而实现目标。

武钢矿山的员工在工作中一直秉承着创新的思想，在工作中不断创新思路、创新技术，使矿山发展不断焕发生机和活力。其中，做出突出成绩的

“土专家”王昌华和“小班头”谢德胜是矿山上最有名的创新型员工。他们在自己的岗位上进行发明创造，还为整个企业的发展贡献了力量。

“土专家”王昌华在工作中总是喜欢琢磨，遇到问题愿意多问一个“为什么”。在球团生产中，他发现原本的破碎装置在破碎作业时并不彻底，容易造成入炉生球含粉率高、炉内透气性差等后果，影响了最终产品的质量。王昌华发现了这个现象之后，就经常思考，如果设计出一种新型的粉碎装置来替代传统的装置，生球粉碎不彻底的问题是否就可以顺利解决了呢？

王昌华并没有简单地停留在思考上，很快他就开始付诸行动。他除了每天去现场观察生球破碎的过程，还一边画草图，搞设计，将他对装置的改造想法嵌入新设计的装置中去。可是，这一切对他来说并不容易。改进大型的作业设备是需要专业技术和专业知识支撑的，可王昌华只是中专毕业，并没有受过专业的训练，阅读参考书籍、查阅外文文献都有很大困难，绘制图纸、制作样件这些方面也都很吃力。他的想法并没有得到大家的认可，甚至很多人都认为他是异想天开，不可能获得成功。可是，王昌华的性子一向执拗，这些困难并没有把他吓倒；相反地，更激起了他积极创新、不断挑战的激情。

经过多次的修改和试验，王昌华终于设计完成螺旋推进式破碎机。生产实践证明，他设计的螺旋推进式破碎机彻底解决了传统机器不能完全破碎和分离粉料的技术难题，使生球破碎的生产效率提高了20%。

王昌华是员工创新工作的典型代表，他坚持在重大作业改革上创新设备，我们从他身上能够看到一种品质——积极创新、坚持不懈。

积极地创新能够使我们发现更有价值的自己，坚持不懈地创新让我们创造更有价值的工作。“一个人不管是聪明或愚钝，只要他坚持不懈地努力，都可以在岗位上创新发明，在所处的领域创造前所未有的价值。”这是浙江京剧团的大武生翁国生的人生箴言。

作为“60后”的翁国生，从11岁就开始进入科班学习京剧，成为中国京剧南派武戏的传承人之一。由于身材矮小，翁国生在刚刚进入科班训练的时候，总是被学得快、练得好的学员嘲笑。他知道自己的天资不高，就只能靠后天的训练来弥补。于是，小小年纪的他就开始了艰苦的训练。每天早上四点半起床练功，一直练到晚上12点。双腿成不了一字，就在睡觉的时候将两腿拉成一字形，然后用绳子绑在床上睡觉。

功夫不负苦心人。经过不断刻苦努力，他成为科班里最优秀的学员之一，成为集演员、导演、编剧等众多才能于一身的京剧工作者。接管浙江京剧团之后，对工作认真负责的翁国生，不仅自身不断追求更高境界的艺术，还坚持在演出形式上、内容上及团队的管理方式上不断创新，让古老的京剧艺术在新时代里绽放光彩。

翁国生的管理理念是排演新戏，争夺新观众。“虽然京剧是国粹，是一门历史悠久的艺术，可是在新时代里，要想生存，要想京剧这种艺术形式得到长远的发展，就需要结合实际，大胆创新。”翁国生如是说。

为了调动演员的积极性，剧团实行市场化的管理制度，将演员的收益和演出的场次、演出的质量挂钩，谁演得多，谁的收入就高，谁演得好，谁就能够获得更多的演出机会。这种管理改变了原本演员依赖铁饭碗生存的方式，不仅演员的收入有所增加，每年几百场的全国巡演，也让浙江京剧团在全国的京剧界打响了知名度。

翁国生对自己的操作模式有一套非常明确的理论：“京剧至今有200多年的历史，这是一个本身就在不断变化和革新中发展起来的剧种。发扬传统，又在传统中创新，这是京剧未来的发展走向——我们浙江剧团，将一直坚持创新内容，创新形式，在市场中的检验中谋求更多的机会。”

翁国生告诉我们：任何领域、任何工作都需要创新；人人都具备创新的潜质。创新不是一蹴而就的，而是在长期的生活和工作中积累经验，积极进取，认真思考，敢于行动，才获得成果的。如果仅仅只是突发奇想，不仅不能将创新进行到底，还会闹出种种笑话。因此，创新贵在坚持不懈，创新的动力来自积极进取的人生态度及勤于思考的习惯。

创新是企业的主体，同时也是员工工作的主体。积极创新在给企业带来收益的同时，也能让员工的职业发展更加顺畅、人生更有意义。我们要在发展中不断创新技术、创新思想，在困难中坚持不懈地追求，克服创新中的难题，在岗位上做出更好的成绩，才能成为企业最出色的员工！

时刻铭记创新的重要性，绝不能墨守成规

创新是企业发展的源泉，也是员工个人发展的原动力。没有员工的创新，就不会有企业的创新。要想在企业发展中时刻保持进步，就绝不能做墨守成规的工作者。

“每一刻别悄悄溜走，是柯达留在我身边。这一刻别悄悄溜走，好好珍惜。分享此刻，分享生活。”这是曾经多么令人动容的广告词。柯达胶卷的这句话早已深入人心，然而谁都料想不到，拥有一百多年发展历史的柯达公司，就在一瞬间，悄悄从我们身边溜走，成为历史上的一个符号。

1888年，伴随着“您只需按一下按钮，其余的我们来做”的口号，柯达的创始人乔治·伊士曼为消费者带来了一部简易的照相机。他将笨重而复杂的摄影过程变得简单易学，柯达随后推出的“傻瓜相机”更是让任何一名消费者都可以享受摄影的乐趣。

伊士曼的经营目标是“让摄影变得像使用铅笔一样方便”，因此柯达在发展中一直坚持将摄影变得简单、方便的经营理念，让柯达的产品走进每个人的日常生活中。很长一段时间，柯达一直在全球影像行业中保持领先地

位，作为实力雄厚的跨国公司，柯达的品牌也几乎传遍了世界的每一个角落。

可是，在数码技术如洪水猛兽般迅速发展的时代，人们已经习惯在电脑上欣赏照片，同时，数码相机、智能手机的发展让摄影与网络相得益彰，传统的感光照相器材被无情地抛弃。柯达是第一批掌握数码相机技术的公司，却选择固守传统的胶卷阵地，他们甚至想到过用一次性相机来对抗数码产品，却没有将数码技术应用到自己的产品中，以增强自己的核心竞争力。柯达没有看到数码产品未来的发展趋势，故步自封之时，后起之秀的日本尼康、佳能甚至韩国的三星公司已经占据了相机市场的大部分份额。2003 年年末，柯达提出“全力进军数码领域”的战略；2004 年，柯达推出 6 款姗姗来迟的数码相机，但此时的相机市场已经没有柯达的位置了。

百年企业柯达在 2012 年为他的墨守成规付出了惨痛的代价。曾经在摄影、胶卷领域独步全球的柯达公司不得不面对被时代淘汰的结局——在纽约申请破产保护。柯达的破产，同时也标志着这百年胶片帝国的黯然落幕。

柯达的破产让我们看到，一个企业不论曾经多么辉煌，历史多么悠久，如果一味地故步自封，不能把握住行业发展的新趋势，即使以前的市场占有率达到 100%，也会终有一天落得资不抵债、破产的结果。

在感慨柯达命运的同时，我们也要看到世界发展的事实：这是一个创新的世界，逆水行舟，不进则退。老子曰：“反者，道之动也。”意思是一种反常规的做法往往是万事万物运动规律的体现。这也就说明了企业发展一定要审时度势，时刻铭记创新的重要性，绝不能墨守成规。

创新工作需要时刻保持“如履薄冰”的工作态度。对待工作不仅在个人技术创新上要花大力气，更要为企业在市场预测上下足工夫。企业发展了，员工才能拥有更多创新的机会，突破自我的机会。如果一直墨守成规地工作，东怕狼，西怕虎，面对困难举足不前，最后破产的不仅是企业，还有我们自己的职场事业。

其实，我们在工作中也是一样。在很多工作中，我们往往都重复着既有的定式，受制于固有的思想和工作模式，循规蹈矩在让我们严于律己的同时，也让我们渐渐懒于思考、不思进取，日复一日陷入墨守成规的境地，时日一久必然会失去工作的动力和活力。

企业及个人的发展与修行的道理相通，企业需要创新来不断输入新的活力和动力，勇于创新的员工是企业局势平稳、快速发展、顺利到达胜利彼岸的推动者。

创新并不是少数几个天才的专利，每个人都能创新，尤其对于企业的员工来说，每一天、每一件工作都藏着创新的密钥。工作的每一个细节、每一个环节、每一项具体的事情，都能做到创新，只有做一个绝不墨守成规的工作者，才能敏锐地发现大部分人没有注意到的，或者未重视的某个领域中的空白、冷门或薄弱环节，从而改变思维定式，找到那把开启创新之门的钥匙，进入一个全新的境界。

有这样一个大家耳熟能详的故事。

有一家皮鞋厂先派了两个推销员去非洲推销皮鞋。由于天气炎热，非洲人向来都赤着脚，没有人觉得皮鞋会对他们有什么用。第一个推销员看到此景立刻失望起来，并即刻打道回府。而第二个推销员来到非洲后，看到此景却惊喜万分："这些人都没有鞋穿，一定大有市场啊！"于是，他想方设法，引导非洲人购买鞋子，结果发了大财成功归来。

同样是非洲市场，同样面对赤着脚的非洲人，第一个推销员因墨守成规，不战而败，无功而返；而第二个推销员因为善于发现、敢于创新，想别人没想到的，做别人没做到的，最终大获全胜。这就是创新与墨守成规的天壤之别。

在工作中，许多员工抱着坚守岗位的态度，在工作中墨守成规，缺少创新精神，认为创新是老板的事，与自己无关，自己只要把分内的工作做妥即可，舍此无他。这种思想实在是要不得的。要知道，在企业的平台上，谁也不比谁强，谁

也不比谁差。你所拥有的，别人同样也拥有。如何才能够突围，高人一筹？纵观事业上取得成功的员工，并不是他们比别人更聪明，而是他们一般都能打破常规去考虑问题，能够站在创新的立场上考虑各种问题，让工作在创新中取得更令人瞩目的成果。

创新的力量，可以让一家企业起死回生，在市场竞争中立于不败之地；创新同样也可以让一个平凡的员工在平凡的工作岗位上，创造非凡的工作业绩，受到万人瞩目。无论是企业，还是员工，抑或是全人类社会、一个国家的发展、强盛，都必须打破固有的条条框框，接受各个领域或来自各方的优秀思想。

创新要敢于打破常规，更要敢于挑战“权威”

自古以来，各个行业内出现过无数个权威。具有权威的人物在各自的领域内有深厚的知识储备、丰富的实践经验，对行业的发展具有一定的话语权。因此，我们在工作中需要尊重权威，参考权威的意见。然而，权威往往会禁锢某个行业、某个产业、某个领域的创新，限制它们的发展空间和前进的脚步。因此，创新不仅要敢于打破常规，更要敢于挑战“权威”。

不管是学术权威、技术权威还是管理权威、领导权威，他们的知识和经验都会受到时代背景和个人经历的限制。随着时代的发展和人类社会的进步，很多权威的意见往往成为限制工作创新的因素。所以，要想创新工作，推动事业的发展，就不能盲目地迷信权威，奉权威为真理，而是要敢于向权威挑战，敢于转变人们已经根深蒂固的思想观念。

在创新的路上，快乐总是与磨难相伴，胜利与失败也只是一步之遥。要具备足够的勇气和底气，做好历经艰难困苦的打算，让自己的内心充满力量，从艰难的环境中获得最快的成长和最深厚的经验积累。创新的勇气为困难中的我们增添了力量，可以帮助我们在创新路上创造出新的局面。

诺贝尔经济学奖获得者萨缪尔森有一句名言："科学是通过一次又一次的葬礼而前进的。"当我们切实对某种权威形成挑战后，权威势力如若守旧，必然会向我们大加挞伐。此时，我们必须坚定信念，克服困难，勇往直前。

在20世纪50年代的美国汽车市场，一直存在着一条"禁谈汽车安全"的权威论调。在美国汽车制造行业，"禁谈汽车安全"似乎成了行业潜规则，得到了每一家企业的默认。每一名员工都不能在一句话中同时提及"汽车"与"安全"这两个字眼，仿佛谈到这两个字，就意味着告诉顾客，汽车是不安全的。

汽车制造商几十年来严格遵守着这条规则，结果导致汽车油箱自动燃烧、汽车挡风玻璃裂成碎片、座位上没有安全带等事件频频发生。就在此时，瑞典的汽车制造商沃尔沃看准了美国市场的潜质，一进入美国市场，首先对"禁谈汽车安全"的论调发起了挑战。沃尔沃汽车的主打招牌就是汽车安全。在汽车推广的过程中，沃尔沃的员工让消费者观看汽车撞毁的实况，甚至让消费者观看一辆汽车从五层楼俯冲而下的广告画面，在消费者深刻地认识到汽车安全的必要性之后，他们才开始推销自己的产品。

沃尔沃在市场推广上大胆创新，挑战了美国本土的汽车制造业，结果，沃尔沃击败了貌似强大的权威，抢占了远远大于本土的市场份额。

有时候，权威并不一定是绝对科学、绝对正确的理论，它可能只是人们的一种约定俗成。要想在束缚中突围，就需要我们具有挑战权威的勇气和决心。有创新勇气的人敢于挑战数十年、数百年来一成不变的准则，敢于否定任何教条的经验和规则。只有挑战权威的创新，才是彻底革命性的创新，才能给企业、给工作带来翻天覆地般的变化。

爱因斯坦在开始着手解决空间和时间问题时，这个问题已经被前人研究很多年了。可是，老一辈的科学家将牛顿提出的“时间是绝对的”作为权威定律，奉为真理，铭记在心，因此面对挑战这一“真理”的解决方案时，科学家们往往首先否定自己，结果一切努力都功亏一篑。

然而，爱因斯坦并没有使牛顿的学术权威禁锢住自己的头脑，他大胆地从违背“时间是绝对的”这条定律出发，充分利用了前人的资料和经验。从而找到了解决空间和时间问题的最终方案，提出了“时间和空间是相对的，光速是绝对的”这一理论。

针对这件事，他还曾幽默地说过：“命运为了惩罚我蔑视权威，于是使我自己也成为一个权威。”

伟大的人之所以伟大，敢于挑战权威是主要原因之一。然而，挑战权威往往意味着困难重重，人生如履薄冰，危机时时相伴。因为在大多数人看来权威往往是不可冒犯、不可置疑的。哥白尼、爱因斯坦等敢于挑战权威的科学家，为了真理，置生死于不顾，最终为人类文明的发展做出重大贡献。作为一个社会人，一个企业的员工，大多数人都认为自己只是芸芸众生里最普通的一员，就像大海里的一滴水，所以大多数人很多时候很难看到自己生命的亮点，很难实现自己的愿景。为什么会这样？是因为人们习惯于屈服权威，甘愿接受各方面的各种限制，失去挑战的勇气，可悲地认为创新是伟人的事。

这是个创新的时代，也是个开放的时代，人人可以创新。所谓的权威不再是供奉起来的尊佛，人人都可以大胆地挑战。做一个具有时代个性的员工，是企业的需要，也是社会的需要。如果你还一味地视权威如一切的真理，加以盲目崇拜，你就将会被时代淘汰。创新给人力量和勇气，做一个敢于创新的人，是对社会、对自己负责的一种人生态度。

我们的工作模式、操作规程大多来自权威“认证”，但在实际工作的应用中，它们不一定是实用的，或是符合工作需求的。这就需要在具体工作岗位的员工敢于创新，提出自己的想法和意见，大胆挑战既定的模式和规程，针对实际情况对其进行改进和创新。

坤福之道

挑战的态度在众多的权威面前显得叛逆而不合时宜，然而对于这个充满机遇、崇尚创造的世界来说，又是一种难能可贵的创新精神。创新精神要求我们既不盲从权威，也不迷信权威，更不会因为他人的看法放弃自己的坚持。为了突出重围，成为最后的赢家，我们一定要怀有信心，坚强勇敢地面对一切困难，在创新的路上，创造出属于自己的奇迹。

具有创新意识的员工，才不会被经验束缚

任何一项创新都不是无源之水、无本之木，创新需要在前人的基础上进行，在原有的发展程度上创造。但是，要想做优秀的创新者，就不能被过去的成功经验所束缚，要打破常规，培养自己的创新意识，不断激发自己的创新激情。

许多员工在工作中喜欢参照过去的经验，因为依据成熟的模式工作要比采用创新的模式显得轻松、简单，而且一旦过去的经验适用于当前的情况，就可以大幅度地提高工作效率和工作业绩。可是，具有创新意识的员工不会过度依赖经验，毕竟凡事皆有利弊，经验给工作带来便利的同时，也在无形中设置了障碍。员工要想在工作中创新，就不能迷信经验，要敢于挑战常规，在经验的基础上寻找使工作更高效的方法和模式。

经验对于每个人来说都是宝贵的，有些时候却是阻碍人们前行的绊脚石。做一名优秀的创新者，就是既要珍惜经验的积累，更要懂得创新，打破固有的思维模式求变求新。

创新有时候需要的就是这种敢于背弃经验的态度。经验固然是前人或自己的

成功总结，对于实践有很大的帮助作用。但是，经验也需要合理地利用，不能完全抛弃，也不能盲目相信。具有创新意识的员工，任何时候都不会被经验束缚，更不会一味地循规蹈矩，而是根据实际需要，更新工作方法和模式，使工作任务完成得更高效、成功。

孙海臣是一家药业集团有限公司生产车间的工人，他从2009年进入公司，到现在已经十个年头了。在这十年里，他完成了多项科技发明。他的发明创造在为生产大大降低了成本的同时，还提高了生产效率，为公司带来了巨大的利润。

孙海臣出生于贫困的农村，看着父母每天面朝黄土背朝天地劳作，少年的他就立下壮志，长大后一定要努力工作，做出一番事业。

孙海臣抱着自己埋在心中许久的理想到家乡的一所技校求学，在学校里他刻苦学习，同时还打零工贴补生活费。两年之后，20岁的他从技校毕业，顺利地进入山东朱氏药业集团，从事注塑成型加工的工作。“从进公司的那一刻起，我就下定决心，一定要通过自己的努力，改变自己的命运。”孙海臣回忆起自己刚刚进入公司的场景，情绪还是很激动。

刚刚进入公司的他，每天跟着师傅一起工作，师傅教给他很多工作的技巧，也慷慨地把几十年的工作经验传授给他。

在生产车间工作的工友们，每天都要将注塑成型模具搬来搬去，整个过程既浪费时间，又让工人承受非常大的体力消耗。

面对这一生产中的“绊脚石”，孙海臣的师傅是最头疼的一个。他在车间工作的几十年间，一直想要改善这里的工作环境，减轻工友们的体力支出。可是，师傅收集了很多资料，做了很多技术改进之后，仍然没有成效。孙海臣看在眼里，记在心里，并且默默决定要亲自改进这个项目。

于是，他找到师傅画完的图纸和初步加工出来的零件，按照师傅教他的方法，开始了他自己的研究。很快，分离装置的零件就做好了。可是，设备在进行测试时却怎么都运行不起来。

孙海臣反复调试之后，设备还是不能正常运转。一向劲头十足的孙海臣也开始泄气了。这时，他的一位同事提醒他说："既然其他地方都找不到问题，我们可以尝试改变一下脱膜的角度。"

孙海臣说："脱膜的角度一定不会有问题的，那是我师傅研究了一辈子的项目，不会有错的。"

同事说："老师傅确实是经验丰富，可也不代表他一定100%正确，我们总要全部试过之后，才知道到底哪里不行。"

孙海臣说："咱们现在正在用的技术、经验，哪项不是师傅教的？如果师傅总结的结果都不信，咱们还能信谁呢？"说完，他气冲冲地离开了。

同事的话虽然让孙海臣非常不高兴，可是他回家后又仔细地想了想，突然觉得同事说的话有些道理。"既然其他部位都检查过，并且没有问题，那么设备不能正常运行的原因就只能出在脱膜的角度上。"

孙海臣利用假期的时间，独自一人来到车间，将脱膜的角度从1度到45度反复试验，结果证明真的是脱膜角度的问题。

经过改进之后的设备顺利地投入生产，彻底改善了车间的生产环境，工友们不再需要承担重大的体力工作，工作效率也提高了一大截。

很多过去可行的经验，都需要随着时间进行变革，就像故事中的孙海臣一样。如果他固执地坚持师傅的研究是对的，将更多的精力继续放在查找其他方面的错误，他改进公司设备的计划就永远不能变成现实，他的创新之路也永远走不出结果。

创新不能一味地迷信过去的经验，要在经验的基础上敢于打破常规，改造环境，只有不被过去的经验拘束，才能获得创新思维上的解放，才能取得创新的成功。

世界上所有的事情都是动态的，而非静止的，我们要想创新工作，创新生活，就需要批判地看待过去的成功经验，取其精华，去其糟粕。在当下具体的环境中，摸索规律，敢于尝试，敢于行动，经过不懈的努力，一定会收获创新带来的喜悦，享受成功带来的成就感。

复杂的问题简单化，找到通向目标的捷径

很多时候，我们总是会被眼前的问题弄得焦头烂额，在解决问题的时候，总是按照习惯性的思维去寻找最周全、最保险的方法，结果把简单的事情想复杂，最后也没能找到最理想的答案。实际上，如果能够摆脱固有的思维定式，换一种简化的方法去思考，也许可以找到通向目标的最快方式。

你有没有碰到过这样的情景：当面对一个工作中的具体问题时，怎么想都觉得这个问题太复杂了，牵扯很多方面，需要全面考虑，还要小心选择解决方法，越思考就越觉得自己好像进了一个迷宫，找不清楚方法，更不知道出口在哪里。其实，当你在工作中陷入难以抉择的境地时，是因为你被自己的思绪禁锢住了，将解决问题的过程看得太过重要，而忽略了自己最初的目标。如果你想要做出一块电子应用模版，不要总是考虑它可能被谁使用，它的推广可能有多大，只需要考虑需要多少步骤，需要多少材料，需要多少人力财力才能实现这个目标。从目标反推，这样思维一下子就会打开，困难的问题也随之迎刃而解了。

爱迪生当初发明灯泡的时候，由于实验的需要，必须测量一下灯泡的容积。于是，爱迪生叫他的助手去测量灯泡的容积。助手将灯泡拿到工作间后，开始进行测量。他不仅按照灯泡的形状花了草图，而且开始运用各种公

式运算起来。可是，两小时过去了，他还是没有得出灯泡的容积。

爱迪生焦急地来到工作间，看到这个年轻人忙得满头大汗，从他的手里拿走灯泡说："你把简单的问题复杂化了。"说着，爱迪生在灯泡中装满了水，接着把水倒进了量杯里。"量杯的刻度不就是灯泡的容积吗?"

年轻人看着爱迪生手里的量杯，又惊又喜，随之而来的却是深深的愧疚。原来这样简单的问题，他引以为傲的那些学识却一点都帮不上忙。他看着爱迪生的脸，羞愧地低下头去。

爱迪生的这个助手叫阿普顿，他是出身名门的高才生，当初被安排到爱迪生身边做助手的时候，总是觉得浪费了自己的才华，对爱迪生也总是不以为然的态度。不过，这件小事过后，他不仅对爱迪生佩服得五体投地，对自己的工作也不敢再轻视，开始兢兢业业地干了起来。

阿普顿虽然在学校中学到很多知识，但是他没有学到简单思维、简化问题的思想。测量灯泡容积的时候，他也是用学校的方法，将灯泡的形状归类之后，按照既定的公式来计算它的容积，又画图纸，又计算，可最后还是没有结果。他没有思考过，实际生活中的很多问题只要你学会将问题和结果用最短的过程进行连接，就像安迪生直接将水倒入灯泡那样，事情就会变得简单很多。

在当今竞争日益激烈的市场环境中，员工需要知识，需要勤奋，更需要能够简化思维的创新方法。虽然书本上的理论知识常常让人感觉晦涩难懂，但在实际的工作中可以将复杂的问题简单化。中国一句古话叫作"大道至简"，就是说一些基本原理、方法和规律往往都是极其简单的，简单到一两句话就能说明白。大道至简意味着"少而精"，就是将复杂的工作简单化。如果将工作比作读书，那么简化思维的过程就是将一本鸿篇巨制读到只剩一个提纲，只剩下其中的主要思想、核心章节的过程。

与这个故事有些类似的是司马光砸缸救人。这个故事已经家喻户晓了，但是我们从司马光的身上不应该仅仅学到英勇救人的精神，更应该看到他解决问题的一种简化思路。当所有的小朋友都在试图从缸里将落水的孩子捞起来的时候，司马光选择的是最有效，同时又迅速的解决方法。其实，解决很多复杂问题的思路也同样简单，是因为很多人从没有尝试过将问题简单化，遇到问题时总是本能地将其考虑周全，而忘了最简单、最有效的解决方法。

一家铁路局有一名钳工，他在岗位上工作了二十几年。刚刚参加工作的时候，看见所有的工友们在对车辆进行检修的时候，用的还是老工艺，不仅劳动强度大，工作步骤烦琐，而且生产效率低，检修作业时的体力耗费非常大。于是他决定用自己的力量进行技术创新，改变这种落后的工作方式。

他将想法跟周围的工友简单地说明了一下，可是支持他的人寥寥无几。毕竟，他只有中专的文凭，要研究那精密的车辆系统，对大多数人来说都是不可能的事情。可是，他并没有因此改变心意，反而用最快的速度开始研究起来。

他一开始的想法就是如何能够省事实力，在不用耗费过多体力的同时，提高检修的工作效率。他开始从研究吊装、拆卸、组装这些细致的工序开始，按照他的目标将设备进行改装。他经过长期的钻研和实验，终于成功研制了检修车辆的新设备，改进后的设备只需要一个人就可以完成检修作业，并且功效提高了三倍。

工作中的创新都不是在复杂的情况下进行的，往往都是从简化复杂开始的。简化思维在解决一个复杂的问题时，会从多重线索中提炼出最主要的矛盾，同时将无关紧要的条件通通省去，这样不仅可以最快地解决问题，也会省掉考虑不必要问题所耗费的精力，可以算是一举两得的事情。

工作中会遇到很多问题，愚蠢的人会将简单的问题复杂化，但是聪明的人却可以将复杂的问题简单化。将简单的问题复杂化，不仅找不到解决问题的正确方法，而且每天焦虑忙碌，把自己弄得筋疲力尽；将复杂的问题简单化，却可从繁杂的工作中找到通向目标的最快方式。由于这种简化问题的思维，他们可以在工作中最大限度地发挥自己的聪明才干，不断地创新工作内容和工作方式，获得更轻松的工作状态和更令人满意的工作成绩。

第七章

合作意识：团队协作才是成功的关键

俗话说："一个篱笆三个桩，一个好汉三个帮。"如今的职场，个人英雄主义早已不再实用，团队协作才是成功的关键。在职场上，每个人的能力都是有限的，如果不懂得借助团队的力量来提升自己，只会单打独斗而不具备团队精神的话，很难在企业中获得长远发展。只有善于分享、真诚待人，有效地团结集体的力量才能获得成功，达到双赢。要记住，没有全能的个人，只有全能的团队。

滴水融入大海不干涸，个人融入团队有成就

一滴水怎样才能不干涸？很简单，把它放到大海里就不会干涸了。一个人如果不能很好地融入团队，就会像离开大海的水一样迅速“干涸”。只有全身心地融入团队中，让自己成为团队的一部分，才能有所成就。

在工作中，我们会遇到很多优秀的人，他们拥有过人的天赋和才华，在自己的领域做出了别人难以企及的成绩。在平常人眼里，他们是“完美”的。然而，很多时候，他们的“完美”反而会成为所在团队的累赘。

著名足球教练米卢在分析中国媒体吹捧的某位“球星”时曾说：“按照他的个人能力，也许能成为世界级的球员，然而他欠缺与队友配合的意识，不能融入整个队伍中。也就是说，他不是一个能够为团队做出贡献的球员。”

米卢的话告诉我们，在团队中，个人的能力强固然很好，但个人如果不能融入团队，依然无法取得成就。一支球队取得胜利的关键因素很多，但最重要的还是在于成员之间的配合和默契，而不是一两个所谓的“明星”球员来力挽狂澜；一个团队如果想要走得长远，就一定要注重成员之间的合作，而不是只突出某一个成员的才华和技巧。因此，作为团队的成员，我们要有大局意识，要具有整体意识，从而更好地服务于整个团队。

随着社会的发展，人们越来越趋向于团队的合作。在各种工作中，每一个人都扮演着不同的角色，这时候学会与他人合作自然而然就成为每一个员工必备的工作素质。在当今社会，越来越多的企业把是否具有团队协作精神、作为引进人才的一个重要准则。

一家化妆品有限公司的董事长在一次例会上讲了这样一个故事：公司之前有一名员工，博士学历，工作能力突出，按照他的才能，早就应该晋升到经理职位了。可是，让人不可思议的是，五年过去，这个人还是原地踏步，

在业务员的岗位上混日子，而那些能力不如他的人都得到提拔。

究其原因，原来是这位员工的个性惹的祸。他做事喜欢独来独往，从来不和别人合作，没有一点团队意识。当同事需要他帮助时，他也很少伸出援手。

可怕的是，这个人并没有意识到自己的问题，反而认为自己的才能没有得到老板的重视，十分愤懑。终于有一天，老板忍无可忍，决定辞掉他。此人听到消息后不解地问："老板，你把我开除难道不是公司的损失吗?"

老总笑了笑回答说："我很心痛，因为我将失去你这样一个有能力的人，但是几年下来，你的才能并没有发挥最大的用处，我们的团队也用不上你这样的人，所以我只能把你开除。"

通过这个故事，我们很容易看出，这位员工之所以没有得到重用，不是因为他没有能力，而是因为他不懂得团队协作，不懂得让自己成为团队的一部分，整天单打独斗。现在的企业都很重视团队的力量。当老板发现一个人的所作所为影响整个团队时，即使他再优秀，老板也会毫不留情地让他离开。

社会发展越来越快，人们越来越重视团队的合作意识。一个团队的发展，与团队中的每一个人都有着千丝万缕的联系。一个人成功的背后离不开团队的付出，而团队的成功，也是全体成员共同努力的结果。

社会竞争越来越激烈，已经达到了白热化的程度。我们可以想象，一个人如果缺乏团队意识，势必会被社会淘汰，更不用提在工作中发挥出自己的优势了。有人说，抛弃了团队精神，就意味着抛弃了更好的工作机遇。

在工作中，没有你我，只有我们。只有所有人都向着同一个目标前进，心往一处想，劲往一处使，才能实现团队的目标，自己与团队的距离才会拉近。当团队收获了荣誉和成就，我们也会收获成功。

如果我们只强调个人的力量，而忽略了团队的力量，那是很难实现自己的价值的。有人说"没有完美的个人，只有完美的团队"，说的就是团队的重要性。

2004 年雅典奥运会上，中国女排在冠军争夺赛中的胜利恰恰证明了团队的

力量。

2004 年 8 月 11 日那天，意大利专家卡尔罗在观看中国女排训练后认为，中国队在奥运会上能否成功，主要取决于赵蕊蕊的表现。可在奥运会开始后，赵蕊蕊因腿伤复发，无法上场。很多媒体都发表评论：中国女排的网上“长城”坍塌。摆在中国女排面前的困难已经很明显，她们只好硬着头皮拼了。很不幸，在小组赛中，中国队还是输给了古巴队，此时，国人对女排夺冠似乎也不抱太大希望。

然而，在与俄罗斯争夺冠军的决赛中，身高仅 1.82 米的张越红一记重扣越过了 2.02 米的加莫娃的头顶，将球砸在地板上，宣告这场历时 2 小时零 19 分钟的比赛结束。中国队成功夺冠。

女排夺冠后，中国女排主教练陈忠和放声痛哭了两次。

那么，中国女排凭什么战胜俄罗斯队的呢？陈忠和赛后对记者说：“我们没有绝对的实力去战胜对手，只能靠团队精神，靠拼搏精神去赢得胜利。用两个字来概括队员们能够反败为胜的原因，那就是‘合作’。”一个人再完美，再优秀，也终究只是一滴水而已，而一个团队则是浩瀚的大海。

“同心山成玉，协力土变金”。成功是需要一个团队的努力。一个企业，如果组织涣散，大家都不团结，那怎么能发展？如果是在一个缺乏团队精神的环境里，个人再有才华，再有智慧，也不可能得到施展！所以，只有懂得团队协作的人，才能够取得成功。

俗话说：众人划桨开大船。没有完美的个人，只有完美的团队。每个人都不是完美的，或多或少都有做不了的事情，但是，在大家的齐心协力下，弥补不足，取长补短，必定能成功。

培养团队合作意识，才能引领我们迈向成功

团队合作可以让企业更加成功，让团队更加卓越，让企业的员工更加优秀。团队合作精神已经成为现代企业员工必须具备的素质，提升团队合作意识以及团队合作能力是企业发展的必经之路。

有一个圣者问天神，到底什么是天堂，什么是地狱？于是，天神带着他经过一条幽暗的走廊，来到一个房间里。这个房间装饰得非常华丽，灯火通明，金碧辉煌，中间还有很大的一张餐桌，桌上有很多的美食，但是房间里的人却都愁眉苦脸的，心中充满着仇恨。

到底是什么原因呢？原来，房间里的每一个人手里都有一个很长手柄的勺子，用这样的勺子吃饭是没有办法把食物送到自己嘴里的。如果勉强要送的话，食物则很容易掉到地上，而且，如果勺子碰到身边的人，他们会遭到报复和痛打。所以，在这间房间里的人根本就无法吃到食物，他们只能眼睁睁地看着美食，忍受着要命的饥饿感。

很快，天神又带着圣者来到了另一个房间里。这个房间和上个房间是一样的，不同的是，这间房里到处都是和谐和快乐，每一个人都健康爽朗，每个人都非常的友爱，彼此尊重。圣者发现，房间里的每一个人都会用自己盛起来的食物喂给对面的人吃，这样一来，每一个人都能够吃到美食，所以大家相处得非常融洽。

天神问圣者，你现在知道何为天堂，何为地狱吗？圣者回答说："懂得合作就是天堂，不懂合作就是地狱。"

通过这个故事，我们不难发现，前一个房间之所以像地狱，是因为房间里的人没有一点合作的意识，而后一个房间则恰恰相反，人人都有合作意识，所以才能既吃到美食填饱肚子，又能和其他的人相处的融洽又愉快。

同理，我们的工作环境也是由自己创造的，是天堂还是地狱，则看我们自己的选择了。换言之，如果我们拥有团队合作的意识，那我们的工作环境就像天堂，反之则像地狱。事实上，我们的团队合作意识决定了我们的工作成就，所以，我们要把团队合作意识渗透到工作的每一个细节中，这样一来，我们的工作环境就如天堂般美好。

我们都知道，几乎所有的工作都离不开团队合作，只有在团队内部形成互帮互助的合作意识和工作氛围，才能在不知不觉中将所有的工作做好。这个时候，作为团队中的一员，我们一定要懂得换位思考，比如在一项工作正在进行的过程中，我们最好不要缺勤，因为如果我们突然中断工作，很容易给其他团队成员造成压力，同时我们的缺席还会影响整个团队的工作进度和工作效率。

如果我们能在工作中为其他团队成员考虑，为其提供一些力所能及的帮助，或是分享自己宝贵的经验，那我们就能迅速地融入团队中去，赢得同事的信任和认可，我们就能为团队的发展倾尽自己全部的力量，我们就能和团队一起成长，并获得最终的成功。

而这一切，都有赖于我们自身团队意识的培养。在培养团队意识的过程中，我们要努力做到以下四点：第一就是要学会心平气和地承认自己的错误和弱点；第二就是要善于看到其他团队成员的优点，然后取长补短，不断地完善自己；第三就是如果其他队员向我们请教问题，我们要耐心地去解答，以团队的利益为先，将自己所掌握的技术分享出来；第四就是我们要将自身的优势发挥出来，并将其转化为团队的优势，以更好地促进团队的成长和发展。

此外，我们还需认识到，没有规矩，不成方圆。各行各业都有自己的规章制度，团队也不例外，所以，我们要想培养自己的团队合作意识，就必须懂得服从团队的安排。打个比方，很多时候，我们会觉得自己的想法和工作方案是最优秀的，但是如果上司没有采纳我们的意见或是没有选择我们的工作方案，我们也不能学孙悟空大闹天宫。但凡遇到这种情况，我们需要做的就是服从团队的安排并虚心学习。因为只有这样，我们才能让团队的工作更好更快地完成，当然，我们也能借此锤炼自己。

所以，在工作中，我们要想成为一名具备团队合作意识的优秀员工，就一定要在接到命令之后毫不犹豫地去执行。有时候，即便是遇到棘手的工作，我们也不要害怕或是逃避，要知道，越是棘手的工作就越可以让我们得到锻炼，越能证明我们的工作能力。如果我们做好了，老板就会对我们另眼相看，同事们也会更乐意与我们一起合作。另外，如果我们在工作中出现了错误，那么也不要急着把责任推到同事的身上。要知道，工作上遇到问题和麻烦是在所难免的，这个时候恰恰是考验我们的时候，一味地推卸责任只会毁掉我们在团队中的形象。所以，我们需要先从自身找一找原因，然后好好地反省一下自己的工作态度和方法。总之，想要和同事和谐相处，愉快合作，我们就必须勇于承担自己的责任。

最后，团队合作意识的培养还表现在我们如何处理自身与其他团队成员的摩擦与冲突上。比如，在制订一个宣传方案的时候，我们和其他团队成员出现了分歧，此时，我们绝对不能盛气凌人，将对方逼至绝境。正确的做法是，退一步海阔天空，大家一起坐下来，心平气和地讨论并听取彼此的建议，从而更好地解决问题。

综上所述，我们若想更好地融入团队中去，与团队成员协同合作，共同激发团队的战斗力，那我们就必须努力培养自己的团队合作意识，唯有团队合作意识，才能引领我们迈向成功。

众所周知，在实际的工作中，员工的合作意识非常重要。一个员工，只有真正意识到合作的重要性，才能在企业中做出一番事业。我们不能做那种虽然和其他同事穿一样的制服，在口头上宣扬团队合作，然而在心里却是我行我素、不合群的员工。要知道，这样的员工是无法获得同事的认可的，其事业也不会有长远的发展。

用诚意赢得同事的认可，顺利开展协同合作

在一个集体中，任何人的发展都不可能是孤立的，都离不开其他人的关怀、帮助和团队协作。要加强一个团队的合作能力，除了打造我们的团队精神外，还必须要有真诚相待、坦率以对的心，有竭尽所能、不遗余力的态度，这样团队成员间才能有更加完美的合作。

要知道，真诚是一把能打开心灵的钥匙。如果我们拥有真诚，并用真诚之心对待同事，用真诚之心对待工作，那我们一定能得到同事的认可和接纳，一定可以在工作中做到游刃有余。

而要想做到真诚，我们不妨多与团队成员分享自己的想法和看法，多向他们学习，多听取他们的意见和建议。这样做不仅能让我们看到自己的不足，还能加深自己与团队成员间的感情。如果我们做不到这些，那我们就不是一个真诚的人，我们就会被孤立起来，最后也就没有办法顺利展开团队合作。

艾伦刚到一家公司上班时，工作非常勤奋，老板对她十分满意。虽然公司不大，但在艾伦看来，它还是很有发展前景的。

有一天，她交代助理将进货清单按照格式列好，然而，助理很诧异地说，以前的组长不是这样做的。但艾伦依然坚持这样做，这让助理感到很不开心。午饭时，艾伦刚走进公司楼下的快餐店，就看到聊得正欢的几个同事忽然安静了下来。在那一瞬间，她很快意识到自己已经脱离了团队，这让她感到非常不安。

大约过了一个星期，艾伦和同事之间的矛盾激化了，同事们纷纷孤立她，不愿意配合她的工作。第二个星期，老总给大伙儿安排了一项非常紧急的工作，结果同事们都当起了“甩手掌柜”，把所有事情推给了她。无奈之下，她只好一个人加班到凌晨，她一边工作，一边在心里暗暗发誓，她一定

要把工作做好，让同事们看看她到底有多强！

然而，没想到第二天老总发现单子出了问题，为此大发雷霆，同事都说是她的责任。她听了后无法忍受，于是和一个说话尖刻的同事吵了起来，彼此都说了十分难听的话，最后闹得个不欢而散。

艾伦感觉特别委屈，她开始觉得自己来这个公司工作真是个错误，老总怀疑她的能力不说，同事还和她过不去，可以说事情变得越来越糟糕。虽然她一直都希望自己能在新的公司工作更出色，就和她在以前的公司一样，每个同事都互相尊敬，老板也对她非常信任。假如不是因为想要和男朋友生活在同一个城市里，她是断然不会离开以前的公司的。她从来都没有怀疑过自己的工作能力，可是为什么自己的新工作会这么吃力？问题难道只出在别人的身上？

就在这时，她忽然想起那天让助理列清单的时候，自己根本没有向她解释为什么要这样做，这其实是不尊重同事的，所以才会让同事误会。同时，她在业务上遇到了困难，也不向有经验的同事请教，因此，其他的人也就以为她不需要帮助了；而同事把急单交给她，很有可能是为了锻炼她，而非故意把工作推给她一个人去做。然而，她自己太急躁，作为一个新人，她总认为自己很优秀，不愿意去和同事沟通，结果活生生拉远了自己和同事的距离。

认识到这点后，她立马找到助理，向其表达了自己的想法，并给予真诚的道歉。她向助理解释清楚当时非要那么做的原因，又细心听取了助理的意见，最后两个人一起想出了更有效率的工作方法。

吃午饭的时候，艾伦走到那个和自己吵架的同事面前，轻声说道："对不起，那天是我不对，我希望能和你一块吃饭，可以吗？"同事听了，也觉得很歉疚。最后两个人和好如初。

几个月过去了，艾伦的工作越来越出色，她本人也越来越真诚。此时的她，总是热心地帮助同事解决问题；有时候遇到困难，她就虚心地向同事请教；并且，她还通过努力为公司争取来了大客户。很快，公司的盈利翻倍地

增长，这无疑又让大家有了加倍努力工作的动力。

这个故事告诉我们一个道理，那就是真诚能让团队合作变得更加顺利。我们都知道，如果说工作是一部大机器，那员工就好比是机器上的零件，只有各个零件凝聚成一股力量，这台机器才可能正常地运转。而要想让各个零件凝聚成一股力量，我们就必须真诚相待，用自己的诚意去赢得团队成员的认可，从而顺利地开展彼此间的协同合作，最后让工作这台大机器高效地动起来。

总之，我们若想让团队合作进行得更加顺利，就必须用自己的真诚来打动其他团队成员的心，只有这样，我们才能赢得与他们合作的宝贵机会，我们才能携手共进，共创美好的未来。

工作中，不少人都为自己无法很好地与同事进行协作而感到苦恼，尤其是那些初入团队的人，更是感觉难以敲开同事的心扉，与他们建立良好的合作关系。其实，要想让团队成员愉快地接纳我们，与我们协同合作，这并不是一件难事。正所谓，精诚所至，金石为开。只要我们真诚地对待团队中的每一个人，总有一天，他们就会向我们打开心扉，从而让彼此间的团队合作更加顺利。

人生不是独角戏，懂得分享才能团结共进

有人说，职场犹如一张大网，而我们每个人只不过是其中的一个“结”而已。如果你和很多的“结”建立了紧密的联系，你就能四通八达，你的人际关系也会越来越广阔。那么，如何与别人建立有效的联系呢？答案很明显，是分享。

分享是一个很简单的过程，有人认为它是一种思想上的放松。如果每个人都把自己所拥有的东西给予别人，并且感到快乐，这就是分享。有学者认为，分享在短时间内对自己是一种损失，但从长远来看，分享是一种潜在的收获。古人也说过："独乐乐，不如众乐乐。"我们的人生不是独角戏，无论是快乐还是痛苦，都需要与别人来分享。分享是情感的沟通、心灵的给予、共同的拥有。

在职场中，与人分享更为重要。我们发现，人缘不好的人一般都有一个坏毛病，就是不愿意把自己的收获与别人分享，甚至自以为是，看谁都不顺眼。这样的人多么可悲啊！作为社会中的个体，你必须知道，你不可能一个人完成所有工作。

张婕曾做过某大型集团的外交公关，口才很好，后来来到了山东朱氏印务有限公司做文员。来到新公司上班之后，张婕最喜欢在中午吃饭的时间与大家分享自己见过的奇闻逸事，上到大国政要，下到平民百姓，全部囊括。张婕精彩绝伦的讲述令同事们哈哈大笑，减轻了大家的工作压力。她在不知不觉中为自己赢得了见多识广的美好形象。

来公司一段时间后，由于张婕的分享，办公室围着她的人越来越多。慢慢地，她的话在同事之间有了一定的影响力和威信。

一个懂得分享的人，是幸福的人，因为这样的人身上有一种特殊的力量。懂得分享会让你快速融入团队，会让更多的朋友围绕在你身边。

在一个团队中，分享应该成为平时工作的一个常态，从最初的分享目标，到最终目标实现后的分享成果。分享须贯穿始终，这其实是一种特殊团队沟通。分享让团队内部的资源充分得到共享，让每一个人心中都怀着对这个集体的深厚感情和美好愿望，并积极地为着共同的辉煌未来而努力。

如果你还在团队中封闭，你的同事还处在一种"自扫门前雪"的状态，你还保守地认为员工只需要知道他们所干的活就行了，那么你就有必要从今天起寻求改变。

从团队角度来说，团队管理者需要分享目标和愿景，让你的下属清晰明确地知道自己在往哪儿走；分享决策，让你的员工了解团队的工作重心；分享信息，让团队内部的指令迅速下达、问题及时发现、冲突及时解决，你和员工们便都能在令人愉悦的、“透明”的团队环境下工作；分享工作方法和经验，让你的员工更加优秀，更加熟练而完美地完成工作；分享成果，举行必要的庆祝，并让你的每一个下属都能收获从成果中取得的“蜂蜜”，让你的团队成员一起享受成果带来的快乐。

在所有的分享当中，成果的分享无疑是最激动人心的。一起努力了很久，终于实现了目标，公司获得了收益，如果与此同时，个人的腰包也跟着鼓起来，想必是一件让员工非常欢欣鼓舞的事。

许多著名的企业都制订了利益分享的措施，企业的利益由员工和企业共同分享。美国的汽车大王亨利·福特就在他的公司内部实施了利益分享的制度。

1908 年，福特汽车公司制造的 T 型汽车成为最受美国人欢迎的车型，也成为真正属于普通人的汽车。在 1909 年到 1914 年，福特汽车始终保持着火爆的销售形势。亨利·福特并没有趁机涨价大赚一笔，而是信守着他的商业宗旨“薄利多销总比少卖多赚好得多”，不让消费者失望。

在向消费者让利的同时，亨利·福特也和他的员工们分享着企业的成功。福特公司开创了世界工业史上从来没有过的在工人报酬方面的最伟大的革命。

亨利·福特曾主动提出将工人的工资比原来增加一倍，而且凡年满 22 岁的工人都可以享受公司利润中的这一份，如果工人有眷属需要抚养，即使没有年满 22 岁也可以享受这一待遇。正是凭借这样的利益分享措施，使得福特汽车公司的员工得到了极大的激励，提高了工作效率，从而也推动了企业的发展。

这些案例给我们管理者的重要启示就是：一个乐于分享的团队一定是一个具

备高效率的团队。

其实，在团队当中，除了目标分享、成果分享，我们还有许多是可以拿出来分享的。比如说荣誉感。当我们与他人一起做好了某一件事时，所受的嘉奖应当同我们的伙伴分享。这样的话，小团队中也能够形成一种融洽的氛围。还有诸如知识、经验等诸多方面我们都可以用来分享。

一个好的团队一定是懂得利用分享促进团队共进的。而作为团队中的一分子，我们也可以利用分享让自己和这个团队进一步融合，使整个团队形成强大的凝聚力。

分享是团队的黏合剂和助推剂。如果我们每个人都能够学会在团队中分享彼此的经验、成就、荣耀、利益，那么这个团队就能够得到共同进步，分享是一种无私，同样也是一种良好的职业素养。

不要脱离团队，企业不需要“独行侠”

一个员工，只有充分融入整个团队之中，才能充分发挥自己的能力，创造最大的价值。在任何一个企业里，同样需要每一个员工都具有团队精神，这样才能团结协作，达成既定的目标。所以，企业中不需要“独行侠”。

在电影、电视或小说里，“独行侠”是有个性、有魅力的一类人的代名词。他们特立独行，从不依靠外力，个性突出，从不在乎团队，而他们的事迹也是奇幻怪异的。但是，在现实生活中，“独行侠”却不那么讨人喜欢。他们孤傲的性格和冷酷的态度会让别人觉得难以接近，从而在他们和别人之间筑起了一道难以逾越的高墙，会对他们的工作和生活造成相当不利的影响。

企业中如果出现了这样的“独行侠”，那么整个企业就会跟着受累。他们孤高自诩、面目冷酷，从不和别人接近，他们是不会被领导和同事喜欢的，他们甚至会对企业的氛围造成不利的影响。他们在长期封闭的环境中连本职工作都做不好，还谈什么提升自我、实现自身的价值？

仔细想想，以下的情形是否在你的生活中曾经出现过？

当办公室的同事喜欢聚众扎堆时，你却经常是那个被冷落的对象，你并不想孤独，但在不知不觉之间，你已经被孤立；吃饭时，没有人邀请你一起前往；休闲聚会时，更没有人通知你；更莫名其妙的是，居然有人说你清高等。到底怎么办？怎样才能不当“独行侠”？

“我只想活得自我些，这难道有错吗？”名校毕业的王君只身闯荡北京，就职于一家老牌的金融企业，挣扎于职场三年多的她满腹委屈，郁郁不得志。没少干活，没少加班，可次次升职、加薪都没她的份，想跳槽却限于工作经历找不到合适的，原地踏步又实在不甘心。

王君沉默、自我，对组织天生没有太多热情，非常喜欢独立而不被打扰的工作环境，初入职场时，她相信上司交给的工作要靠自己的能力来完成，只要有能力，就不怕领导不满意。她在工作中不愿与人打交道，很少与人沟通，因为觉得没这个必要，只要自己做好，就一切都好了，因此根本不把其他人放在眼里。

“为什么每一个人都让我参加他们的活动和项目？我只想一个人做完自己的工作！”王君常常以幕后英雄自居，不愿与其他同事共事，因为她总觉得他们什么都做不好，甚至还有把事情搞砸的可能，所以总是避开他们。

王君的能力比较强，在大多数情况下都能独立完成工作任务，但也有因势单力薄不能如期完成工作，导致项目组整体进度减慢的时候。但即使这样，她也始终认为她一个人能搞定，如果有别的人参与，反而觉得在添乱。久而久之，所有人都反感她，大家都这么想：既然你要当盖世英雄，那就由你当去，看你怎么个死法。于是，就算有人发现了她工作中的失误，也不会指出来，反而幸灾乐祸地袖手旁观，期待着她华丽丽地“死去”。

工作上如此，其他方面就更甚了。王君从不介入女同事们家长里短的聊天会，也不参与大家业余时间组织的一些休闲活动。在她看来，这些职场中的小圈圈就是一些穷极无聊的人的消遣，纯粹在浪费时间。她主动选择躲开大家，而大家也懒得搭理她。有时，这种情形还让她有些尴尬，比如中午吃饭时，同事们都三五成群地坐在一起，就算她离得不远，大家也故意视而不见，满足她形单影只的愿望；同事们聚众开玩笑时，她就更显疏离了。

王君的主管和同事对她是什么看法呢？大家认为王君喜欢单干，比较冷漠，自以为是，不懂交流。遇到问题的时候，不会寻求帮助，就算解决不了，也一个人死撑。

如今，许多人都信仰个人英雄主义，认为凭借一己之力就可以闯出一片天下，撑起广阔蓝天。因此，很多人虽然有才华，但是往往忽略应有的合作，只是闷头苦干，希望用自己的工作成绩来赢得属于自己的荣耀。其实，作为一个个体，就算你才华横溢，无所不能，也难以成功。因为一个人的力量毕竟有限，仅靠自己很难做出令人满意的成绩。

有一个神话故事生动地表达了团队之于个体是何等重要。

安泰是古希腊神话中的大力神，是海神波塞冬与地神盖娅的儿子。他力大无穷，无往而不胜。但他有一个致命的弱点，他一旦离开大地，离开母亲的滋养，就会失去一切力量。他的对手发现了这个秘密，便设计诱使他离开大地，在空中杀死了他。

后来，人们把一旦脱离相应条件就失去某种能力的现象称为“安泰效应”。

“安泰效应”告诉我们，英勇无畏的“独行侠”，就算有天大的本事，如果脱离团队单打独斗，也注定不会获得成功。企业需要每一位员工都具有团队精神，这样才能互助合作，达成既定的目标。如果一味地单干，而不善于合作，即使能力突出，也不能获得长期的发展。

戴尔·卡耐基曾说过："一个人的成功，15%取决于个人技能，而85%取决于人际关系。两者的关系就像机遇与才华的关系，假如没有机遇，即便有再高的才华也无从施展，就像一粒饱满的种子落到沙漠里，永远不会发芽。相反，假如遇到肥沃的土壤，就会很快生根发芽，长成参天大树。"

扬长避短形成合力，才有"1+1>2"的效果

在现代社会，越来越细的分工使得协作成为工作的必要形式。有效的合作，必定会产生"1+1>2"的倍增效果。据统计，诺贝尔奖获奖项目中，因协作获奖的占2/3以上。在诺贝尔奖设立的前25年，合作奖占41%，而现在则跃居80%。

秋天到来的时候，我们都能看到大雁以"V"字形从北向南进行一次长途迁徙。若是仔细观察，你会发现，大雁在飞行的时候，"V"字形的队列几乎很少发生改变，而头雁则经常更换。

其实，头雁对于雁群的飞行起到了巨大的领导作用。头雁在前面开路的时候，其身体以及展开的羽翼能够使左右两侧形成一个真空区域，而其他的大雁跟随头雁飞行的时候，刚好进入头雁所制造出来的真空区域里，就相当于搭乘一辆顺风车一样，自己不用费太多的力气就能向前行进。

这样一来，成群的大雁在以"V"字形进行长途迁徙时，要比一只大雁单独飞行省很多力气，而且也能够飞得更远。

人们所处的社会环境要比自然环境复杂得多。随着社会竞争的日益激烈，人们在工作、学习和生活中面临的情况也变得更为艰难。有的时候，仅凭借个人的能力是很难处理好生活上的难题的。这就需要依靠集体，依靠大家来共同完成。

因此，为了实现一定的目标，我们应该首先端正态度，认识到个人能力的局限性，懂得与同事合作的重要性，这样才能更加有效地以合作伙伴的巨大优势来弥补自身的缺陷，使自己的能力得到质的飞跃，以应付来自各方面的挑战。

井深大刚在大学毕业后进入了索尼公司，那时索尼还是一个只有20多人的小公司，老板盛田昭夫却充满了信心。他对井深大刚说："我知道目前公司实力有限，但是只要我们团结起来，就有希望壮大起来。你是一个优秀的电子技术专家，我要把你安排在最重要的岗位上——由你来全权负责新产品的研发，怎么样？希望你能发挥榜样的作用，充分地调动其他人。你这一步走好了，公司也就有希望了。"

"我很愿意付出我的努力，为公司的振兴而奋斗。但是您让我负责产品的研发，我觉得自己还不是很成熟，虽然我很愿意担此重任，但实在怕有负重托呀！"虽然深井大刚对自己的能力充满了信心，但是他深知盛田昭夫压给他的担子有多重——那绝对不是靠一个人的力量就能承受的。

盛田昭夫立即很严肃地说："如果你有这种思想，说明你还不成熟。我之所以让你负责这件事，就是出于对你能力的信任。诚然，新的领域对每个人都是陌生的，一个人的力量也是有限的，但是只要你和大家联手来做这件事，相信一定可以取得成功的。我相信你有这个能力！众人的智慧结合起来，还有什么困难不能战胜呢？"

刚才还忧虑重重的井深大刚听完盛田昭夫的一番话豁然开朗："对呀，我怎么光想自己？不是还有20多个员工吗？为什么不虚心向他们请教，和他们一同奋斗呢？"

于是，他找到市场部的同事一同探讨销路不畅的问题，他们告诉他："磁带录音机之所以不好销，一是太笨重，一台大约45公斤；二是价钱太贵，每台售价16万日元，一般人很难接受，半年也卖不出一台。您能不能往轻便和低廉上考虑研发呢？"井深大刚表示认可。

然后他又找到信息部的同事了解情况。信息部的人告诉他："目前美国

已采用晶体管技术，不但大大降低了成本，而且非常轻便。我们建议您在这方面下功夫。”他回答：“谢谢！我会朝着这方面努力的！”

在研制过程中，他又和生产第一线的工人团结合作，终于攻克了一道道难关，在1954年成功试制出日本最早的晶体管收音机，并顺利推向市场。索尼公司由此开始迈向发展的新纪元。

在索尼振兴的整个过程中，井深大刚就好像一个足球队的队长，在公司的发展过程中充分地发挥了灵魂的作用。他深谙合作的重要性，充分调动每一个员工的积极性，把团队的力量发挥到了极致，终于取得了巨大的成就，而他也因此荣升为索尼公司的副总裁。

其实，很多时候我们之所以失败，往往是由于被成功冲昏了头脑，不知不觉地走向以自我为中心的道路。如果一个人以自我为中心，漠视他人的力量，那就在无形中抹杀了团体的智慧，倒退至一个人的局面。一个任务执行得是否到位，任务完成得是否成功，离不开所有成员的努力。不管你多么优秀，都离不开你所在的团队。

因此，每个优秀的员工都必须为企业的成败担负起责任和义务。全体员工的出色合作，会为整个企业的辉煌增添绚烂的一笔；若每个员工各行其是，也会给公司最终的瓦解以致命的一击。

合作精神被认为是职场中最受欢迎的精神之一，几乎每家企业在招聘员工时，都把合作精神作为引进人才的重要标准。一个人能够同他人协作，表明他对自己所在的团队负责，这种负责实际上也是对自己的负责。其实合作就是顾全大局，一个肯于合作的人懂得“唇亡齿寒”“皮之不存，毛将焉附”的道理，总是力求服从全局，凡事从大局着想，不会只考虑个体的利益。所以，在职场中，一定要学会合作，懂得欣赏他人，充分发扬每个人的长处，扬长避短，资源共享，形成合力，才能取得“1+1>2”的效果。

坤福之道

人人都有自己的长处，也有自己的不足，这就需要与人合作，取人之长，补己之短，使自身的能力得到不断提高，这样才能在互相协作中得到不断提升，也更有利于工作的顺利开展。

有了凝聚力，团队才是一个攥紧的“拳头”

21 世纪，社会的主流思想不再是个人主义和英雄主义，那样的时代已经过去了。虽然我们每个人都曾幻想过那样一个英雄主义的世界，但是快速发展的 21 世纪是一个讲究团结共进的时代，身为团队中的一分子，我们唯有努力打造团队的凝聚力，才能创造出奇迹，才能让团队更加辉煌。

在中央电视台《动物世界》的一期节目当中，三条两尺多长的鬣狗将一匹体格健壮的斑马扑杀，并分食了斑马的尸体。要知道，一匹斑马的体重相当于六条鬣狗，而且其爆发力和速度也要快过鬣狗。在这种情况下，鬣狗是如何捕杀这匹斑马的呢?

原来，它们捕食斑马时严格按照一套流程走：三只鬣狗悄悄潜伏在斑马的附近，首先，一只鬣狗冲上去咬住斑马的鼻子，后面两只鬣狗紧随而上，一个咬尾巴，一个咬腿，无论斑马如何去踢，如何去咬，他们就是不松口。斑马在这个过程中需要忍受巨大的疼痛，而且由于视线被遮挡再加上自身的慌张，很容易摔倒，只要一倒，鬣狗很容易就能置斑马于死地。三条小鬣狗能够吃掉一匹大斑马的秘诀正是如此。用我们专业的语言解释可以概括为八个字：分工明确，团结共进。正是因为大家分工明确，各司其职，团结共进，决不动摇，最后才使整个团队的凝聚力大增，将斑马拿下。

众所周知，一个人的力量是有限的，其创造出来的价值也是有限的，只有团队的力量及其创造出来的价值是无限的。个人因团队获得更好的发展和进步，团队因个人创造更多的价值。因此，身为团队的一员，我们要有与团队共同进退的思想，要深刻地意识到，一个人的成功不是真正的成功，唯有团队的成功才是最大的成功。

现代社会中，不论你所从事的是什么样的工作，不论你处于什么样的环境，你都不可能脱离团队做出伟大的事情来。或许有的人会反驳说，俄罗斯数学家格里戈里·佩雷尔曼就是自己一个人将庞加莱猜想做出来而影响整个世界的。但是我们知道，这样的事情百年难遇，更多的时候，我们还是需要借助团队的力量来获得成功。

那如何才能让团队发挥出最大的作用呢？毫无疑问，唯有团队凝聚力。

美世咨询公司招聘史上曾有过一个经典的案例。

一个从 MIT 毕业的优秀毕业生到美世咨询公司应聘。这个毕业生很有能力，面试的结果一直都是第一名。在面试的最后一天，公司总裁亲自面试这批员工候选人。总裁将这些人分成了五个小组，并提出了一个问题，让五个小组组内讨论。

小组讨论开始之后，总裁细心地观察着每个候选人的表现情况。他注意到一个小组，这个小组的每个成员都很安静，只有一个人在发言，这个人就是那位优秀的毕业生。在她咄咄逼人的气势下，这个小组的其他成员连说话的机会都没有。总裁看到这里就立刻将这个优秀毕业生淘汰了，事后，总裁对她的评价是：虽然你很优秀，但你不能为打造团队凝聚力贡献任何力量！

那么，团队凝聚力又是从何而来的呢？

首先，团队凝聚力需要我们以大局为重，而不是以自我为中心。在漫长的职业生涯中，我们总会遇到个人利益与团队利益发生冲突的时候，而当我们懂得了团结协作时，就要学会放弃个人利益去实现团队利益。在这个竞争的时代，集体主义比个人主义更为珍贵。

其次，团队内部需要一个绝对意义上的核心人物。从历史上一些著名的团队当中我们可以得出这条结论。例如三国中的“刘关张”团队，刘备是这个团队的绝对核心，关羽和张飞都是围绕着刘备来转。刘备被曹操击溃之后，关羽投降曹操，张飞流落古城。此时，这个团队看似已经破碎，但等到二人得知刘备的消息后，三人又聚在了一起。一个团队的核心人物是团队成员之间的一条纽带，他能将每一个人串联在一起。

最后，每个人都应当培养集体荣誉感。这样才能把集体的利益放在第一位，以集体的“兴”而高兴，以集体的“衰”而难过，这样的集体才有凝聚力。

团结就是力量，如果企业员工不能团结在一起，只是为了个人利益，没有统一的意志和统一的行动，企业就不具备竞争力。而保证团队能够统一意志和行动的最好办法就是培养团队的凝聚力，让团队成为一个攥紧的“拳头”。

第八章

沟通意识：促进信息交流与相互理解

工作中，我们经常会听到人们相互之间会这样说，要加强沟通和联系，可见沟通对于职场人士非常重要。它是上下级之间、同级之间相互了解的一种直接、有效的手段，对于合作双方是非常必要的。因为合作一般都要分清各自工作的重点，分工明确，但是其中又有些联系的环节，所以，双方有必要知道对方的想法和做事的方法，这样才能达成一个共同的协作方法。对很多人来说，良好的沟通能力并不是天生的，而是需要通过后天努力去培养，这就要求广大职业人士要去刻意锻炼自己的沟通能力，因为只有具备了出色的沟通能力，才能在职场中获得更多的机会。

要想工作顺利进行，就要进行有效沟通

在平时的工作中，我们免不了和企业领导及同事来往，就和孔子所说的一样："言不顺，则事不成。"沟通的重要性不容小看，作为与人交流思想、维系感情的最重要工具，我们在工作中离不开它。沟通是我们与人交流、互助中的一种重要能力，因此，我们一定要学会沟通。

在日常工作中，我们常常会发现，自己的人际关系和事业发展面临着诸多障碍，而身边的人则没有这方面的困扰。很显然，如果我们遇到这样的情况，那么说明问题恰恰是出在我们自己身上，绝对怪不了任何人。这其中最主要的问题就是我们不能跟家人、朋友、同事进行良好的沟通。良好的沟通决定着一个人的人际关系。在团队中，良好的人际关系是顺利工作的基础。

而所谓的沟通，不仅是通过言语，还可以通过动作、姿势、眼神及接触等方式进行。沟通是一种信息交流，也是一种感情维系的纽带。

大学毕业后，吴初晗在一家报社做副刊记者，上班没几天，她就和办公室的同事闹僵了，大家纷纷排挤她，不愿意再和她一起共事。

这究竟是怎么一回事呢？事情的经过是这样的：吴初晗的一个同事梁冰冰撰写了一个人物稿子，本来想请她帮忙润色一下，没想到她看过之后，觉得稿件中有许多语句读起来极不通顺。于是，她当着办公室同事的面儿，直接就对梁冰冰抛出一句："冰冰，你这稿子写的真是狗屁不通啊！我怎么帮你改呢？这可连一个高中生的水平都赶不上啊！"

办公室的同事们一听见她这么损梁冰冰，有的猎奇者立马夺过她手里的稿子，想一睹为快，部分性情耿直的则直接拍桌而起，替梁冰冰打抱不平："吴初晗，你说话能不能注意一点啊？人家冰冰请你帮忙，那是看得起你，不要给你一点颜色，你就自以为是开染坊的！"

此话一出，那些忙着抢稿子的同事也停了下来，纷纷把矛头对准了吴初晗，指责她说话太过直接，口无遮拦，不懂礼貌，将他人的自尊踩在脚下。

吴初晗说话本来就不带恶意，所以同事们的集体批斗让她觉得非常委屈，正当她想反唇相讥时，报社主编突然走进了办公室，厉声询问发生了什么事儿。

他看了看红着眼睛的梁冰冰，紧接着又望了望咬着嘴唇的吴初晗，大声说道："小吴，虽然我不知道你们之间发生了什么事儿，但我相信小梁绝对是无辜的，八成又是你这张嘴惹人厌吧！"深谙吴初晗个性的主编，不问事情的经过，就毫不留情地将她批评了一顿。

主编的这一席话就好比压死骆驼的最后一根稻草，吴初晗的情绪彻底失控，她口不择言地朝主编吼道："你怎么不说是你管教无方呢？你不问青红皂白就判断是我的错，未免也太不公平了吧！"这一下可好，她一天就得罪了两拨人，一是自己的同伴，二是自己的顶头上司。如此一来，职场孤家寡人的位子她是坐定了！

通过这个故事，我们不难发现，吴初晗之所以工作不顺利，完全是因为她自己不懂沟通。同事梁冰冰请她帮忙润色一下稿子，她如果觉得稿子不尽如人意，不妨管好自己的刀子嘴，委婉地告诉对方："这个地方如果这样写，会不会更好呢？"另外，面对主编的批评，身为下属是绝对不能以硬碰硬的，她心直口快的抱怨非但不能解决问题，还会让老板和同事对她的嫌恶之感飙升。

沟通非常重要，是人际关系的润滑剂。因此，假如我们要保持人际交往的和谐，就要与他人进行有效的沟通。

良好的沟通不仅意味着言语上的交流，还需要我们运用一些技巧。比如说在人多的时候，你不可以只跟其中一两个你熟悉的人打招呼、谈话，你需要照顾所有人的感受，你要把注意力分配到所有人的身上，当然，你更需要注意正在说话的人，同时观察其他人的表情。

在团队中，沟通并不是轻松的事情。因为团队成员有各种各样的性格，各有各的癖好，各有各的脾气，如果能够和自己意气相投，那么在一起自然就舒服多了；可是，如果你遇见了不那么对眼的人，会感觉特别别扭，根本不想开口。所谓“酒逢知己千杯少，话不投机半句多”讲的就是这样的情景。

在团队当中，我们不能只跟那些与自己意气相投的人沟通，因为团队中的每个人都是我们的工作伙伴，不是简单的人际交往。

其实，我们很多时候害怕与人沟通是因为我们内心的成见造成的。在团队当中，很多人可能是在迫不得已的情况下才会与人沟通，而这其实是非常不正确的。因为沟通是我们顺利工作的基础，没有沟通，我们的工作就很难进行。

美国人类行为科学研究者汤姆士·普利兹克指出：“沟通的能力是成名的捷径。这种能力可以让一个人显赫，让人鹤立鸡群。尤其是那些能言善辩的人，他们会受到人们的尊敬、爱戴，得到人们的拥护。而且，沟通还可以让一个人的才学充分拓展，事半功倍，业绩卓著。”他甚至还说，一个成功的人，实际上是“说”出来的。

因此，我们想要在团队当中做好沟通，就必须要摒弃心中的一些成见，大胆地与人沟通。

在工作当中，我们与他人进行沟通的唯一目的是完成工作，也就是说，我们与他人沟通的目标是一致的。不管是与上级还是同事，我们都有足够的理由跟他们进行沟通。相反，假如没有这些沟通，我们的工作也就可能无法顺利进行，那样不但自己会有损失，还会给团队及企业带来不利影响！

积极主动地倾听，是最有效的沟通技巧

积极主动地倾听是沟通的开始，也是一个成功者必备的素质。倾听时，人们不断地理解与接纳他人不同的想法和看法。主动地倾听有助于我们更好地思考。

在倾听的同时，我们也要对他人的述说做出正确的反馈，以便能及时让对方感受到你的用心。

倾听的过程是一个主动参与的过程。在这个过程中，人们不断地在接收、思考和理解，并做出必要的反馈。倾听，就是要用心、用眼睛、用耳朵去听。正如在中医中常用的“望、闻、问、切”四种诊断方法一样，倾听也需要掌握一定的技巧。

倾听其实是一门艺术，是尊重对方的一种态度。一个注意倾听的人，对方一定能够感受到你对他的关注和重视，后续的顺畅沟通也就有了坚实的基础。

倾听没有等级之分，领导可以倾听员工的心声，员工也可以倾听领导的心声，倾听能够使双方更好地交流和沟通。

首先，我们来谈一谈上级对下级的倾听。

一个优秀的领导一定是一个倾听者，他能够倾听员工的意见、建议、创意，以及员工的抱怨。倾听能够得到更好的建议，也是更好沟通的前提。没有倾听，就没有良好的沟通。沟通和倾听是一双手，只有一只手主动去握另一只手才会相互接触。

曾经有一个非常成功的人力资源管理者，他有着自己独一无二的管理方式，能够让团队关系变得十分融洽。有一次，他说出了自己的管理秘密。这个秘密就是为员工搭建交流平台，经常给员工提供反馈意见的机会，同时不时地走进员工的生活中，倾听他们的苦与乐。倾听为他的部门创造了意想不到的利益。

细细思考这位主管的做法，我们不难发现，他的做法既能避免因个人知识的局限性和看法的片面性，忽视一些具体的问题，还能集思广益，增强团队的向心力和凝聚力。

在实际工作中，需要有好的建议。有创意的想法通常会给部门带来意想不到的利益。为员工搭建交流平台，经常给员工提供反馈意见的机会，是一个成功的管理者明智的做法。管理者只有广开言路，认真听取别人的意见和看法，做出科学的分析，才能避免工作疏漏。

其次，我们要讲一下团队内部成员之间的倾听。

我们每个人都是团队的一分子，而团队需要正常发挥作用就需要团队中的每一个人进行良性沟通，而这种良性沟通也是离不开倾听的。

团队内部成员需要在工作目标、协助等方面进行良好的沟通，而在个人生活上，作为团队成员，他们之间也存在着一些交集，因此，也需要利用倾听来沟通。

最后，我们来谈一谈团队内部成员对上级的倾听。

下级与上级的沟通历来是一个难题。因为对于很多普通员工来说，这种沟通本身是存在着不平等的关系。如何做到用心倾听也就成了难题。

美国著名管理学家沃伦·施密特曾经说过："如果一个团队中每一个人都能贯彻上级的思想和指示，那么企业的管理将不会存在任何问题。"

正是由于这种倾听存在难度，所以，它也显得更加至关重要。

由此可见，倾听确实是一门艺术，可以毫不夸张地说一句，善于倾听是建立良好人际关系的最佳诀窍之一。正所谓，磨刀不误砍柴工，接下来，笔者将着重介绍一下有关倾听的技巧。

第一，鼓励对方先开口。

在一场谈话开始之前，我们主动鼓励对方先开口，可以降低谈话中的竞争意味，同时，我们展露出来的倾听姿态，还可以培养开放民主的气氛，这有助于彼此交换各自不同的看法和意见。

另外，当别人率先表达自己的观点时，我们就有机会在自己说话之前，掌握彼此意见的一致之处，以便在接下来的谈话中话语投机。

第二，努力把注意力集中在对方所说的话上。

倾听不是一个单调的姿势，我们在倾听对方说话的时候，必须同时运用自己的耳朵、脑子和心，竭尽全力把注意力集中在对方所说的话上，努力理解他的言语和情感，避免走神分心。

不仅如此，我们还要时刻和对方保持眼神接触，让对方意识到我们有在认真听他说话，他并非在跟一个神游飘忽的陌生人交谈。

第三，不要以沉默代替倾听，适时的互动必不可少。

有些人在与人交流的时候，不管对方说了些什么，他总是面无表情，闷不吭声，这种沉默的回应往往会让气氛陷入尴尬，我们一定要尽量避免此类情况的发生。当我们对别人所说的话，适时地给予回应时，对方会觉得我们十分享受这段谈话，他的心情自然也会因此变得更加愉悦。

英国管理学家威尔德曾说："人际沟通始于聆听，终于回答。"由此可见，倾听是人际关系的基础，我们一定要把80%的时间花在"听"上，不光是用耳朵去听，还得用心去听，因为没有积极的倾听，也就没有有效的沟通。

沟通是多向的，团队成员之间需要沟通，团队成员与团队管理者之间也需要沟通。在这些沟通中，倾听是保证沟通能够顺利进行的良药。从现在开始，我们不妨多听一点，认真地做一名倾听者。

平等的沟通，才能造就融洽的工作环境

只有平等的沟通才能造就一个融洽和高效率的工作环境，只有在这样的工作环境下团队成员才能全身心投入到自己的工作中。同时平等的沟通也能使人心情愉快，在这种情况下，即使工作再苦再累也会做到最好。

如何正确建立有效的沟通渠道是影响企业发展的重要因素。不同的企业规模对构建沟通渠道的重视程度是不同的。有的企业只需要聚在一起讨论讨论即可，有的公司却不这样去做，因为这样的方式达不到理想的效果。不同的规模有不同

的沟通方式，企业要根据自己的实际情况制定出适合自己的沟通方式。在企业中，信息的交流主要有三种：上传、下达、平行交流。前两种是非平等交流，后一种是平等交流。

因此，想要让企业内部实现平等交流，就必须解决上传和下达沟通上存在的一些问题。

由于上传和下达的信息传递和接收方级别不同，所以难免会出现不平等的现象。但企业要迅速发展、壮大，就必须保证各个部门之间能及时沟通，而要做到这一点就要依赖于信息的平等交流，下情能为上知，上意可以迅速下达。

对于一个企业来说，如果你需要实现高速运转，那么就要让企业充满生机和活力，这一切都需要下情能为上知，上意迅速下达，需要的是部门之间互通信息，同甘共苦，协同作战。想要做好沟通，有效的上传下达是必需的。

我们就拿上传来说，其中最大的问题实际上就是由于言路不畅而导致的。当管理层次增加以后，基层的声音就非常难上传了。如果想要去解决这些问题，最好的方法就是让领导和员工的距离近些，彼此平等些，实现平等交流。

沃尔玛公司对于倾听基层员工的意见非常重视，就算是在公司规模不断扩大的时候也是如此。在公司中，沃尔玛主要实行的是门户开放的政策。不管是在任何时间、地点，任何员工都可以进行发言和提意见，都能以口头或书面形式与管理人员乃至总裁进行沟通，提出自己的建议和关心的事情，如果他们受到了不公平待遇的话，也可以直接去投诉。公司会保证让员工们有时间去提意见，并且对于那些可行的建议，公司会积极采纳。在沃尔玛公司，经常能看到基层的员工去见董事长，并提出他们的意见。

董事长沃尔顿先生特别耐心，对待员工的意见也非常认真，他乐意听取普通员工的意见。如果一个员工的想法是正确的，那么，他一定会特别认真地去解决相关问题。他要求在公司当中的每一位经理人员都能够去贯彻公司的这一思想，而不只是做表面文章。沃尔玛公司非常重视员工的团队精神，他们甚至会在总部悬挂先进员工的照片，还授予特别优秀的管理人员一些特别的称号。

沃尔玛公司会在阿肯色州罗杰斯机场的飞机库里停有12架飞机。他们这样做，目的就是为了听到最基层的声音。他们的地区经理们几乎在每个星期一的早晨都要乘坐飞机，然后去他们分管的地区视察。这样的视察通常来说会进行4天。在视察过程中，经理要去听听基层员工的声音，然后了解一些关于公司的情况，了解他们对商品销售走势的看法。当然了，他们对于能够提出有价值建议的员工会给予非常丰厚的奖励。这是因为广开言路可以很好地找出公司的错误的观念，从而及时做出调整。

在下达方面，沃尔玛公司做得也非常棒。沃尔顿强调：公司领导必须要成为员工的公仆。领导要在员工之间能够很好地做到交流，领导成了最底层，而员工成了企业的中间基石，顾客反而成了“老板”。领导为员工服务，员工又在为顾客服务。这个时候，只有把顾客伺候好了，那么员工的口袋里才会有数不尽的钞票。员工是公司的门面，因此员工的工作状态对公司来说是非常重要的。而领导的工作实际上就是在服务员工。员工心情舒畅，那么他们才会更好地去服务顾客。

在沃尔玛，任何一个员工佩戴的工牌上除了名字外，都没有标明职务，就算是最高的总裁也是如此。在公司内部根本就没有上下级之分，人们见面都非常放松，他们直呼其名，这种规定让所有的员工都可以放下包袱，使他们感受到了平等，因此，他们的信息沟通也十分顺畅。

正是这样的精神，让沃尔玛员工对公司的强烈认同和主人翁精神得到体现。在同行业中，沃尔玛虽然说没有很高的工资，但是公司的员工以在沃尔玛工作为荣。他们知道自己在公司中的地位，因为他们在沃尔玛是合伙人。

权威调查资料表明，在一家企业当中，一般来说，中层的领导基本上有60%的时间在与人沟通，而对于高层领导来说，沟通的时间可达80%。沟通的有效性对领导力和企业发展的影响特别重要。尤其是在我国，那些事业有成的企业家对于沟通都非常重视。

企业和团队中的平等沟通主要来源于上层决策者的管理理念。一位聪明的管理者知道如何让内部成员之间进行平等良好的沟通。因为他们知道，平等良好的沟通可以让团队更具凝聚力、竞争力。

平等创造和谐，平等赢得人心。平等的沟通能产生良好的人际关系，使整个团队和各成员能够实现共赢。

掌握方法和技巧，走出沟通不畅的阴霾

沟通是一门艺术，荀子说："言而当，知也；默而当，亦知也。"尤其是在职场中，如果想要工作做得好，那么你必须学会沟通。可很多人在工作中并没有与他人沟通到位，以致没有发挥出沟通的最大效用，没有最大限度地发挥沟通的力量。

不管是工作上，还是生活上，我们每天都需要进行沟通。《论语》中提道："一言而可以兴邦"。有时候，一句话可以让人如沐春风，有时候，一句话也可能会造成人与人之间的矛盾。人都是有感情的动物，因此，只有大家的思想统一了，那么沟通才能顺利进行；感情融洽了，彼此才能有更好的关系。

沟通在工作中非常重要，它能将上司、下属、同事、客户的关系有机地串联起来。没有沟通，团队成员能力再强也做不了大事。而正确的沟通方式一定是一种"知心"的沟通。

有一把坚实的大锁挂在铁门上，有人用铁杆费了很大的力气也没有打开这个大锁。此时，有人拿过来一把小钥匙，钥匙虽然很小，但是钻进锁孔，只轻轻一转，大锁就开了。这个时候铁杆问："为什么我费了那么大力气也

打不开，可是，你那么小，怎么就轻而易举地把它打开了呢？”钥匙说：“那是因为我了解它的心。”

一个成功的团队离不开沟通。在职场中，我们经常会遇到各种各样不如意的事情，会遭遇挫折。我们仔细想一下就会发现，大部分的事情之所以难以沟通，并不是我们不会沟通，而是我们没有正确的沟通方法和技巧，没有找对沟通的关键点。一个想法、一个信息，在我们沟通的时候，传递、解释、理解，所表达出来的往往是我们自己的习惯方式。怎么样去让对方与你互动，那才是我们沟通的关键。

有一款杀菌防臭保健鞋在济南搞促销活动。在现场，有一个挑剔的顾客质问：“你们的产品真的像广告上说得那样好吗？”其中的一位导购人员马上就说：“您试过之后，一定会发现比广告上说得还要好。”顾客又问：“如果买回去，用过后感觉不好，怎么办呢？”导购人员笑着说：“不，我们相信您的感觉。”没想到，那次促销活动非常成功，他们的产品销量快速提升，其产品品牌也有了很大的提升。

沟通中，并不是说得越多越好，而是要掌握说话的关键，如果找不到说话的重点，就算说得再多，也都是废话。如果能摸准对方的心理，了解到对方真正关心的问题，这个时候，我们就能把一个非常尴尬的局面轻松化解，走出沟通的阴霾。

沟通是一种技巧，是员工工作的一种方法。假如我们想要在工作当中将沟通做到极致，走出沟通不畅的阴霾，那就必须要做到以下几点。

首先，将个人目标和团队目标统一。

只要有人存在，就一定会有部门利益和小团体利益。这是团队永远都难以解决的问题。尽管很多在制度上要求部门和员工都要以企业利益为重，要从全局来考虑问题，但部门和个人都不可能是完美的。所以，一旦团队利益与部门、个人的利益发生冲突时，难免会出现维护部门利益和个人利益而不顾团队利益的情况。这个问题的根结在于利益的差异和目标的不一致。

因此，作为个人，我们应当时刻以团队利益为重，不搞个人主义，以团队目标为自己的工作目标。

其次，团队成员之间进行换位思考。

人与人之间的沟通需要换位思考，部门与部门、个人与部门之间的沟通同样需要换位思考。换位思考的目的是让双方能够互相理解，对于团队成员来说，这非常重要，因为换位思考能够让人了解其他人的真实情况，这样就能够保证信息的对称，能够理解其他人的难处，沟通就能够顺利展开。而当其他人不配合的时候，我们也能够从换位思考中找到真正的原因。

而团队在保证员工换位思考上也要做一些工作。比如制定一些制度，为员工跨部门交流创造制度保障，甚至可以成立跨部门的项目小组进行工作。而这其中最关键的是要抓住企业内部沟通的那些“关键少数”，根据“80/20”定律，企业内部80%的信息交流和沟通都是发生在20%的人员之间，而各部门的主管和秘书就是这20%。所以，企业要多从他们入手，对他们进行培训和教育也是必要的。

最后，正式交流与非正式交流相结合。

很多员工对于正式的沟通都有一种厌烦和畏惧，比如说会议沟通。对于一些较为敏感的问题，用会议沟通的方式可能很难解决，这时就需要非正式的沟通。如果能够在会议前私下进行沟通，那么就能尽量避免互相指责和推卸责任的情况出现。华为的创始人任正非讲过这样一个故事：有一次市场部的一个主管去日本出差，因为将洗衣服的钱算进了报销项目内，事后财务部门主管专门找到了这位乱报的主管，通过私下沟通的方式让他将钱退还给企业，这位主管后来在会议上还主动检讨了自己。试想一下，如果财务部门的主管在会议上突然提出这件事，这会给公司和个人造成多大的负面影响。

假如我们能够做到以上三点，那么就可以保证自己和团队各成员之间能够进行及时有效的沟通，不至于让沟通成为我们工作当中的一道障碍。

作为团队中的一分子，如果我们想要在自己的岗位上实现最大的价值，就必须学会沟通，而学会沟通的前提是我们必须要以大局为重，不能让自己的问题成为团队沟通中的问题。

抓住合适的时机反馈，让沟通更加简单

良好的反馈可以让对方更好地去了解你的感受，给别人的回应以及建议，这些对工作非常重要。你反馈得越好，越及时，那么，你在工作中的效果也就越好，以后的沟通也会更加顺利。

一旦事情发生了，你就要及时去反馈。只有及时反馈，对方才可以快速理解你的意图。做到及时的反馈，可以更好地让对方在第一时间得到你的看法和感受，这对于工作和学习有非常好的帮助，同时也就避免了接下来沟通中的困难和矛盾，还有不必要的误会。

我们这里所说的反馈，也是要讲究时机的。也就是说，我们需要抓住合适的时机进行反馈。比如，你在生气的时候给别人反馈有可能带来不必要的负面情绪。如果当你的怒气消退、冷静下来后，再去做出反馈就会理智得多，而且也不会对表达你的想法产生负面影响。

反馈时有很多注意事项，假如对方现在顾不上听你说，那么，你这个时候的反馈也就不会有太好的效果。还有，最好不要在公共场合或旁边有人可能听见的时候做出反馈。这是因为在公共场合反馈，细节性的问题容易忽略，无法很好地达到反馈的效果，会让人有种被众人评论的感觉。特别是在大庭广众之下进行批评性的反馈，更难达到良好的效果。另外，在你表达了自己的观点后，你也要去听取他人的意见。

苏凡是公司的项目经理，他手头有一个非常重要的项目。由于时间太紧，在他管理的小组中，除了章妮外，其他的人都在加班加点地工作。章妮似乎对小组当前面临的形势一点也不了解，她不愿意去加班，往往把交代她的工作拖到第二天才完成。

即便是这样，苏凡也并没有想过要去和章妮谈谈。相反，他不愿意去让章妮工作了，而是自己把章妮的工作接过来。后来项目没有及时完成任务，苏凡受到了上司的训斥。

当苏凡和上司说明了情况后，上司反问道："既然是这样，你为什么不和她谈谈呢？如果你能够及时将情况反馈给我，那么，项目完成情况也就不会这么糟了。"

反馈不是抽象、空洞的，我们要把它明确、具体化。因为，我们的反馈必须要有对象，只有让对方了解你反馈的前提是什么，为什么你会说那样的话，你们的沟通才可以更加顺利地进行。错误的反馈是空洞的，无法让你的沟通对象印象深刻，对方听你这么说是不会有所改变的。因此，在沟通中，我们一定要明确什么样的反馈是可以让别人明白的。

基于这个考虑，我们需要在反馈时做到以下几点。

第一，多进行客观地描述，不要去想当然地猜测动机和原因。比如说，不要说"你没有时间观念"或"你不在乎准时"，要改变成"本来能够在 8 点 30 分到，然而，你却 8 点 45 分才到"，让你的表达准确点。我们经常听人说"用事实说话"。无论我们说的是什么，我们都要基于事实，要不然那就是空话，没有可信度。

第二，反馈的信息要在事实上有依据，千万不要感情用事，否则会让对方察觉到你的情绪或你的不真诚。当我们反馈问题时，我们只能描述具体的客观事实，不能借此对一个人进行道德评判。所以说，我们应该基于事实说"某某今天迟到了一小时"，但是我们不要说"某某没有时间观念"。这样的话就可以很好地避免人与人的冲突，因为谁也不能否认“迟到一小时”这样的客观事实，但如果你告诉他“没有时间观念”，那么就可能给别人造成不好的影响。反馈所讲的就是如何去就事论事，其中最为忌讳的是去涉及别人的面子和人格尊严，带有侮辱性的话语一定不能说出来。这样的语言，只能让对方和你的矛盾加深，对沟通没有一点好处。

第三，反馈可以集中在一件事上循序渐进地进行。这是因为，接收者要花时间去理解你所说的内容。假如你一下子全部反馈给对方，那么，对方就容易混乱，无法很好地抓住你的要点。

第四，反馈是需要去考虑对方的立场和角度的，这样可以使反馈更有针对性。要让反馈的质量有提升，就要为对方着想，不能在对方没有准备的时候进行反馈，如果这么做的话，那么反馈信息的传递就会出现很大的问题，而且接收者也无法很好地接收信息。可能很多信息会被忽略，导致很难达到反馈、沟通的目的。

假如你希望通过最有效的方式表述你的信息，那么你就要准备好接受他人的反馈，并给以他人反馈。反馈能够使沟通变得更加简单，这种双向交流的方式是沟通中必不可少的。

把话说到点子上，带来意想不到的收获

有些人认为，该说话时说话，这是一个人的说话水平；而不该说话时不说话，这是一种大智若愚；知道什么时候该说话、什么时候不该说话，这被看作是情商高的一种表现。也就是说，说话要有一定的技巧，恰如其分的话语会为你带来意想不到的收获。

你需要把自己变成一个会说话的人，你需要用最巧妙的语言，将你的话说到对方的心里，这样可以使你们的关系更加和谐，会使你的力量更加强大，就算是在工作中遇到困难，你也可以轻松解决，从而将工作做得更出色。

高明的说话技巧可以使你变得受人尊重。你需要运用辩证唯物主义的理论指导说话，这样你可以“润物细无声”，赞美人而不露声色，在批评人的时候也不会伤脸面，说服人的时候效果也会立竿见影。高明的说话技巧是把难说出的话说得完美，让人能够一下子理解并认同。

一个人的事业是否能获得成功，往往和他的沟通能力有着莫大的关系。假如能知道说话的一些步骤、方法和技巧，那么，就会在工作中游刃有余。工作中，我们发现很多人看似很有才，能力很强，但是他们并不注重自己的说话艺术，结果事业上遇到了阻碍。

两年前，张宁凭着出色的业务能力击败了众多应聘者，最后成为一家 IT 公司优秀的高级技术工程师之一。刚到公司，张宁就表现出了非凡的能力，他做的一个大项目取得了成功，老板也决定对他委以重任。

然而，在同事向他表示祝贺的时候，他说：“这些活一点也不难，对于你们来说肯定难了点儿，我不做谁做？”这让他的同事很尴尬。

老板表扬他，他私下对同事说：“表扬有什么用啊，来点实际的，奖金多发点吧。”本来老板是要给他奖金的，但他的话传到老板耳朵里后，老板很不舒服，最后就作罢了。

张宁的“乌鸦嘴”不只这一次了，时间久了，大家发现他还是一个高傲的人，他说话有时特别直，不给任何人留情面。工作虽然说没少做，然而，他说的话总是很难听，往往是活也干了，人也得罪了。他却没有察觉，认为反正自己业务好，没有人敢得罪自己。可是，不久前发生的一件事让他备受打击。

公司需要选拔一个业务尖子去美国，这是很多人都希望得到的机会。张宁认为他是公司了不起的高级工程师之一，而且人年轻，工作也努力，在平时也帮助过不少同事，他觉得自己可以去。

老板找他谈话，他毛遂自荐："我觉得自己很优秀，有能力也有信心拿下这个名额。"老板说："为了让公司的员工心服口服，在你们部门做个民主选举吧，要是大家都同意你去，那么你就去吧。"

张宁点头同意。选举很快就开始了，结果是另外一个有中级职称的人胜出，而张宁一票也没有得到。这样的结果让张宁非常痛苦，老板告诉张宁，这个结果在他意料之中。原因是他平时为人处世太过咄咄逼人，说话的时候不能把握好分寸，不会说话，得罪了人。最后，公司的员工对他敬而远之。所以，张宁虽然是一个有才的人，但是，他无法和同事打成一片，一点也不受同事欢迎。

由于说话做事太强势，并且不讲究说话的技巧，最后张宁得罪了同事和领导，失去了宝贵的学习与快速提升自己的机会。他的经历让我们知道，一个人要想有良好的人际关系，那就一定要学会沟通。

讲究语言艺术能够让一个人出现命运的大转变。良好的沟通可以让你成就一番事业。在工作中，对于那些善于运用语言艺术，懂得说话技巧的人来说，他们往往能在人际交往中获得主动权。他们能够很好地将话说到对方心窝里，可以做到赞美别人于不知不觉之中，批评别人也不会让别人感到尴尬。

我们要懂得沟通，了解正确的说话方式，懂得如何去做人、做事的道理。无论在什么场合说话都要注意分寸，千万不要得寸进尺、咄咄逼人，在与人相处的时候要懂得运用语言艺术提升自己的人格魅力，把危机消灭于萌芽状态，只有这样，我们才能得到更好的机遇，才能为自己谋取到更好的发展机会。

领悟上司的潜台词，充分理解上司意图

所谓潜台词，顾名思义，就是深层含义不讲出口来，却放在面前，以身体语言来表达，或以面部表情来示意，甚至要根据语气去探索。潜台词是某一话语的背后所隐藏着的那些没有直接、明白表达出来的意思，或者说，潜台词就是“话中所含有的意思”。

职场中，领会上司的意图、读懂上司的心思对于一个下属来说非常重要。这是下属出色完成工作的一个不可缺少的前提条件。一般来说，上司的潜台词是很多的。因为很多时候，碍于面子和身份，许多话上司无法直截了当地说出来。这时候，如果你是一个有心人，通过察言观色，充分领会上司的弦外之音，肯定会博取上司的认可和赏识。但有些员工不能正确领会甚至误解上司的真正意图，有时还做出南辕北辙的事来。

一个优秀员工应该充分理解上司的意图，根据工作中同上司谈话中的任何一个细节来揣摩、判断上司心里想的是什么，下一步可能有什么行动。对上司下达的指令，一定要认真聆听，并用笔记录下来，以充分领会消化，对不清楚的地方切不可主观臆断，更不能随意改变上司的指示。上司之所以成为上司，是由于他们在本行业内有丰富的经验和才智，下属要做的是尽可能地将上司的意图变成现实。要多想一想上司为什么这样做，只有准确地领悟了上司的意图，才能去贯彻执行，才能与上司的意图合拍。

优秀员工与平庸员工最大的区别就在于，前者具备灵活的理解、应对能力，在接到上司下达的任务时，能够深入地理解工作内容和上级的指示，能从上司的讲话中发掘出更深层的东西，具有“举一反三”的能力。

小赵是郑州一家食品公司的销售人员，中秋节前的一天，上司拨给他2万元活动经费，让他组织一次大型降价促销活动。上司甚至还明确提出，为了打开这个市场，小赵可以将部分饮料大幅降价，只求销量，不求利润。

小赵拿到经费后，脑筋立刻开动了：公司从去年以来，就实行严格的效益成本考核，很显然，公司拨的这2万元活动经费，肯定要从市场上赚回来，如果完全按照上司的意思，只降价求销量而不计较利润，那么最后倒霉的肯定是自己。为此，小赵决定将部分产品大幅降价，而对其他大部分产品实行保值销售（本来这部分产品按公司冲账价算，也可以大幅降价，但小赵将这些产品保持原来的价格）。同时，他与经销商协商好，活动期间卖出的所有商品一律不再返利。这样就极大地降低了损失，活动也取得了最终的成功。

以上事例中，小赵能从上司的话中“套”出话来，即领会“言犹未尽”的意思，不能不说他是一位特别优秀的员工。和小赵一样，但凡优秀的员工都能听出上司的言外之意、话外之音，只要上司一个眼神或一个暗示，就能正确理解其中的深意。

作为员工，会经常接受任务、汇报工作、与上司沟通。上司说话各有不同的特点：或简或详、或快或慢、或直或曲，千差万别。有时，他说了，就认为你懂了。而事实上，你听到的与上司头脑中想的总是有一定差距，这就全靠你认真领会了。把上司的意图领会了，把握准确了，才能很好地执行。如果你一知半解地去执行，不是执行不周全，就是把事情弄拧了，后果可想而知。因此，要想有效地支持上司的工作，就要迅速准确地理解上司的意图。

我们知道，不同性格的人会使用不同的语言表达方式，就是同一个人，当时间、地点和自身身份发生变化时，同样的话也会有不同的隐喻。要想赢得上司的认可，你不能仅仅按照上司表面上的意思去做，还要深入地领悟到他的真意，这样他才会觉得你是一个可塑之才。

当你和上司正在为一个问题激烈争执时，他很不耐烦地挥挥手说：“好了，你自己看着办吧。”你千万不要以为他已经被你的口若悬河所征服，心甘情愿地把决定权交给你。其实，他只是对你不能及时领会他的弦外之音而感到厌烦。他的潜台词是："你回去好好想想，想清楚了再来找我谈。"如果你不明白他的意思，那你以后就很难赢得他的赏识了。

其实，无论你从事何种职业，居于何种地位，都会感觉到"悟性"对我们每个人的发展、成长具有巨大作用。悟性并非全靠天生，遇事勤动脑，悟性自然高。请大家先品味一下"领会"这个词，为什么不叫"询问""听从"，而要用"领会"这么一个词来描述呢？有句话说得好，"心领而神会"即以心领受，以神意会。可见，领悟上司的潜台词是一件你必须充分发挥主观能动性才可能做得好的事。

那么，如何避免读错上司的潜台词呢？相信以下几种方法可以帮到你。

第一，要变得"机灵"点。平时要多思考，多揣摩，多在"领悟力"上下功夫。否则你的上司就会认为你"很笨""不开窍"，你将很难得到上司的青睐。

第二，在上司说话的时候，你要多费点心思，根据上司说话的语气、凭借上司的表情去捕捉、判断其本意。这样你才能把握住上司的意图。

第三，平日要仔细观察上司的个性：了解他的习惯，熟悉他的处世方式，从而推测在某件事的处理上，他会采取什么方式行事。特别要注意的是，要去思考上司为什么不好意思直接讲出来而要下属去自行猜测。能从这个问题入手探索，你猜中上司潜台词的机会就大了。

第四，要正确领悟上司的意图，就要多注意上司处理事情的思路，并试着推测一下，这样你就能慢慢理解上司的意图了。当然，不仅要从字面上理解，更应探究其深层含义。如上司说天气真热，他可能不仅想告诉你天气状况，而且还想请你打开空调。

总之，只有平时多注意观察、揣摩，在关键时刻你方能正确领会上司的潜台词，与上司默契合作。也就是说，做一个有心人，你才能把工作做得又好又快。

上司大都比较喜欢“机灵、悟性好、一点就通”的下属，有重要的工作也会交给他们去做，所以他们也就很容易获得被重用的机会。而如果上司总说你“不灵通，翻来覆去交代多少遍都不明白”，那你在公司得到重用的希望就很渺茫了。

说服上司有技巧，表达你的观点要恰当

说服上司并不是一件轻松的事情，和上司的冲突始终被看作职场当中最危险的事件。所以，说服上司需要用一些巧妙的方式，既要达到目的，又不会带来让人忧虑的后遗症。

在说服当中，如果我们面对的是上司，那么需要注意以下这些方面。

第一，基于为了企业更好地发展这点和上司谈问题。要让上司明白，我们并非为意气而争，而是为了工作。

《烛之武退秦师》是《左传》里的一篇文章，写郑国被秦晋两个大国的军队包围而危在旦夕，烛之武奉郑君之命说退了秦军，保全了郑国。在劝说秦穆公时，烛之武就用了“设身处地”法。烛之武出使秦国，是为了替郑国解难，但在和秦穆公谈话时，却只字不提郑国的利益，而是大谈秦国之事，说如果秦国灭掉郑国，会对秦国有害，如果秦国不灭郑国，会对秦国有益。表面看烛之武似乎是在替秦国打算，但实际上却处处在为郑国着想。这就是烛之武的高妙之处。秦晋两国围郑，完全与秦无关，秦之所以出兵，一是与晋国有同盟关系，二是秦穆公想借此捞一把，以扩张自己的势力，当他知道伐郑只能对晋有利，而对秦不仅毫无好处反而有害的时候，他就会一改

过去的所为，反过来帮助郑国。烛之武看准了这一点，紧紧抓住了秦穆公的这一心理，设身处地进行劝说，晓之以利害，从而使秦君听从了他的意见。

在这里，虽然烛之武的立场是帮助郑国，但是他设身处地替秦国着想，也就是说，他求得了与秦穆公的共同立场。在同一个出发点上，什么事都好商量，不是吗？何况你与上司本来就坐在一条船上。

第二，要选择进行说服的时间。这一点很重要，否则，你不但不能达到说服的效果，反而会碰一鼻子灰。

范雎本来是魏国中大夫须贾的门客，后遭相国魏齐猜忌，被迫逃往秦国。在秦国大臣王稽的引见下，范雎得以进宫拜见昭王。昭王早就听说范雎的贤明，便把他引入密室，单独倾谈。秦昭王毕恭毕敬地问道："先生以何教诲寡人？"范雎却一再"唯唯"连声，避而不答。最后，秦昭王深施大礼，苦苦祈求说："先生难道终不愿赐教吗？"范雎见秦昭王心诚，这才婉言作答，但谈论的都是一些与治政无关的小事。一直等到昭王拜他为上卿，范雎才提出他的"远交近攻"的策略。

范雎这样做是有原因的。当时的秦国，内有太后的专横，外有穰侯魏冉的跋扈，再加上高陵君、华阳君、泾阳君为虎作伥，以范雎一个卿客的身份是不敢轻举妄动，与昭王畅谈国事的。直到确立了自己的地位，时机成熟时，才畅所欲言。不是时候，不到时机，有些话是不能说的。说了，反而会惹上不必要的麻烦。

第三，不管进行何种说服，不要失去对对方的尊重。谩骂的做法是不行的，这样的话，你有理也说不清。所以我们在说服上司时，要努力让自己成为"受上司欢迎的人"。

第四，要敢于坚持你的观点。即便实在说服不了上司，你也可以保留你的意见，这样才能表现出你的慎重态度。而不要为了迎合上司而迅速改变立场，这样的表现会让上司觉得你没什么主见。

第五，要记得你的责任不是去说上司有错的，而是去提出合理化建议的。有一句话是这么说的："一个不能帮助别人的人没有资格批评别人。"要记得你的目的不是批评上司，或者表现出你的智商比上司高。如果你能拿出一个行之有效的方案，那也许比你说上一千句话有效得多。

第六，别因为误会而争执。很多争执的发生都是因为上司和下属沟通不良造成的，双方都不了解对方到底在想什么，而一旦把问题摊开来说，争端也就随之消失了。因此，员工必须把自己的观点讲得简单明了，以便上司可以准确地理解。有些员工极少会和上司发生争执，但是当他认为重要的事情遭到上司否定的时候，他会把自己的观点写在纸条上，请上司考虑。这种做法有助于冷静地说明问题，而且也很有劝诫的效果。

第七，如果你能幽默一点就更好了。

英王乔治三世有一天到乡下打猎，中午感觉肚子有些饿，就到附近的一家饭店点了两个鸡蛋充饥。吃完鸡蛋，店主拿来账单。乔治三世看了一眼账单，愤怒地说："两个鸡蛋要两英镑！鸡蛋在你们这里一定非常稀有吧！"

店主毕恭毕敬地回答："不，陛下，鸡蛋在这里并不稀有，国王才稀有。鸡蛋的价格必须和您的身份相称才行。"乔治三世听完后不由得哈哈大笑，爽快地付了账。店主幽默的言辞，不但没有惹怒英王，反而使店主获得了不小的收入。

由于上司和我们的特殊关系，因此，我们需要注意很多问题，但是最需要注意的是，别在你说得天花乱坠之际失去了上司对你的信任。如果是这样，那你就真的失败了。

任何一个领导，能坐到他坐的这个职位上，说明他至少有某些过人之处。他们丰富的工作经验和待人处世方略，都是值得我们学习借鉴的，我们应该尊重他们精彩的过去和骄人的业绩。但每一个上司都不是完美的，给上司提意见只是本职工作中的一部分，使上司尽力完善、改进、迈向新的台阶才是最终目的。要让上司心悦诚服地接纳你的观点，应在尊重的氛围里，有礼、有节、有分寸地磨合。

第九章

低调意识：先学会低头最后才能出头

“才高而不自谕，位高而不自傲。”这是职场人一定要懂得的道理。只有这样，才不会使职业生涯布满荆棘。“不遭人嫉是庸才”，这句话更像是“恃才自傲”的借口。作为职场人，不管能力多么突出，都要避免得意忘形，不断提醒自己：人越“红”，越要留心自己的行为举止，越要谦虚谨慎。谁都想要好前程、高待遇，但赤裸裸的争名夺利只能让你在名利之间徘徊。要想真正成就一番事业，重要的不只是能力，而是一种谦虚谨慎、低调做人的处事方式。

收敛自己的锋芒，风头一定要留给上司

聪明的员工都懂得不抢上司的风头，让上司时刻有一种优越感，感觉自己高人一等。只有那些愚钝的员工才会傻傻地去抢老板的风头，进而落得个“被冷落”的下场。

大家都知道《三国演义》中曹操手下那位名叫杨修的谋士，他虽有些才华，却自恃聪明，时时出点风头，老奸巨猾的曹操几次都被他识破。曹操心里很不高兴，便借刀将这个恃才放旷的杨修给杀掉了。杨修的悲剧警醒我们：作为下属，重要的一点是给自己准确定位，既不能有意识地压低自己，让上司看不起，也不能故意抬高自己，抢尽上司的风头，给上司造成不必要的心理压力和精神压力，否则，结果就会对自己非常不利。

然而，在如今的职场中，很多员工并没有牢记杨修的教训，他们在工作中不懂得迎合上司，为了显示自己的与众不同和聪明才智，总是把上司的风头抢去。人在职场，千万不要以为自己的地位是理所应得的，更不能被任何宠幸弄晕了头。一些受宠的部属以为上司很“照顾”自己，觉得自己地位稳固就开始为所欲为，谁的风头都敢抢，终致自己失宠倒霉。

西班牙著名哲学家巴尔塔莎·格拉西安曾说：“避免抢主子的风头。所有的优势都令人厌恶，臣子凌驾君王的优越感不仅愚蠢，还会致命。天空中的繁星给我们上了一课：它们或许和太阳相关，而且和太阳一样闪耀，但是绝对不会和太阳一起出现。”职场中，如果说上司是太阳，那么你就是繁星中的一颗。作为繁星之一的你，千万别去和“太阳”上司比光辉。

朱启新在一家药业有限公司就职，经过很长时间的观察，他发现自己顶头上司的工作其实很简单。一次，他的上司正在为一项任务发愁的时候，他主动要求帮上司解决，并且说：“主任，这个很简单，我在学校经常接触这

方面的东西。”然后，他就滔滔不绝地给主任讲解该如何如何去做。他越说越兴奋，根本没有发现上司脸上流露出来的尴尬。朱启新本以为主任会因为自己能帮他解决难题而大加赞赏，没想到主任却冷冷地说了一句：“看不出来啊，我怎么没发现你这么能干呢？”然后狠狠地瞪了他一眼，转身就离开了办公室，剩下朱启新一个人半天也没回过神来。从这以后，朱启新的上司老是在业务上挑他的毛病，只要他哪儿做得不好了，上司就大张旗鼓地批评他，为此，朱启新一直得不到单位的重用。

相比之下，高远就聪明多了。一次，高远的上司被一个棘手的问题难住了，高远并没有像朱启新一样毫无顾忌地“指导”上司，而是以参与的方式和上司一起讨论，他不动声色地找来很多有用的资料，与上司一起研究。结果，上司很快就找到了解决问题的方法，高远也对上司说学到了很多知识。问题解决后，上司被行长夸奖很有能力。自然而然，高远和上司的距离也拉近了很多，他很快就得到了上司的器重，开展业务时也轻松多了。

以上事例中，高远比朱启新聪明之处就在于，他在帮上司解决问题的同时并没去抢上司的风头。朱启新在上司面前的表现显得他比上司能干，这会让上司很丢面子。而高远却是抱着学习的态度替上司分忧，这给上司留足了面子。孰高孰低，一眼就可以看得出来。

身处职场之中，争强好胜，努力表现自己本没什么错，但如果你两眼一抹黑地去抢上司的风头就太不明智了。因为上司之所以成为上司，自有他的过人之处。更何况，处于领导阶层的上司总会有一种无论在任何场合都想做“主角”的欲望，所以，如果工作上有表观或出风头的机会和场合，请不要忘了将上司推到前面亮相。即使你比上司要聪明很多，也不能在他面前表现出来，要做出一种看起来你不如上司聪明干练，更需要他的经验的姿态。这样的话，上司肯定会非常乐意接受你的请求，你在职场上也才能如鱼得水。

所以要切记：身在职场，一定要把风头留给上司。虽然这样做会有委屈自己和逢迎拍马之嫌，但这就是职场，谁让你是下属而他是上司呢？做上司当然要光彩夺目，而下属相比之下自然应暗淡些。如果不是如此，那上司自然容不下你，因为这会引起上司们的恐惧和不安。你要想办法让你的上司看起来比他们本身要高明得多，不让上司觉得你对他是有威胁的，能做到这些，你自然就能赢得更好的发展舞台，你的事业自然会在上司的保护下一路畅通。

优秀员工一定要学会与上司相处，不要让自己成为阻挡上司发光的那片乌云。要学会在上司面前收敛自己的锋芒或才华，做下属的“屈居第二”并没什么不好。

让上司高你一筹，更容易获得升职机会

有时满足一下上司的虚荣心也是剑走偏锋的一招。因此，即使你很出色，也不能表现得太完美，不然上司就无法发挥他的指导才能，而你也就不会和“进步”或“改正”这些词挂钩，也就得不到上司的赏识。

在职场中，很多员工往往认为，能力是决定职场前途的关键。在这种观念的影响下，他们总是尽力把工作做得无可挑剔，抢着去做出些漂亮的业绩。尤其当一个能力比较强的员工遇到一个并不是很出色的上司时，便开始不把上司放在眼里，甚至还展现出一种取而代之的势头。这种人往往越有能力，越有业绩，升职的机会反而越少。

不管你承认不承认，那些平时在工作中表现出色、从不出错，也不需要上司来指点的员工，并不代表他就是真的出色，尤其是不代表他的事业日后不会出现隐患，他也不一定能得到重用和认可。而那些工作做得并不完美，能给上司留下指导机会的员工却能赢得上司的青睐和器重。

于尹浩和齐占亮是大学同学，毕业后同时到一家医疗器械有限公司就职，专业对口，收入也不低。两个小伙子都踌躇满志，决心打出一片江山来。对于上司交代的任务，他们都会全身心地投入，业绩也都能令上司满意，但他们的职场前途却大有不同。

于尹浩喜欢表现自己，每件事情都力求完美，然后才汇报给上司。对于工作，他总是深思熟虑，每每成竹在胸。上司起初对于尹浩的能力很赞赏，后来，上司有时指出他工作中的可疑之处，他总是据理力争，极力说服上司自己的工作不存在任何一点瑕疵，因为他已事先把事情考虑得很周全。由于于尹浩能力强，上司基本上每次都会采纳他的意见，对于他的表现，上司也总会评价："不错，有能力。"齐占亮则不同，他做的计划书总会出现一些小问题。每次上司一看他的计划书，就能指出一些小毛病，然后对他说："你这份计划书创意上是很不错的，大体方向也把握得很到位，只是有点小问题。你看，我跟你说，例如这个……"齐占亮则在旁边恭恭敬敬地说："是，经理提醒得对，回去我一定改好。"

不久，公司要在内部选拔一名业务主管，能干的于尹浩和齐占亮成了热门的两大候选人。评选方式是由七位中层领导投票产生，结果，一直被上司赞赏有加的于尹浩最后只得到了两张选票，而问题不断的齐占亮则得到了其余五张选票。

于尹浩非常不服气，便怒气冲冲地找到齐占亮，问他是不是暗中和上司拉关系了。齐占亮惊讶万分的同时，一语道破了于尹浩没能晋升的玄机："你知道你为什么会输吗？这是你自己一手造成的，因为你太完美了，谁能容得下你那么完美的人？"

于尹浩终于明白了：是上司无法容忍他的完美。这个苦果他只能自己咽下去了。

由此可见，即便你很出色，也要给上司留点指导空间。一名不需要上司来指点的员工未必能有个好前程，倒是那些大错不犯、小错不断又乐意接受上司指导的员工更容易获得升职机会。因为人人都有虚荣心，你在工作中给上司预留指导空间，就显得他比你有能力，显得他比你强，比你高明，这就满足了上司的虚荣心，使他对你产生好感，进而喜欢你这个下属。

其实上司心里也明白得很，他不会把你的能力摆在第一位，而是关注你是否会对他产生威胁。如果你事情做得太漂亮，你的工作根本不用他安排和指导，那他就指挥不到你，而且也备感你的威胁。同时，你根本不去请示他，他还会觉得你完全没有把他放在眼里，时刻想夺他的权，想将他取而代之，他自然对你就很反感，处处对你设防，又如何会重用你呢？

作为下属，一流的工作能力自然是不可或缺的，把工作做到尽善尽美当然也很有必要，但是，重视上司的威信也是工作中至关重要的环节。尊重上司，经常请教上司，认真听取上司的意见，是做一个好下属所要具备的重要条件。因为每个上司都有着强烈的级别观念，每个上司都希望自己的下属尊重自己的意见，凡事请教自己，这样才能体现出自己比下属高一个等级。而等级在上司的眼里是一种很重要的东西，是一种身份的体现。因此，工作并非越出色越好，我们做事一定要多请示上司，给上司预留指导的空间。

你一定要懂得给上司预留指导的空间，使其产生成就感。这样，即便你日后升了职，上司也能骄傲地指出：“他是我培养出来的。”

认清自己的位置，不要奢望和上司做朋友

有些初涉职场的新员工往往会想：“如果我和上司成为朋友，会不会工作起来要少很多麻烦。”其实，很多老员工看到上司和他的朋友一起谈笑风生时也会有这样的想法。但是，当下属和上司真正成为朋友以后，情况真的可以变得如同下属所希望的那样吗？

朋友，友谊，都是很美好的字眼。放在生活中，真心又知心的朋友是我们人生中最难得的财富，这样的朋友越多越好。然而，在复杂多变的职场中，如果你奢望和上司做朋友，那也许就是你的一厢情愿。事实上，上司和员工之间很难有真正的友谊，因为这牵涉到上下级关系、薪水、利益等东西，把上司当朋友到头来受伤的往往是你自己。

张丽毕业后幸运地进入北京一家规模较大的广告公司，更幸运的是，她遇到了一位与她“情投意合”的女上司。两个人聊天的时候，发现双方有着共同的爱好，相像的审美标准，如她们都喜欢蓝色，都喜欢K歌等，这使她们很快就成了朋友。工作之余，她们一直像朋友一样亲近，一起去餐厅吃饭，去KTV唱歌，她们互相交流自己的家事，谈论自己的感情问题，过节的时候互相交换礼物，一切看上去更像朋友而不是上下级关系。

但一年之后，张丽告诉她的闺密说准备跳槽，闺密奇怪地问她：“你工作不是很好吗？更何况还有一个和你关系很铁的上司，这不是每个人都有幸能得到的。”她说：“正因为我和上司的关系太好了，所以才要辞职。”

原来，张丽和上司的关系已经成了她工作发展的障碍。虽然她的上司经常说会支持并帮助她在公司里晋升，但每次当她提交自己关于工作的想法时，她的上司都会说那些想法还不够完善而婉转地否决。渐渐地，张丽就意识到了：上司和她处在一个微妙的竞争关系中。相似的性格让她们成了朋友，但这也成了她无法进一步发展的原因。同时由于她与上司关系紧密，还受到来自公司其他同事的误解和疏远，很多同事都在暗地里排挤她。

这个事例告诉我们：员工身为下属，一定要摆正上下级关系，不要妄图和上司做朋友。因此，永远不要颠倒上司与下属这两个角色的位置，身份和地位的不同将导致你们无法拥有真正单纯的友谊。上司就是上司，下属就是下属，这是你们最基本、最可靠的职业关系。

朋友是一个人心灵的慰藉，一个人开心或烦恼甚至是无聊的时候都可以找朋友。真正的朋友，彼此坦诚相见，双方的交往是不以利益为基础的，双方是平等的关系。但是在职场中，上司和下属之间不仅有职位的高低之分，还有需求的不同，基于经历、兴趣、经济实力、社会地位、教育等不同因素，每个人都有固定的朋友圈子，外人很难介入。下属可能单纯只是为了薪水，而上司，尤其当上司是企业领导者的时候，他们更看重的是企业的利润。在利益面前，上司和下属之间是一种不平等的关系，你如何能奢望和上司成为朋友？

中国是很重视人际关系的国度，朋友之间互相关照，朋友之间也不必客气，甚至原则、利益都可以为此让道，所以，一些职场人士也打起了“朋友牌”。但是，在以营利为目的的企业里，尤其是在产权明晰的现代企业里，这却是一个大忌。商场上没有真正的朋友，顾及友情就难以保证自己的利益。如果你的业务做不好，就算你是上司的亲儿子，他也会“大义灭亲”的。而如果你业务精湛，忠心耿耿，就是上司的“战略性工蜂”，虽然成不了上司的朋友，却至少可以当上司的“嫡系”和“爱将”，不但地位今非昔比，收入也将日益丰厚。

那么，如何才能摒弃和上司做朋友的想法呢？相信以下做法可以帮到你。

第一，认清自己的位置，牢记上司和自己是上下级关系。从根本上说，上司与你的关系是管理与被管理的关系、指挥与被指挥的关系。上司就是你的领导者，你千万不要感情用事，滋生不拿自己当外人的心理，那样最终会导致两个人不欢而散。

第二，即使没有进公司前你和上司是很要好的朋友，进公司后也要和他保持适当的距离。尽职地工作，并保持好彼此的距离，这是和上司相处的艺术核心。

第三，端正心态，不要为了达到某种目的或为了获取个人的利益而去和上司做朋友。好的职业发展前景要靠关系，但和上司做朋友未必就能帮到你，有时反而会影响你。

身处职场，每个人都不应把自己想得太伟大、太重要。上司就是上司，即使你们成了很要好的朋友，也不意味着对他可以没有敬畏和恭维，以致影响了自己的职业发展。

动不动就倚老卖老，只会弄得人心尽失

单位里往往有这样一些老员工，依靠自己的老资格，在同事面前，尤其是新同事面前显摆，这使得新同事左右为难和烦恼，因此对其十分反感！

在我们刚刚参加工作的时候，我们也许都遇到过倚老卖老的同事，他们在企业中通常是工作时间长、经验丰富，却无法升职的职场“老鸟”。不过，他们除非是过度吹嘘自己，否则他们通常手中都握有筹码，才敢如此倚老卖老。例如，他们在工作上都具备一定的经验与能力，而且往往是部门的意见领袖，但是可能因为缺乏领导的特质，或是大的格局与视野，而未获得升迁。

相信没有一个新员工会喜欢倚老卖老的同事。己所不欲，勿施于人，当我们也成了老员工时，对于新来的同事，我们是不是也在不知不觉中变得倚老卖老了呢？我们是不是不知不觉地也成了别人讨厌的对象了呢？如果是这样，我们就需要马上改掉倚老卖老的坏行为了。因为我们的新同事也和我们当初一样，最怕也最讨厌遇到喜欢倚老卖老的同事，怕他们处处干涉、事事指导，使自己无法好好施展才能。

樊晓芸今年刚刚大学毕业，好不容易在一家公司谋得一份文职工作。她非常珍惜来之不易的工作机会。可是，没过多久，她就发现单位里有两位出了名的“卖老族”。论年龄，他们比她大十几岁；论工作资历，她当然无法

与他们相比；工作能力方面，她就更不用说了。

这两位“卖老族”常常在樊晓芸面前指指点点。而且，有时他们的意见大不一致，使得她左右为难，不知该听谁的。有时这个“卖老族”说：“听我的绝对没有错，我走过的桥比你走过的路都多！”有时那个“卖老族”说：“你跟我比，还嫩着呢！你要知道自己现在差得还很远，如果不按我说的去办，事情一定会搞砸！”

这两位“卖老族”对樊晓芸的工作、生活都以“过来人”的姿态处处干涉、事事指导，让她无法施展才华。她有时候真的很受不了他们对她各方面的干涉与指责。在她不知道该怎么办、一度陷入苦恼时，她干脆辞职了。

新员工最需要得到老员工的指点帮助，如果有老员工愿意时不时地“指导两下子”，那实在是再好不过了，以师带徒的方式非常有利于新员工的成长。但对于有的新员工来说，刚到新单位上班就遇上个喜欢倚老卖老的同事，不管做什么工作，老同事都喜欢过来“指导两下子”，还喜欢显摆他过去的辉煌史，这些举动会让新员工心里觉得特别腻歪，又不好驳老同事的面子。

无可否认，每位老员工都希望能得到别人的肯定性评价，都在不自觉地维护着自己的形象和尊严。但如果你的谈话过分地显示出高人一等的优越感，那么无形之中别人就会对你产生一种挑战、轻视、排斥心理，甚至是敌意，这对你在职场中的发展是非常不利的。

也许你会因为比自己更年轻的新同事的到来感到一种前所未有的威胁，本能地对其产生敌意，对其指手画脚地“卖老”。也许你面对新同事所带来的“冲击”会无奈地实施自我保护。但无论怎样，你都要记住：要想赢得新同事的尊重和喜欢，就不要在他们面前倚老卖老。

爱倚老卖老的员工若不能很好地检讨自己、不思改变，通常会和新同事闹得很不愉快，他们转岗的机会也不高。因为别的部门也会多方打听对方的工作情形，看不清自己倚老卖老缺点的人，最后的下场就只能是原地踏步或另谋高就了。

倚老卖老还可能会误大事。在上司和同事的眼里，你越是倚老卖老、妄自尊大，越说明你真的老了，甚至是落伍了。若碰上裁员，不是你还会是谁？

况且，对于上司来说，麾下有这种倚老卖老又难以驾驭的下属，是最令人头疼的，犹如“鸡肋”，对部门也绝非好事，因为上司还怕你影响他和别人的工作呢。如果你有倚老卖老的行为倾向，可就得注意了，上司的“刀”恐怕已经悄悄悬在你的头顶上了。

那么，如何避免在新同事面前倚老卖老呢？相信以下几点建议能帮你解决这个问题。

第一，不管你在单位任职三年、五年还是更长的时间，也不管你自己多么有工作经验，多么有能力，平时都要谦虚地对待周围的人和事，收起倚老卖老的姿态。

第二，千万莫在新同事面前过分地表现自己。尽管表现自己的才能和优势是适应职场挑战的必然选择，但表现自己要分场合、讲方式。特别是在新同事面前，如果你表现得特殊、积极，往往会被人认为是故意卖弄，常常得不偿失。

第三，在新同事面前，对自己的成就要轻描淡写，不要太过张狂，免得让同事对你产生爱表现、哗众取宠的印象。

倚老卖老可能挡了后人的路，“权威”变成“权霸”，弄得人心尽失。当你真的变成“绊脚石”，后起之秀们会毫不犹豫地将你搬开，而你的上司恐怕也会为了公司的利益舍你而去。因此，如果你已经给新同事留下了倚老卖老的印象，那么你就必须立即予以修正。

大肆炫耀辉煌史，很难获得别人的认同

在现实职场中，我们经常会见到这样的同事，他们虽然思路敏捷，口若悬

河，但是刚说几句就开始炫耀自己的辉煌史，所以别人很难去认同他们。这种人多数是因为太爱表现自己，总想让别人知道自己很有能力，处处想显示自己的优越感。他们以为这样就能获得他人的敬佩和认可，其实不然，最后他们不但得不到敬佩和认可，还会失掉同事对他们的好感。

无可否认，人人都希望得到同事的认同和尊重，都希望在同事面前树立良好的形象。但是，如果你表现得比你的同事优越，你的同事就可能会莫名其妙地对你产生嫉妒、排斥心理。

法国哲学家罗西法古说："如果你要得到仇人，就表现得比你的朋友优越吧。如果你要得到朋友，就让你的朋友表现得比你优越吧。"同样，在职场中，你要想得到同事的友谊，成为受欢迎的人，那么在取得成绩时，千万不要在同事面前炫耀。

阴齐鲁刚到一家生物科技有限公司的那段时间，同事们对他都很不友善。阴齐鲁对此感到很迷茫，他不知道自己人缘不好的原因是什么。其实阴齐鲁也没有什么特别不好的地方，只是有一点大家都不喜欢：他特别喜欢炫耀自己。因为阴齐鲁是老板出高薪从一家名企挖过来的优秀人才，所以他的工作成绩自然是很突出的，受奖励的时候也多。阴齐鲁对此很是自得，于是就经常在同事面前炫耀自己的辉煌成绩。同事们对他的炫耀都很反感，没有人喜欢分享他的"得意"。

阴齐鲁一直弄不明白自我炫耀就是阻碍他获得好人缘的罪魁祸首，直到有一天他无意中听到同事们对他的评价："有什么好炫耀的呀！不就是成绩好一点吗？有必要那么炫耀吗？""对啊，看他那副得意的样子，有人愿意搭理他才怪呢！"

听到这些，阴齐鲁才恍然大悟，原来问题是出在这里了。

从此以后，阴齐鲁再也不在同事面前炫耀自己了。很多时候，他都是默默分享同事们的得意之事。不久，阴齐鲁就得到了全体同事的一致称赞。

可见，即使你作为一名员工很优秀，取得了不少辉煌成绩，获得过不少奖励，也不宜在同事面前大肆炫耀。不管你是有心还是无意，这种行为都会给同事带来很大的伤害。你可能并没有其他的意思，但同事都非常敏感，他可能会觉得你是在故意地贬低他，在向他示威。其实，炫耀自己无非是想让别人羡慕自己，觉得自己比别人强，但是，别人恰恰不这样认为。

尽管如此，在工作中还是有一些员工在取得一点成绩时就迫不及待地向同事大肆吹嘘自己的心得、经验，却不知这样做的结果会令一旁的同事不知所措。所以，每逢跟同事说话时，不管什么内容，都要注意别让其产生自己被比下去的感觉。

诚然，每个人都希望得到别人的称赞，但如果只想着炫耀自己却不给对方炫耀的机会，这样的人肯定不会得到他人的好感的。所以说，为了不让同事们讨厌自己，为了不落下“自大狂”的称呼，我们要注意绝不能在同事面前吹嘘自己。你不妨听听以下几点建议。

第一，应保持谦虚。对自己的成绩要轻描淡写，要学会谦虚。谦虚是避免自大、自负的法宝，具有谦虚品行的人，才能在交往中得到更多人的支持，才能更具有吸引力。

第二，在成绩面前要表现得大智若愚。一个成熟的人绝不是那种肤浅、浮躁和自我吹嘘的人。很多时候，大智若愚比自鸣得意更容易赢得同事的青睐。

第三，应照顾好同事的感受。你成绩越好，越显得别人成绩不好，你的成功就是别人的失败，你越是喜悦，别人就越是伤心。因此不要轻易在同事面前大谈自己的成功和业绩。

第四，应看淡成绩。个人的任何业绩都是渺小和微不足道的，因此也是不值得炫耀的。

第五，好汉不提当年勇。很多人都有辉煌的过去，不要轻易在你的同事面前谈论、炫耀。同事们只关注你的现在，没有谁去追溯你的过去。

第六，在取得成绩时，不要一开口就妄自尊大，毫不掩饰地显示自己的优越感。这样的人最容易在同事中失去威信，甚至成为众矢之的。

取得成绩当然是件令人喜悦的事，这可以理解。但要注意不要在同事面前炫耀。过多地谈论自己的成绩就会使同事感到你有抬高自己、显示自己、轻视或贬低他人之嫌。其实，自我炫耀并不能获得同事的夸赞，要夸的自己都夸了，别人还有什么可夸的呢？

别把功劳据为己有，一定要和别人分享

荣誉，谁不喜欢呢？谁不想得到呢？喜欢荣誉没有错，想得到荣誉也没有错，但是，独享荣誉就不好了。

大教育家孟子说："独乐乐不如众乐乐！"在现代职场中，当你在工作和事业上取得了一些成绩或小有成就时，当然是值得庆祝的，你也应当为自己高兴。但是，如果赢得这些成绩、成就的过程包含集体的功劳，或者离不开他人的帮助，那你千万别把功劳据为己有，一定要和别人分享，否则他人会觉得你好大喜功，抢占了他人的功劳。

任何可喜的荣誉都会给我们带来荣耀，而当荣耀到来之时，不同的人会以不同的态度面对。聪明的人能够借荣耀之手，拉近与他人之间的距离，赢得尊重，获得好口碑。愚蠢的人则只会沾沾自喜，自以为是，独享荣誉，结果为自己带来一堆麻烦。

一位经过个人奋斗而成功的总裁曾这样告诫自己的下属："把一个人的幸福给多人分享，就变成了多个人的幸福。将一份荣誉独自占据，荣誉就成了狭隘的荣誉。而独享荣誉的人，往往都是人际关系不好的人。"独享荣誉会让别人的人生变得暗淡，甚至会让别人觉得你的存在是一种威胁。而如果你懂得感谢和分

享，就可以消除别人的这种不安感，你自己也安全了。如果你对此不以为然，那么今天独享荣誉的你明天就会独吞苦果！

殷琪在一家化妆品有限公司策划部就职。他很有才气，设计的策划案一直深受客户的认同和赞赏。因此，一年下来，为公司赢得了大批客户。年底时，老板在表彰会上特别表扬了他，并给予他很高的荣誉和奖励。当老板让他谈谈真实感受时，他面对公司所有职员说起了自己这一年来如何兢兢业业，如何积累知识，如何提高能力等，可就是没有提及一句感谢同事协助的话。大会一结束，他便一溜烟地跑了，也没有邀请同事们一起庆祝一下。其实，他的每项荣誉几乎都离不开同事们工作上的协作。因此，同事们虽然表面上都没有说什么，但从此开始有意疏远他。

一段时间后，殷琪曾经挂在脸上的春风得意的笑容消失了，他逐渐变成了职场上的“孤家寡人”。

殷琪错在哪里？殷琪错在了他不知道“荣誉是大家的，不要一个人独享”。其实，就算他获得的荣誉再大、再多，他也并不是公司唯一的功臣，许多同事也做出了巨大的努力。所以，当你在工作上有特别表现而受到肯定时，千万要记住别独享荣誉。

不可否认，每个人都希望在他人面前展现自己美好的一面。人类喜欢表现自己就像孔雀喜欢炫耀美丽的羽毛一样正常。但是前提是，你必须搞明白，你的“美丽”是在大家的衬托下才体现出来的，即便你很“美丽”，但是如果没有大家的祝福，你也不可能真正高兴与快乐。当你在工作上有特别表现而受到别人肯定时，千万要记住一点——不要独享荣誉，否则这份荣誉会给你的人际关系带来障碍。

当今社会是一个合作的社会，无论你从事什么工作、处于什么环境，你都无法脱离其他人对你的支持，一个人不可能完成所有的事情。所以，我们在各种各样的颁奖典礼上总会听到人们不厌其烦地说着“感谢我的领导，感谢我的同事，感谢某某人”，甚至我们听着这些套话都觉得虚伪。可是，千万不要以为这些话是可有可无的套话，就算是虚伪的，该说也得说，该做也得做。因为荣誉不属于你一个人，是属于大家的。

优秀员工都懂得这样一个道理：当工作和事业有了成就时，千万不要独自享受。要让自己拥有团队意识，摒弃“自视清高”的作风，代以“众人拾柴火焰高”的意识。成大事者心里也都非常明白：如果一个人独享成果，就会给他人造成一种“吃独食”的感觉，这样会引起其他人的反感，从而为下一次合作带来障碍。因此，他们都能做到感谢他人，并且与他人一起分享胜利的喜悦，他们懂得谦卑的重要意义。

总之，可以说，没有同事的鼎力相助，要想孤军奋战做出成绩是难以想象的。如果你习惯独享荣誉，还不如不要荣誉，因为有时独享荣誉带来的苦果足以把荣誉湮没。

那么，如何避免自己独享荣誉呢？以下建议可以帮你解决这个问题。

第一，与同事分享荣誉。当取得成绩、得到荣誉时，不要忘记主动和同事分享荣誉和欢乐。

第二，荣誉面前要更加谦卑。当获得荣誉时，一定要比从前更加谦虚。不要以为有了暂时的成功，别人就会以你为中心，你有了荣誉也并非不食人间烟火的圣贤。你的高姿态尽管暂时不会产生什么坏影响，但会引起同事的反感。

第三，不忘感谢上司和同事。取得荣誉时，不要忘记感谢上司和同事在工作中的协助。即使他们的协助有限，你的感谢也有必要。这种“口惠而实不至”的感谢虽然缺乏“实质”意义，但听到的人心里都很愉快，也不会再引起他人的嫉妒。

坤福之道

其实，不要一个人独享荣誉，说穿了就是不要去威胁别人的生存空间，因为你的荣誉会让别人变得暗淡，产生一种不安全感。而当你获得荣誉时，一定要谦卑，一定要记得去感谢他人、与他人分享，这样你才能让他人心里觉得踏实。

摒弃心理优越感，不要对同事指手画脚

指手画脚，意思是轻率地指点、批评。在职场中，作为与你平起平坐的同事，他们最不喜欢你对他们指手画脚了。如果你想赢得同事的好感，就要做到相互尊重，对于对方的付出加以肯定。

在工作中不少员工总热衷于对同事发号施令，大有舍我其谁的架势。人的心理感受是复杂的，如果你遇到一个表现比你优越的同事，你会不会觉得自卑？是否会羡慕和妒忌？所以，即便你真的高人一等，有超凡的本领和经验，也不要在同事面前指手画脚。

有的员工喜欢对同事指手画脚，一部分原因是对自己的能力很自信，有着一种心理上的优越感。相比之下，就会给同事带来不愉快的感受。因为你越是表现得比同事优越，同事就会有更多的失败感。如果你还对他的工作指手画脚，必然会触痛他的内心，这将导致他对你只剩下不满，自然不会接受你的建议。而且，他一旦接受你的建议，则可以进一步证明你比他优秀，工作中他存在问题。这样的话，你永远也别想得到大多数人的欢迎。

陈亮是某市人事局调配科一名相当有人缘的骨干，按说搞人事调配工作是很难不得罪人的，可他却是个例外。当然，这也是他吃了一番苦头才获得

的经验。

陈亮刚到人事局就职的那段日子里，几乎在同事中连一个朋友都没有。因为他正春风得意，对自己的机遇和才能满意得不得了。工作中，他最喜欢对同事指手画脚，给同事提意见、想办法，最后还不忘吹嘘一下自己不同常人的本事……可是，同事们听了之后对他的意见不置可否，也不愿意分享他的“骄傲资本”，更多的是一种不高兴。后来，在职场打拼多年的领导一语道破天机，他才意识到自己不知不觉地把人都得罪了。

从此，陈亮再也不在同事面前指手画脚了，变得谦虚起来，不吹嘘自己，喜欢听同事说话。与同事们讨论事情的时候，他总是先请他们把自己的意见充分地表达出来，并对对方有价值的部分及时肯定。当同事问他的时候，他才真诚地说一下自己的观点。

《圣经》里有这样一句话：“你希望别人怎样对待你，你就应该怎样对待别人。”这句话被大多数西方人视为工作中待人接物的“黄金准则”。如果你总是对同事手中的工作指手画脚，就等于是让同事的缺点全部暴露出来。这样做的结果只会让被挑刺的同事记恨你，其他的同事躲着你。谁都有自尊心和虚荣心，你指手画脚的行为太伤同事的自尊了。更何况你们原本地位相当，是平起平坐的同事。你自己在那里说得尽兴，但令同事面子难保。纵使同事发现自己犯错，也会为了面子跟你撕破脸。因此，指手画脚是同事相处的大忌。

那么，如何避免在同事面前指手画脚的事情发生呢？你不妨这样做。

第一，不去插手同事的工作。有的员工天生有一种爱管闲事的毛病，在工作中，他会不时地发表一些看法；同事并没有征询他的意见，他却滔滔不绝地提出一连串的建议；同事的工作电话他也要接，甚至不负责任地解答问题。这种对同事的工作横加干涉的员工，怎能获得同事的好感呢？我们应该注意尊重同事的工作权利，不论工作多么忙，任务多么繁重，仍然要按照工作程序，各负其责。同事间决不能相互插手对方的工作，否则就会打乱仗，就会人为地制造矛盾，这样不但会影响工作效率，还会影响团结。

第二，不要轻易对同事的工作提出批评。对于没有隶属关系的同事来说，一方向另一方提出批评意见应当十分谨慎小心。一般来说，彼此间没有达到那种亲密无间的程度，是不能轻易开口批评对方的。尤其是工作上的事，各自都有自己的上司，用不着代替同事的上级来批评同事。可是，一些不自知的员工动辄批评同事的工作，而实际上另一方很少把这种批评当回事，因为同事间真心诚意的关心帮助绝不是只有批评这一种形式。因此，一般情况下，不要批评同事工作上的缺点和不足，除非这种缺点和不足将会酿成严重后果时，才有必要向同事直接提出来或向领导报告。别人的问题让别人自己去解决，自己埋头做好自己的事，坚持做到这一点，你就不会经常去留意同事工作上的缺点和不足，也就避免了专找同事毛病的嫌疑。

第三，有好的建议私下向同事提。我们常常会看到这样的情况，即有的员工确实是出于好意，以为只要是对工作有利，就不分时间、地点、场合，直言不讳地给同事提意见、提建议，尤其是在会上或人多的时候，对同事的工作大发议论，似乎只要按照他说的去办，必然大获成功。这种员工的做法没有一次不是失败的。因为，他忘记了一个基本的常识，那就是尊重同事。即使和我们相处很长时间的同事，彼此间已经很了解、很熟悉了，也不能不考虑同事的自尊心而随意对同事指手画脚。在实际工作中，我们应提醒自己要彻底摒弃“高人一等”的思想，对同事的工作不要随意发表议论，有好意见、好建议应在私下给同事提。这样既能表示你的诚意，又容易让同事接受，何乐而不为呢？

总之，在职场上，在工作中，无论做任何事情，我们都不要对同事指手画脚，而是应努力发现他们值得肯定的地方，这样才能在职场上赢得更多的支持。

同事间相处的一条基本准则就是相互尊重——尊重对方的人格，尊重对方的权力，包括尊重对方的习惯、爱好、隐私等。尤其是在工作上，不能对同事指手画脚，不能要求同事只能这样做，不能那样做，否则，同事间的相处定会出现诸多不愉快。

放低姿态，一定可以获得更多的收益

一定要相信，同事就是你身边最好的老师。找到了自己的良师益友，自己就要持诚恳、谦虚、用心的态度向他学习。只要你摆正心态，放低姿态，一定可以学到更多的东西，获得更多的收益。

有些人对同事很有成见，认为同事是自己在企业里的竞争对手，是职场上互有戒心的同行者，虽然有时候在维护集体利益的时候能站到一起，但平时只是各怀心事的搭档，他们对同事处处提防，唯恐被暗算，更不要说去信赖对方，去学习对方的长处。

“三人行，必有我师。”同事是我们生活中最熟悉的人之一，也是我们身边最好的老师，只有和同事的关系协调好了，才能让工作变得美好。所以，我们应该放低姿态将同事视为“良师益友”，这才是最好的选择。一旦我们和同事的关系搞僵了，主动地向对方学习请教，不失为使趋于戒备和紧张的同事关系得到缓和的好方法，相信这种聪明、适度地示弱定能改善彼此的关系。当今的职场上，每个人似乎都有逞强好胜的心理，如果你能灵活地示弱，甘于向他人请教，无疑是让人感动的，很容易赢得别人的好感。你在满足了同事好为人师的心理的同时，也在搭建一条友谊的桥梁。这样一来，你和同事之间惺惺相惜的轻松氛围也会形成，你们之间的矛盾心结也就烟消云散了。

能向对方学一些实用的本领，对提高自己的能力也是很有帮助的，何乐而不为呢？如果你能找到同事的优点，走到他身边，虚心地向他请教，表明你要拜他为师的诚意，请他以后多多指教。你会发现，你的同事并不像你想象的那样“面目可憎”。

在公司里，要想做事少走弯路，少碰钉子，最明智的办法就是虚心地听取同事们的意见，因为他们通过努力摸索得来的经验之谈常常是很可贵的。

焦营在一家药业有限公司市场营销部工作，一段时间以来，他总感觉自己在工作上很不顺利。在公司里，他有个女同事叫李芳，李芳连续四个月在公司的业绩评比中都名列第一，这让焦营感到很难堪。想到自己的资历比李芳老，自己付出的努力也不比李芳少，他就很不服气。焦营经常与李芳作对，两人的关系很不好。

后来，焦营经过反思，他认识到了自身的错误。他想：如果我能放下老前辈的架子向她讨教，真心诚意地向她请教盘活客户资源的技巧，她应该也不会拒绝帮忙，如果我能这样做的话，自己会提高很多。

问题一想通，焦营顿时感觉心情舒畅了。于是，他主动去接近李芳，还称赞李芳工作出色，是自己学习的榜样，并向她请教了工作上的一些问题。李芳欣然接受了焦营的提问，讲了很多自己在工作中的心得体会。

焦营听完李芳的话恍然大悟，在以后的工作中，他不断学习李芳的长处灵活运用，果然使自己的业绩大大提高。如今，他和李芳的同事关系更加密切了，他们在一起合作起来也非常愉快。

这就是求教于人的好处，不但能让你在迷途中找到方向更快地前进，还能改善与同事的人际关系，工作起来更加舒心快乐。

在工作中，同事完全可以成为我们的良师益友。良师益友虽然不能替你走路，不能在你做好工作、成就事业的过程中起主要作用，却可以指引你前进，就像一名出色的向导，他不仅能指出无数条通往相同目的地的道路，还能帮你找出最佳路径，告诉你哪些踏脚石可以帮助你安全过河。他虽不能代替你跨过河流，却能告诉你哪里存在危险。

同事中的良师益友能在平等的基础上为你提供信息与指导，他们有十分宝贵的信息与经验，并且愿意与你分享，而这些都是你的巨大财富。

怎样才能交上一位良师益友呢？

要获得良师益友，就要善于发现：看谁和自己比较合得来，又受大家的尊敬和喜欢。同时也要留意那些含蓄、安静，却有许多地方值得你学习的同事。

找到了自己的良师益友，自己就要持诚恳、谦虚、用心的态度向他学习。要知道，要获得更多的收获，就要真诚、耐心、热衷学习并愿意自我克制。

如果有几个良师益友在你的身边，那么你进步得一定会很快，你的职场竞争力也会提高。许多学有专长的同事其实很愿意帮助别人、提携别人，你应根据自己的实际情况，去找寻可以指导你的良师益友。

第十章

节约意识：为企业和个人获得可持续发展

说到节约，有的人认为“自己的单位实力雄厚，赢利能力很强，浪费点没啥。”有的人还认为“事不关己，高高挂起。”这些人缺少的不仅仅是节约成本的意识，更缺少对工作的责任心，这无形中将增加企业的开支，提高企业的运营成本。在某种程度上，企业与员工其实结成了利益的共同体。只有企业获利，员工才能最终获利；也只有员工获利，企业才可能实现可持续发展。所以，我们要摆正勤俭节约的心态，要真正看清楚其本质，要明白：为企业节约，其实就是在为自己谋福利。

节俭不仅是传统美德，更是高尚的职业素养

要想成为一名优秀的员工，就应该自觉地把节约当作己任。节约一分钱，可以创造两份利润。一份是通过实际工作，直接创造出来的工作利润；另一份是在节约每分钱的过程中，不知不觉地在流程中创造出来的隐藏利润。

在微利时代，无论你在哪一个岗位，都应该配合企业的利润增长目标。利润从何而来？无非两个方面：增收与节支。有的员工认为只要把任务完成了，成本、利润都不是我该考虑的事情，这是一个非常错误而又危险的认识。为企业节约每分钱，这不仅是企业对员工的基本要求，更是员工的工作责任。作为一名员工，要想得到企业领导者的赏识，必须把握节约不是口号，而是责任，记住为企业节约，实际上这也是为自己在争取机会：当你拥有了将企业资产视为自己资产的责任心，企业领导者一定会看在眼里、记在心上，在适当的时候必定会提拔重用你。

小李、小张和小黄三人去济南康民药业科技有限公司应聘，小李是某知名管理学院毕业的，小张毕业于某商学院，而小黄则是一家民办高校的毕业生。在很多人看来，这场应聘的结果是显而易见的，肯定是某知名管理学院毕业生小李被录用。

在整个应聘过程中，他们在专业知识与经验上各有千秋，难分伯仲。随后经理亲自面试，他提出了这样一道问题，题目为：假定单位派你到某工厂采购4999个快餐盒，每个8分钱，你需要从公司带去多少钱？

几分钟后，应试者都交了答卷。

小李的答案是500元。

经理问："你是怎么计算的呢？"

"就当采购5000个快餐盒计算，可能是要400元，吃饭、打车、搬运等

其他杂费就100元吧!”小李对答如流。

小张的答案是450元。对此他解释道:“假设5000个快餐盒,大概需要400元左右,另外可能需用50元杂用。”

经理对这两种答案没表态。他拿起小黄的答卷,见上面写的答案是418.92元时,不觉有些惊异,立即问:“你能解释一下你的答案吗?”

“当然可以,”小黄回答道,“快餐盒每个8分钱,4999个是399.92元。从公司到某工厂,乘公交汽车来回票价11元。午餐费5元,从工厂到汽车站有一里半路,请一辆三轮车运餐盒,需用3元。因此,最后总费用为418.92元。”

经理不觉露出了会心一笑,收起他们的试卷,说:“好吧,今天到此为止,明天你们等通知。”招聘结果可想而知,小黄被录用了。

企业在录用人才的时候,并非只关注你的专业水平,是否为企业着想也是重要的因素。很多责任心淡薄的人,对企业的财物没有节约意识,总是随便浪费。这些小钱的开支,积累起来就是巨大的成本消耗。

“泰山不让土壤,故能成其大;河海不择细流,故能就其深。”企业的发展与壮大和节约每分钱的关系正是如此。

世界上每个规模庞大、实力雄厚的企业,都不是凭空产生的,它们是靠着所有员工们一步一个脚印地奋斗出来的。

企业的效益和员工的命运息息相关,企业好比是一台巨大的机器,而员工创造的利润正如能够使机器运转的燃油一样,给企业的运转提供着能量。如果燃油供应得少(创造的企业利润少)或燃油劣质(在生产过程中浪费严重),都会使企业这台机器缓慢前进或停步,用于支付这部机器的“维护费用”(支付员工的工资和所要纳的税)会明显不足,导致这部机器失去使用价值而废弃。

员工作为企业的一员,应该为企业的发展、壮大贡献力量。其实员工只要做很简单的一些事,企业就会受益匪浅。员工要把自己工作范围内的事情尽职尽责地做好,不但会在直接的工作当中为企业创造一份利润,也会在生产中创造一份

节省出来的利润。作为企业来讲，收获的将是两份利润。企业这部机器也会燃料充足而高速奔驰在高速发展的大道上。

大家都知道，沃尔玛是全球最大的零售企业，销售额也排在全球的前三名，在世界500强企业排名中，沃尔玛曾连续几年荣登榜首了。沃尔玛能在激烈的市场竞争中快速发展，主要依靠两个看家本领：削减开支和薄利多销。

那么，沃尔玛如何能做到这一点呢？正是沃尔玛创始人萨姆·沃尔顿所创立的“节俭文化”帮助他实现了这一目标，沃尔玛对成本费用的认真节俭态度完全可以用“抠门”一词来形容。在沃尔玛，从来没有专门的复印纸，都是废报告纸的背面用于打印，并且所有的复印纸必须双面使用，否则将受到处罚。

沃尔玛正是用这种认真的节俭态度，在经营中千方百计节省开支，降低成本，来获取赢利的关键，从而取得了更好的效益，建立起庞大的连锁销售帝国。

在市场竞争日益激烈的今天，节俭已经不仅是一种传统的美德，更是一种高尚的职业素养，它可以增强个人的职场竞争力，从而成为一种成功的资本；从现在起，你应该试图改变思想，意识到节俭不是“老”“旧”“土”“粗”的东西，而是财富和利润的发动机。

帮企业节约资源，为自己在职场赢得地位

民间有句俗语叫“吃不穷，喝不穷，算计不到就受穷”，意思是过日子得精打细算，减少不必要的开支，才能把日子过好。其实，经营一个企业跟居家过日子一样，也需要量入为出，开源节流。所以，企业里各级领导都喜欢节约型的人才。企业里这样的员工越多，就越会算计着帮企业省钱，企业的效益就越好。

优秀员工都会把企业当成自己的家，会尽最大努力完成自己的每项工作，把

浪费降低到最低限度，小心地使用设备和服务设施，高效率地利用好自己的时间。这样，不论是开动一台机器、进行一次车间检修还是在办公室打一封信件，员工都会最大限度地为企业节约每分钱。

有的员工认为，自己只是一个打工者，与企业只是一种雇用关系，甚至有意无意地将自己置身于与领导对立的位置，总是认为企业的一切都与自己无关，节约下来的一切也给企业，对自己并没有任何好处；有的员工认为企业的资源是取之不尽、用之不竭的，所以就出现了现在很流行的一些现象，如昼夜不灭的“长明灯”，永不“下班”的饮水机，全天“待命”的电脑……

现代企业里一般都为员工配备消夏解暑的设备，这其中空调的使用最为普遍。企业使用空调时，要注意合理使用，因为空调是相当费电的一种电器，一般空调的功率都很大，再加上使用方面的不注意，会造成更多额外的损耗。

除了空调之外，办公室里的浪费现象看似琐碎，实则触目惊心！一台昼夜“上班”的饮水机，每昼夜会白白“吃掉”两度电；如果办公室里的电扇、电脑、电视等同时处于待机状态，就像在办公室里安装了一个30~50瓦的“长明灯”。这些是根本创造不出任何效益的浪费，也是完全可以避免的浪费。

如果我们能够正确使用这些企业电器，利润是很可观的。据国家统计部门统计，仅仅做到正确使用空调，按每台空调计算，一个夏季用户就可省160多元的电费。若是在企业里就不仅仅是一台空调的问题了，而且企业空调的使用频率较家庭要高得多。假设某企业有五台空调，如果员工能做到正确使用，一个夏天就可为企业节省上千元的电费。规模再大点的企业省得就更多了，所以不能小看正确使用办公设备的价值。

这些浪费现象主要是员工造成的，一是员工没有正确的使用态度，有些员工无论在不在办公室的情况下都让空调或饮水机运转着，丝毫没有节约意识；二是员工的使用方法不正确，有些人夏天为了追求最“爽”的感觉，把空调的温度定得很低，甚至有的人在开空调时还把室内的窗户大敞着，这些都造成了严重的浪费。

有着“事不关己”观念的员工是很危险的，第一，他们对自己所在的企业不负责任；第二，他们往往会违背节约办公的好习惯，加大企业的办公费用的开支，给企业带来损失。

在华为集团一次年终颁奖晚会上，面对研发材料浪费非常严重的情况，总裁任正非把那些浪费掉的材料全部分装打包，给每位研发人员发了一份作为奖金。任正非可谓用心良苦，虽然每个员工当时可能有些难受，但是他们深受教育：企业的资源是不应该浪费的。第二年，整个企业用于研发的资金就降了下来，任正非又将所有节省的资金作为奖励发给了员工。

试想一下，不管企业的实力再雄厚，利润再高，如果员工不懂得节俭，也会日渐丧失优势，最终落个关门倒闭的境地。这时，即使企业不淘汰你，你也会和因为庞大开支而被拖垮的企业一起出局，这时你也必然要重新寻找落脚点。

每一家企业都希望所有员工有节约的意识，干什么事都不要有浪费的习惯。作为一名员工，如果你能够帮企业节约资源，那么企业一定会按比例给你回报。可能这种回报不会很快兑现，但是它一定会来，只不过表现的方式不同而已。

员工正因为有了企业这个舞台，才能挥洒青春和激情，打造属于自己的一份事业和天空，让自己的人生丰富多彩。如果我们不注意节俭，肆意浪费企业资源，企业也就无从赢利，更谈不上员工赢利。

强生公司前首席执行官名詹姆斯·伯克曾说："没有企业的赢，就没有员工自我价值的实现；没有企业的赢，也就没有员工的发展。员工的成长是企业发展的动力，企业发展是员工成长的根基，只有共同成长才能实现双赢。"

每个企业都心仪于一心为企业着想、自觉为企业节约开支的员工，因为这种员工将会大幅度提高企业的经济效益，降低成本，提高竞争力，使企业在风云变幻的市场中立稳脚跟。对一个想要成功的职场人士而言，不可以忽视这种没有必要的浪费。这是节俭办公中不可忽视的问题，是每个企业员工都要认识的问题。

每一名员工都应该明白，自己的工资收益完全来自企业的收益，因此，企业的利益就是自己利益的来源，“大河有水小河满，大河无水小河干”，没有了企业作为依托，员工就成了无本之木，无源之水，无以为继，难有作为。因此，帮企业节约实际上就是为自己谋福利。

工作中杜绝浪费，为企业的发展添砖加瓦

微利时代，拼的就是节约。要想给企业创造高业绩，就一定要讲节约。在工作中随意浪费的员工都不会有好的发展。因此，如何在工作中杜绝浪费就成了每一个渴望高业绩员工所必备的知识。

在一家忙碌的沃尔玛超市里，一名店员正在给顾客包装商品。他手脚麻利地完成了任务，然后随手将剩余的一张包装纸和包装绳扔掉了。这时一位身穿粗布员工服的中年人走过来，将纸和绳子捡起，微笑着对店员说：“小伙子，我们卖东西赚不了什么钱，关键就是靠节省这些来创造利润。”这个中年人就是来繁忙的店面帮忙的沃尔玛创始人山姆·沃尔顿。

沃尔顿的做法你赞同吗？许多人认为他是在“作秀”，或者说是太过小气。可那些成功的管理阶层和真正在商场上为企业拼命创造高额利润的人却不这样认为。在他们眼里，浪费就是对企业的侵害。一位商界奇才也曾经这样指出：“节约10%，就等于利润增加20%。同样，浪费10%，就等于利润减少20%。”

要想杜绝工作中的浪费，首先就要知道什么是浪费。沃尔顿曾经说过：“与完成工作、赢得业绩无关的付出都是浪费。”也就是说，如果你“替”企业付出的东西不能为企业赢得相应业绩，那就是在浪费。比如在上文的小故事中，店员

扔掉了包装纸和绳子，对于沃尔玛超市来说，它已经经店员之手付出了相应的材料，可是它收到效益了吗？显然没有，这就是浪费。

再比如，一名销售人员要赶时间去面见一位客户，因此他不得不打了一辆出租车。而另一名销售人员不着急赶时间，可为了方便舒适，他也打了一辆出租车。同样是为了工作，这两种行为性质相同吗？绝对不是！前者是必要的，而后者就是浪费。因为前者的赶时间为企业产出了效益，后者打出租车与否都不会对最后结果产生影响。类似这样不能为企业产出相应业绩的行为，在工作中我们一定要极力避免。

明白了哪些是浪费行为，你还要对工作中能够节约的每一个环节了如指掌。

坐办公室的人员应该知道自己的办公消耗可以限制在多少以内；接待人员应该知道如何接待才能既节约又让客户满意；生产线上的人员应该知道自己的工作程序中有哪些地方会出现浪费现象，而哪些地方又是能够避免的。这样才能真正做到在工作中杜绝一切浪费。

一家药业集团有一名生产线员工，他的工作非常简单：将工友做好的包装盒打开，将机器自动称重分类的贴膏贴剂放入包装盒，再将包装盒合好，放到流水线上。这一动作简单，每天他都无数次重复着。

有一天，这位工人突然找到负责工序流程的主管，建议他取消工友工作中的最后一步。原来，这些工友负责把平板状的包装盒折叠、组装好。在此过程中，按照规范他们要将包装盒完全做好，包括盖子也要盖好。而这些包装盒送到这位工人手中后，他又要将包装盒盖打开。这不是浪费时间吗？

对工人的建议，主管非常重视。他经过仔细观察发现，现在工人每分钟只能折叠6个包装盒，而在简化最后一个不必要步骤后，他们能折叠7个。这是一个不小的提高，而且这种节省还让工人在下一步包装时，节省了开盒盖的时间。

员工的建议被采纳了。同时，公司也对这位员工给予了物质上和精神上的双重奖励。

在我们的工作中，要想节约时间、节约开支并不算难。关键是我们要多观察，多动脑，发现浪费之处。熟悉自己的工作，用心去琢磨它，杜绝浪费就轻而易举。

除了以上两点外，我们在工作中还要掌握一些厉行节约的小技巧。

办事有技巧，节约也有技巧。掌握了技巧，我们的工作才能事半功倍。当然，人有百样，工有百行。每一行的节约窍门都各不相同，这需要我们自己去琢磨，去查找，去总结。这里可以给大家举一个例子。

假设你是某企业的接待人员。一位客户来拜访领导，可是领导正在开会，他需要等待领导开完会。这时候你往往都要给他送上茶水。你会给他倒半杯，还是一满杯？

有心的人会发现，几乎所有等待的人都不会把水喝光，甚至他们都不会去碰这杯水。当然，一些非常口渴的人除外。这样一来，给他们倒满杯无疑是浪费。不要小看这半杯水，在客流量大的企业，这一举措甚至可以让你的桶装水消耗量减少一半甚至更多。如果客人口渴，把水都喝光了怎么办？这就要你仔细观察他喝水的情况。喝光了再倒，一方面显示出你对客户的关心，另一方面也避免了浪费。

在工作中杜绝浪费是一种能力。这需要我们具备相应的心态，能够用心琢磨，同时勇于自律。这种能力看似微不足道，却能最大限度地帮助我们为企业的发展添砖加瓦，为自己事业的进步奠定基础。

睁大眼睛，盯住工作中的每一个细节。如果你能够做到在工作中节约每一分钟、每一分钱，那么我们的业绩和公司的效益就都会取得欣喜的成果。

树立强烈的成本意识，千方百计节约开支

成本是市场竞争成败和能否取得经济效益的关键，是企业提高竞争能力的核心所在，是为了达成一定目标的必要付出。大家应该都知道这个公式：利润=收入-成本。可想而知，降低了成本，利润自然就会显现出来，利润其实就隐藏在成本之中，只是利润总是被成本压制。

有人说，高成本就是魔鬼，因为如果任由成本滋长，利润肯定会被这个可怕的魔鬼吸光，所以降低成本就是在增加利润。因而每一位员工不管做什么工作，在什么岗位，都要有强烈的成本意识，把成本观念植根人心，千方百计、想方设法地为企业降低成本，增加利润。

洛克菲勒曾在一家公司做记账员，几次在送交商行的单据上查出了错漏之处，为公司节省了数笔可观的支出，因此深得老板赏识。后来，洛克菲勒在自己的公司中更是注重成本的节约，提炼加工原油的成本也要计算到第三位小数。为此，他每天早上一上班，就要求公司各部门将一份有关净值的报表送上来。经过多年的商业训练，洛克菲勒已经能够准确地查阅报表上来的成本开支、销售以及损益等各项数字，以此来考核部门的工作。

曾经有一次，他问一个炼油的经理："为什么你们提炼1加仑原油要花1分8厘2毫。而东部的一个炼油厂干同样的工作只要9厘1毫？"洛克菲勒甚至连一个价值极微的油桶塞子也不放过，他曾给炼油厂写过这样一封信："上个月你厂汇报手头有1119个塞子，本月初送去你厂10000个，一月你厂使用9527个，而现在报告剩余912个，那么其他的680个塞子哪里去了？"洞察入微，刨根究底，正如后人对他的评价：洛克菲勒是统计分析、成本会计和单位计价的一名先驱，是今天大企业的"一块拱顶石"。

高成本就是魔鬼，而洛克菲勒由于奉行了“斤斤计较”的成本管理理念，才使其企业在竞争激烈的石油业中蓬勃发展，逐渐壮大起来，最终拥有垄断美国石油业的巨大资本。

商场上，企业与企业、企业家与企业家刀兵相见，而增加收入是你的“长枪”，降低成本是你的“砍刀”，学会使“刀”弄“枪”，你将威力无比。拿着“枪”冲锋陷阵，不如举起“刀”削削减减，砍掉不必要的成本。

爱多公司于1995年成立，仅一年就成为VCD行业的佼佼者。1996年，爱多以8200万元天价成为中央电视台广告“标王”，并用全部利润450万元请影星成龙拍了广告片。1997年爱多的销售额从前一年的2亿元骤增至16亿元，赫然出现在中国电子50强的排行榜上。这年底，爱多公司创始人胡志标赴荷兰飞利浦公司总部考察，这家电子工业巨人以“私人飞机加红地毯”的最高规格接待了这位来自中国的年轻人。

据称，飞利浦从来只对两类人给予这样的礼遇，一类是国家元首，另一类是公司最重要的客户。当时海内外业界对胡志标的厚望可见一斑。

但是，随着爱多的超常规成长，以及不知节俭的企业文化，不停打响的价格战让爱多的成本居高不下，高成本让爱多不堪重负。寻找新的增长点成为一个摆在胡志标面前的大课题。于是，一个庞大而激动人心的“阳光行动B计划”出炉了。然而，仅仅在南昌等个别城市开出“爱多增值连锁店”后，它便无疾而终。从“B计划”失利开始，爱多开始走下坡路。因为企业规模急速膨胀，资源供应短缺，过于依靠短期现金流导致爱多出现中国民营企业常见“速生速死”和“三年企业”现象，兴盛时来势迅猛，公司颓废时也是一日千里，江河日下。

胡志标力图东山再起。1998年9月至11月，胡志标未经爱多公司另外两大股东陈天南与益隆经联社同意，以爱多名义成立中山市爱多数字视频设备有限公司、中山市爱多音响设备有限公司、广东爱多音像有限公司，挪用爱多公司的巨额资金进行虚假注册及公司的生产经营，从而给爱多造成了重大损失，风光一时的爱多轰然倒塌。

这件事使得胡志标又犯下挪用资金罪和虚报注册资本罪两项罪名，加上给国安公司开具假票证而犯的票证诈骗罪，胡志标三罪并罚，锒铛入狱。

这样的教训无疑是惨痛的。由于浪费和无计划地花费导致的高成本就是“魔鬼”。它在不知不觉中榨干了企业的利润，摧垮了企业。而成功的企业往往是及早发现了高成本“魔鬼”，并想尽千方百计在成本上把关，把每一分钱的成本浪费都当成“魔鬼”来对待，尽全力杀死高成本这个“魔鬼”，才能够赚到更多的利润，才能在微利时代生存并发展壮大。

企业如此，在企业里工作的员工亦是如此。每一位员工都必须明白，企业不是摇钱树，所以，做任何事都要有成本意识。

第一，员工要知道，企业的利润是要靠每一位员工来努力创造的。有运营，就必然有成本，为了降低成本，应避免浪费。对于企业新进员工，应好好灌输其节约成本的意识。

第二，要提醒员工，不做不合理、浪费的工作。所谓不合理，就是贪图小利而做出不合理的事，比如，只能装一吨的卡车，却要它装载三吨重的东西。而浪费，刚刚好与前者相反，做出不符合节约原则的事，例如，可载三吨重货物的卡车，只装了一吨的东西。在工作场所中，我们经常可看到不合理、浪费的事情，比如在没有人的场所，仍亮着灯，这将没有必要增加电费开支，凡此种种，不胜枚举。

第三，员工对于自己的行为应及时反省。在做事的时候，先考虑整体目的，然后依据目的来选择适当的方法、手段来完成这项工作。当然，所采用的方法、手段，应该是从可降低企业成本、提高生产效率的角度来考虑的。

高成本就是“魔鬼”，我们必须毫不留情地把它杀死。这样，才能保证企业的利润，保证企业不断地发展壮大，而不被成本这个“魔鬼”左右，甚至被它压垮。世界上所有规模庞大、实力雄厚的企业，都是注重成本控制。节俭开支的企业，都是靠所有员工一步一个脚印创造出来的，是一分钱一分钱地节俭出来的。

做“当家”的员工，为企业节约每一分钱

对企业来说，节约可以有效地降低成本，提高利润，增强企业应对市场变化的能力。提倡节约意识，还有助于逐步形成勤俭持家、注重节约的企业文化。同样，节约不仅对企业有好处，更会惠及员工自身。每一名员工都能够自觉地为企业节约资源，为企业创造价值和效益，使企业的效益更好，企业就更有能力给予员工相应的回报和鼓励。所以，做“当家”的员工，为企业节约每一分钱是企业对员工的基本要求，也是员工的责任。

不管是企业的管理层还是普通职员，都应该马上培养自己勤俭节约的意识，并时刻提醒自己，把企业当成自己的家一样。只要企业的每一位员工都能够做到自觉节约，那么企业就能够把成本降到最低，其竞争力也会因此得到提高，从而决胜商海，所向披靡。

要知道，企业里的一草一木都是大家辛苦挣来的，来得都不容易，能不浪费就绝不浪费。而一些员工是没有成本意识的，认为自己为企业赚了钱，浪费点又有什么关系呢？与自己为企业赚的钱相比，自己浪费的只是九牛一毛而已。有了这种想法以后，花企业的钱大手大脚，尤其是在一些办公用品的消耗上，只顾自己用得舒服，哪儿管什么成本意识和节约概念。现在的企业都崇尚节俭，又岂能

容你随意浪费？

刘仰光大学毕业后，进入一家药业集团工作。在这里，不仅工作环境好，薪水也比一般的企业要高，晋升的机会也多，刘仰光很珍惜这份工作，工作十分努力，也做出了不凡的业绩，为公司赚了不少的钱。

得知上司要找他谈话时，他有点按捺不住地暗自得意，公司肯定要提拔自己了，他信心满满地来到上司的办公室，正襟危坐，静候佳音。

“仰光，这一年来，你的业绩还是不错的，为公司盈了利。现在，全世界都金融危机了，公司为控制成本，不得不紧缩人事，希望你多多谅解。按规定，你可以领到三个月的失业金，希望你早日找到更好的工作。”

刘仰光被这突如其来的决定弄得不知所措，甚至怀疑自己是否听错了，他鼓起勇气问：“您是说我被裁员了？我做错什么了吗？还是因为我工作不努力或能力不够？”

“说实话，公司也不想这样做，你的工作能力是没问题的，而且你也很努力，这一点无可非议。遗憾的是，你在为公司赚钱的同时，也浪费了不少的钱。”

说着，上司拿出一份资料：“据我观察和了解，你在一年中出差的成本比同类员工的成本要高出30%，为什么呢？看看你出差在外的吃喝住行就知道了，你从来没考虑过出租车以外的交通工具，对旅馆提供的免费早餐不屑一顾，而是额外用餐。另外，你在办公室领取的办公用品也比别人多得多，夏天你办公室的空调一天到晚就没停过机……”

按照一般人的理解，刘仰光工作努力，又有能力，为企业赚了那么多的钱，浪费点也属正常。但从山东朱氏药业集团的角度来看，却完全相反。要知道，这家企业能连续多年名列行业前茅，其成功的秘诀就是“质优价廉”——其同类产品比别的厂家一定要便宜。正是靠这种微小的差别，他们才得以战胜对手，赢得顾客的青睐。他们认为，一个员工如果在小的方面能浪费，在大的方面未必不浪费，因为你养成了浪费的习惯，虽然今天的你浪费的只是一张纸、一度电……但从这些方面足以看出你是一个没有成本意识的人，也没想过为控制成本做些什么。这样的人留在企业，不利于企业的发展。

尽力为企业赚钱是员工应尽的责任，如果只知道赚钱，不懂得为企业节省，这样的员工照样不受欢迎。

不但是这家企业如此，其实，任何一家优秀企业都是如此。因此，如果你想成为优秀企业的一员，最好先做好思想准备，在为企业赚钱的同时，坚决改掉自己浪费的坏习惯，否则，其结果也只能和故事中的刘仰光一样“卷起铺盖走人”。没有哪一家企业可以容忍一个没有成本意识、视企业资金如流水、喜欢随意挥霍的员工存在。

追求利润是企业的根本目标。企业利润就像人的血液一样，假如企业造血功能不好，发展就会受到限制。要想实现利润最大化，就要增加自身的造血功能，企业不但要会开源，更要会节流，降低各方面的成本，比如人力资源成本、办公成本、业务成本等。利润指标是定量的，如果降低了成本，就等于提高了利润，节约一分钱就等于创造了一分钱的利润。

多争取一元钱的生意，也许要受外在环境的限制，但节约一元钱，却可以靠自己的努力而实现。节约一元钱等于净赚一元钱。赚钱要依赖别人，节约只取决于自己。

如今一些企业提倡这样的节约精神：节约每一分钱，每一张纸，每一度电，每一滴水……节约一分钱等于为企业赚一分钱。

作为一个员工，我们每做一项工作都要想一想，怎样才能为企业节约每一分钱，甚至一分钱都要掰成两半花，只有把这种节约的意识深入每一项工作、每一个环节上，我们的最低成本目标才会实现，这也就是“为企业节约一分钱，就相当于为企业赚取了一分钱的利润”的道理。

杜绝化公为私的做法，尽力降低办公成本

工作时间丝毫马虎不得，要充分利用起来，不要因为没有必要的电话，影响了自己和同事的办公效率，让老板和同事对自己产生厌恶的情绪。否则，别说升职加薪，恐怕连下个月的薪水都不知道去哪里领！

倩倩是一家医疗器械有限公司的经理助理，相对于公司里的其他的员工来说，她的工作较为轻松一些。她是一个很开朗的女孩，朋友很多。倩倩把公司的电话告诉了所有的朋友，让他们有事直接打到座机上，不要再往她的手机上打了，那样她可以节省很多话费。每次倩倩都不在乎是不是上班时间，只要有她的电话，便眉飞色舞地聊上很长时间。经理对她睁只眼闭只眼就不追究了。在同事的印象中，倩倩总是抱着公司的电话在说笑，有时还会大声笑出来，经常影响到一些专心致志工作的同事，但碍于面子谁也没有指责她的这种行为，于是公司的电话几乎成了倩倩的专线。

有一次一个很急的业务电话，对方打了好几次，电话都在占线，一气之下对方解除了合同，这使公司莫名其妙地损失了一笔买卖。公司经理非常生气，经过全面了解，发现那天倩倩占着电话和朋友聊了足足 3 个多小时。经理大发雷霆，严厉禁止倩倩再拿公司电话打私人电话，一经举报便扣除当月的工资。为了能让倩倩记住这次教训，经理还扣了她 3 个月的奖金。

用企业电话打私人电话，不仅影响了自己的办公效率，还会影响同事的办公效率，给自己和企业带来利益上的损害。

一位企业领导这样评价："他当着我的面打私人电话，有两种可能。一是他没有看到我，但是这足以表明他私下里打过许多次电话；二是他根本就没把我放在眼里，认为打私人电话很正常。后一种显然更为猖狂，也更为可恶。要是裁员的话，这两种人我都会裁掉。"

用对公电话打私人电话，既浪费企业的金钱又浪费办公时间，对企业开展业务也造成很大不便。

在一些企业里，有许多员工往往在无意中占用工作时间或物品去做自己的事，也有许多员工会心安理得地去占企业的便宜、揩企业的油，认为企业的便宜不占白不占。但是无论有意还是无意，占企业便宜这笔账总会算到你头上来。

除了企业的钱不能用于私人外，企业的其他物品，如办公用品、耗材、汽车等也不能作私用。工作场所的一切是属于企业的，也只能出于公务才能使用它们，大到汽车、复印机、电话等，小到信纸、笔等办公用品都必须用于公务。尽管办公室内都会有细则禁止公物私用，但是，企业是无法每天监视员工的工作的。因此，要真正做到这一点，必须依靠每一名员工的主动性和自觉性。

一家药业有限公司是集膏贴生产与加工、耗材类产品生产为一体的生产企业，该公司周经理一直为公司居高不下的电话费头疼。在查了话费单后，他认定有职员经常利用公司电话打私话。没想到的是，就在他查明真相的第二天，就碰上了高额话费的其中一名“肇事者”。

当日，周经理下班回家后，临时折回了公司处理一些事情，谁知一进公司，就碰见一名职员在用公司电话往家打长途。面对周经理的斥责，那名职员委屈地说：“我很少这样做，没想到今天就被你撞见了。”日后，周经理说他原本是要提拔那位职员做自己的助理的，可就因为这件事，让他否定了先前的想法。

公私分明，是做人的准则，也是做事的原则。每一名员工不仅不能将企业的物品占为己有，而且应该尽可能地节省使用办公用品，以此使自己成为现代企业青睐的员工。

企业中的任何一名员工的言行都代表了该企业的形象，也都能够暗示该企业的兴衰。从一个员工身上往往能看到企业的影子，所谓“一叶知秋”就是这个道理。所以，每个员工的点滴形象和行为，都和企业密切相关。公是公，私是私，员工要把这两方面分清楚。一个优秀的企业决不允许其员工对企业财务大手大脚、毫无顾忌地用和拿，这样不仅会给企业带来一定的资源浪费，给企业带来的无形损失也是不可估计的。

如果你想成为一名优秀的员工，想在自己的工作上有所成就，那么你必须做到公私分明，做一个职场清白人。如果不能做到公私分明，那么职场中的失败就随时都可能发生。在我们的职业中，一次升迁机会的丧失可能是由于你出差的费用远远超过标准；一次生意的失败可能仅仅是因为你在谈话中暗示自己要一定的回扣；一次解雇可能是因为你直接拿了企业中不该拿的物品……这些小事看来无足轻重，却往往决定了你的命运。

你要回头看看自己是否经常贪图企业的资源，是否故意将工作中产生的可报销费用虚假报高，是否在企业的业务往来中收受贿赂或者回扣……要记住，不可为小利损害了企业的大利，也不可为眼前的利益毁了自己光明的职业前程。

上司交给你十件事，你都可以做到尽善尽美；但是，你只要让他看见你做了一件有损道德的事，就非常容易让他将你全盘否定。不少人力资源部经理都对职场人士传达了这样的职场忠告：身处职场，切忌化公为私。尽管一时贪了企业的小便宜，最终受害无穷的还是自己。

也许有人会这样想：占用企业一本稿纸、一支圆珠笔有什么大不了的，这些不值钱的东西，用用又有什么关系呢？其实，这种想法是不对的，一个人职业品质的好坏，往往都是从这些细小的方面体现出来的。俗话说：“不因善小而不为，不因恶小而为之。”不要小看一张纸或一支笔所造成的损失，它比你想象的严重得多。

在一个现代企业中，化公为私的做法，体现的不仅是一个人的人品问题。更是一个企业节俭文化的缺失，化公为私的员工是要不得的，而拥有这样员工的企业在现代商场也是经不起考验的。

以企业利益为重，把差旅费的利用率最大化

“现在就怕出差。”如果这句话出自一名企业员工之口，恐怕你不会觉得稀奇，可要是出自一名企业管理人员之口，可能你就要感到奇怪了。为什么企业怕出差？事实上，不是企业怕出差，而是企业怕员工出差。因为出差就意味着花钱，而差旅费是在诸多企业财务支出中最无法掌控的一项。

员工在外，各项开销如何控制？不控制，恐怕不自觉的员工就要趁机大捞一笔；控制，在现在这个只有高档饭店才能按实际消费提供发票的时代，无论如何也堵不住其中的漏洞。这就是企业发愁员工出差的症结所在。事实上，究其原因，还在于员工不能以企业利益为重，不懂要为企业节省开支的缘故。对于企业的优秀员工而言，他们想到的不是如何骗取企业的差旅费，而是如何节约，如何用最少的钱办最多的事。

一家医药科技有限公司的于印浩第一次独自出差，公司就安排他到南京向一位客户讨还债务。怎么才能把这项任务办得漂漂亮亮？一方面，于印浩在讨还债务的方法和流程上下足了功夫；另一方面，他也没有忽视节省差旅费的细节。因为他一直认为，为公司节约开支与创造业绩是一样的。

往返车票公司都已经帮他订好，于印浩把目光盯在了日常开销上。睡，他选择的是最便宜的旅馆通铺；吃，他选择的是路边小摊；玩，他坚持工作第一，这次出差就没有去任何旅游景点。在与客户商谈业务时，他需要有代表公司形象的正装。为此他特意准备了好几身衣物。会见客户时，他会穿正装，回到旅馆就换上普通衣物。这样一来就免去了找洗衣房洗衣服的费用。

当客户答应他提前归还货款后，他没有按照公司订好的火车票回公司，而是将之改签为当天下午的火车。这样一来，他就又省下了一笔住宿费。回

到公司后，于印浩节省开支的表现全部被领导看在了眼里，得到了公司管理层的一致好评。

于印浩能够在出差时使用各种巧妙方法，为企业节约差旅费，本身就是种心怀企业的表现。所以，他受到领导表扬理所当然。事实上，所有领导心里都有一杆秤。员工是否能够为企业着想，通过节约差旅费这个细节，他们就一目了然了。

当然，节约差旅费不是要我们勒紧裤腰带，吃不好、睡不好，身体好有精神才能为企业创造更高的业绩。节省差旅费的办法还是有很多的，下面就给大家介绍一些好点子。

1. 出发前给自己“从严”制订一个支出计划

许多人差旅费“超标”的原因在于，他们没有一个大概的消费计划。

出差 10 天，算上往返路费你大约要花费多少钱？如果做一个调查就会发现，没有计划的人往往要比有计划的人花费多得多！所以，在出发前做一个大致计划很有必要。

事实上，这个计划不难完成。路费、住宿费、伙食费等，这些都可以有一个预估。制订计划后，在差旅途中我们就会不自觉地把实际花费与计划做一个对比，花多了就控制，花少了则达到了目的。相比之下，没有计划的花销才是最可怕的！

2. 会节省路费

路费一向是差旅费的大项。尤其是路途较远的时候，更是如此。在各种交通工具均很发达的今天，如何选择交通工具就成了节约的关键就以从北京到上海出差为例。开车去上海，沿途各种费用在 1500～2000 元，时间也较长；坐火车去上海，高铁 550 元左右，而普通列车卧铺在 300 元左右；飞机，打完折费用大致为 600 元左右。三种交通工具各有利弊，根据你工作的需要进行调整即可。以前要想快速到达上海，坐飞机是不二的选择，现在有了 5 小时到上海的高铁，想省差旅费的员工就都有了更好的途径。夕发朝至，价格便宜。

3. 找不奢华也不吵闹的住处

许多人出差非要住高级宾馆不可。在做决定之前我们不妨扪心自问，这有必要吗？出门在外，衣食住行肯定不如家里舒适。既然如此，能够休息好就是最大的标准。所以，我们完全没有必要去选择高档酒店。在网上预约经济型的快捷酒店，往往可以给我们带来一定的价格惊喜。当然，为了省钱去住小旅馆也不是最好的选择。因为一旦休息不好，还会影响工作。

除了住宿，饮食方面我们也可以遵循这个原则。当然，价格实惠而又有特色的地方小吃，我们不妨也尝一尝。

4. 不要做与工作无关的事情

出差等于公费旅游？如果这样想，那么差旅费一定省不下来。所以，速去速回，不要被沿途风景所吸引，这一点是节省差旅费、花小钱办大事的秘诀。

差旅费并不是我们为企业节约创效益的唯一途径，它却是一个需要关注的要点。找最合适的办法，发现新的节约途径，做优秀员工就要有这样的节约意识。

第十一章

效率意识：高效的团队决不需要闲人

工作效率低下现象的出现，对于一个团队，一个企业来说，是一个很危险的信号。它将直接导致企业整体执行力的下降和最终丧失。在现实工作中有两种人，一种人每天都忙个不停，但是由于工作方法不正确，效率很低，工作绩效平平；另一种人尽管平时并不是很忙，但工作方法正确，能用较少的时间来完成工作，绩效相当好。对于前者，或许最初上司会因为你的刻苦努力而欣赏你，但是，我们这个年代是一个重视过程，更重视结果的年代，人们不仅要勤奋，更要用合理的方法做事。

高效工作的员工，才有更多时间自由支配

追求高效率是优秀员工的第一使命。在追求高效率工作的过程之中，我们不再是盲目地每天做着重复性的工作，在我们的心理预期上，我们知道自己可以越做越好、越做越快，我们可以每天用最短的时间做好工作，用其他的时间来体会生活和生命的意义。

在一些企业中，我们往往可以看到有的人在拼命地工作，有的人却很悠闲地喝着咖啡，而后者却拿着比前者高很多的薪水，这是什么原因？我们不禁感到诧异，其实这就是效率和质量的问题。后者可以用一天的时间完成前者三四天才可以完成的工作量，并且质量更好，这就是优秀员工和普通员工之间最大的区别。因此，追求高效的员工在工作中创造的价值具有双重意义，既为企业创造了最大化的效益，也为自己创造了最大化的空间。

想要在有限的生命里实现自己的事业成就，又能够拥有自己的生活，就要牢记：高效是缔造高品质生活的保障，追求高效是优秀员工的第一使命。只有高效率地做事，才可以在每天有限的工作时间内把自己的工作完成得更出色，而不必日日加班加点，忙得头晕眼花，却屡屡失利，做不出成绩。时间是公平的，对任何人都是不偏不倚地每天有 24 小时，我们必须善于利用时间，才能够在最短的时间内做出比别人多、比别人好的工作业绩，让自己每天的工作和生活时间得到科学合理的分配，不至于因工作和休息失衡而让自己受到疾病的威胁。

有人说："高效，是企业与个人核心竞争力的基石。"每一个企业的发展壮大都需要工作高效的员工，每一个员工的个人事业发展更离不开工作高效。因此，高效工作不仅是影响企业发展的重要因素，也在员工实现事业成功的过程中起着非常重要的作用。

2002 年 5 月，石宝现进入一家药业公司做一名车间工人。从工作的第一

天起，他就树立了“把企业当成自己的家”的主人翁思想，全力以赴，尽心尽力地工作。“好好地干！下苦干！老实干！”成了他常说的一句话。他在别人闲聊时抓紧工作，在别人偷懒时抓紧工作，在他眼中工作效率就是一切。

2003年9月，石宝现成了车间主任，他激动地说：“一个合格的员工不能只懂得好好干、苦干，还要懂得怎样好好干才行！”从此之后，他开始更加讲方法地开展自己的工作。他曾经多次将自己已经使用得很顺手的好机器给同组人使用，自己却用陈旧的机器，这样不但保证了团队成员的工作效率，还使整个工作任务能够得以顺利、及时地完成。他在工作中向来都严格要求自己，用更高的标准衡量自己的工作，同时非常热心地帮助工友。从2002年起，他连续七年每个月都能高效率地完成生产任务，并在他的帮助下，十三名工人成了工厂和车间的先进生产者。

为了提高厂里的涂胶生产质量，以及进一步提高自己和他人的工作效率，为企业和社会创造更大的效益，石宝现在总结前人的经验和其他优秀纺织工人的优秀成果的基础上，进行反复的研究试验，最终琢磨出了一套科学的操作法。通过这种全新的操作法，生产效率大幅提升。

石宝现是一名追求高效的优秀员工，他认识到了自己在企业的主人翁地位，并通过严于律己的精神和努力工作的热情，以及乐于助人的优秀品质，使企业的生产任务得以顺利圆满地完成，还琢磨出了科学合理的操作法。他对工作高效的追求不仅表现在自己日常实际具体的工作之中，还表现在从大局着眼，从操作方法上入手，全面为企业提高生产效率和质量。

“21世纪面临的最大管理挑战是如何提高知识型员工的生产力。”这句话是现代管理专家彼得·德鲁克在《21世纪的管理挑战》中所提出的一项精辟而重要的论点。其中“生产力”指的就是能够高效地工作，高效地解决工作中的各种问题。如今，高效工作已成了各个领域、各个企业的追求，没有一个企业不希望自己的员工能够高效率地工作，给企业带来一种工作业绩上的突破，在一定的

工作时间内创造出让其他人感到不可思议的贡献。只有高效工作的员工才可以使企业获得长久持续的发展和壮大。若是工作懒散怠惰、拖拖拉拉，或者盲目地瞎干一气，不善于管理自己的时间，或者不善于运用科学的工作方法，自己的工作无法按期保质保量地完成，这样的员工不但会成为企业发展的绊脚石，也会使自己的事业之路受到阻碍。

无论我们身处什么工作岗位，工作效率都是不可回避的问题。作为企业的员工，不可能躲避和推脱企业对高效的追求及实现，而是应该迎难而上，将追求高效看成自己的第一使命，持之以恒地努力工作，在工作之中不断地发现窍门，找到更好更快的工作方法。其中书籍、专业报刊、专业网站、有资历的前辈和同事、工友都能够给我们提供好的建议和方法。另外，责任感、执行力、专业能力等都是不可或缺的提高工作效率的法宝。还有一个重要的方面，就是善于进行时间管理，这是一个值得学习和运用的重要知识。

做一个高效工作的员工，我们可以发现工作的价值和乐趣，也可以发现生活的广阔和美好，从而不再陷入工作的压力中无法解脱，也不再陷入生活的烦恼中无法自拔。更高的效率让我们能够有更多自由支配的时间，去解决个人的困惑和家庭的琐事，去学习更多的专业知识、了解更多成功人士的经历，让自己在事业之路上越走越广阔。

向每一分钟要效率，向每一分钟要成绩

明天的幸福就孕育在我们今天点点滴滴的时间中，如果我们能够非常合理地利用时间，把时间消耗降到最低限度，成为一分钟效率专家，那么我们就能够纵横职场，做出卓越的成绩。因此，在工作中，我们应该珍惜每一分钟，提高工作效率，这样我们就能早一分钟取得成功。

时间是最奇妙的东西，它掌控一切，却又踪迹全无，人们只能感受它却不能接近它，它没有弹性，无可替代。它能使枯草变绿，焕发蓬勃生机，又可使鲜花凋零，留下无尽遗憾。它可以赋予一个人整个世界，又可以在一瞬间把它全部夺走。时间是让人又爱又怕的窈窕淑女，她温情脉脉的时候可以让你沐浴幸福，她翻脸无情的时候你的人生只有生离死别。

时间就像一把双刃剑，只要我们好好珍惜，它就是我们的忠实伙伴，为我们披荆斩棘，扫清成功路上的障碍。所以，我们要做一个能掌控时间、提高效率的"智者"，做一个一分钟效率专家。

金钱可以被储蓄，知识可以被累积，时间却不能被保留。时间的钟摆绝不停息，对于一个人来说时间更是非常有限的。一天是短暂的，它只有 24 小时，只有 1440 分钟，只有 86400 秒。这当中，还要除去睡眠休息和吃饭的时间，因此，我们学习或工作的时间并不是那么富余，浪费一分钟，就少一分钟；浪费一秒钟，就少一秒钟。

在美国近代企业界里，其中一个与人接洽生意能以最少时间产生最大效率的人，非金融巨子摩根莫属。

摩根是一个真正的效率专家，他每天上午 9 点 30 分准时进入办公室上班，下午 5 点回家，严格按照工作时间表工作和休息。除了与特别重要的客户进行商业会谈外，他与人谈话绝不超过 5 分钟，因为这一点，很多人说摩根只是一部赚钱的机器，有点儿不近人情。但是，摩根的高效工作无疑产生了很大的效益，有人对摩根的资产进行了计算后认为，他每分钟的收入是 20 美元。

通常，如果人们走进他们公司的那间大办公室，是很容易见到他的，因为摩根不会一个人待在房间里，而是与许多员工一起在一间很大的办公室里工作。这样摩根就能够随时指挥他手下的员工，他的员工也能够用最快的速度执行他的计划，省去了上传下达的时间和麻烦。

摩根还有一项才能，他能够轻易地判断出一个人的真实意图，不会给人时间来拐弯抹角地长篇大论。啰嗦的说话方式是不受欢迎的，他会一针见血地指出对方的核心意思，一点都不掩饰，这种卓越的判断力也使摩根节省了许多宝贵的时间。

如果，某些人只是单纯地想找个人来聊天，而本来却没有什么重要事情，浪费了别人的时间，对这种人摩根是非常痛恨的，他会毫不留情地把这种人赶出去。

摩根是个注重工作效率的人，他的高效，把他自己和团队打造成了一个非常有战斗力的集体。

时间不能停止，它永远都是短缺的。因此，每一个成功者都非常珍惜自己的时间，非常在意自己的工作效率，时间永远不能倒流，要想赢得成功的资本，就必须好好把握每一分钟，好好利用每一分钟，让每一分钟都过得有价值、有意义。

在我们的工作中，我们之所以不够重视一分钟，就是觉得它实在有些无足轻重，一分钟能产生什么效率呢？我们习惯于计算每小时做多少事情，每天做多少事情，却很少想，自己一分钟能够做多少事情。其实，只要在工作中有意识地把一分钟当作我们的时间单位，就能够引起我们的警觉，从而提高效率。

我国著名的数学家华罗庚说："时间是由分秒积成的，善于利用零星时间的人，才会做出更大的成绩来。"因此，我们不要小看一分钟，每一分钟都是宝贵的，不可回溯、不可复制，浪费时间是生命中最大的错误。优秀员工之所以成绩突出，就是因为他们能有效地利用每一分钟，珍惜每一分钟，使得每一分钟都能直接或间接产生效益。

有个卖吸尘器的销售员自创了"一分钟工作方法"，每次他见到客户的时候，他只要求客户给他一分钟的时间，在这一分钟里，他一边介绍自己产品的优点，一边动手为客户演示。一分钟结束，他自动停止自己的话题，这时候往往恰好能够为客户打扫完客厅。

然后他彬彬有礼地道别，感谢对方给予他宝贵的一分钟的时间。这些工作，其他销售人员往往需要七八分钟的时间，不仅效率低下，时间一长客户还容易反感。而他总是充分地利用一分钟的时间，结果，他的业绩是公司里最棒的。

无独有偶，李民是国内某公司的一位业务经理，他也很善于利用时间，工作效率很高。比如在等红绿灯时，他会拿出客户的资料卡熟悉一下，或者拆开信件浏览，不重要的直接处理掉。这样一来，他就不用拿出专门的时间来处理这些事情了。

由于李民经常出差，他常常利用在火车上的时间给客户写信、发传真。

古语有云："一寸光阴一寸金，寸金难买寸光阴。"时光如流水一去不复返，如果我们不知道珍惜时间，不能够善加利用时间，我们恐怕永远无法真正体会人生的意义。我们要向一分钟要效率，向一分钟要成绩。

任何人都应当学会有效地利用时间，在有限的时间里高效地完成工作。放弃时间的人，时间也同样会放弃他。一个人如何利用自己的时间，决定了他的人生是成功还是失败。

鲁迅先生曾经说过，时间就是生命，无端地空耗别人的时间，其实无异于谋财害命。对我们来讲，浪费自己的时间那就等于自杀。因此，我们不能浪费每一分钟，我们要在有限的时间里做出更多的成绩。我们虽然无法改变生命的长度，提高效率却可以拓展它的宽度。

强烈的事业心，是不断追求高效的动力源

一个员工要把工作做好，做企业的主人翁，离不开高效的工作。凡是能够高

效工作的员工，大都有一颗强烈的事业心和高度的责任感。这些优秀的工作品质，能够帮助其掌握更好、更快工作的方法，还会指引其发掘出自身的潜力。

要想在事业上真正有一番作为，首要的是有一颗强烈的事业心，以及在这种事业心支配下产生的钻研精神。事业心是一个人能够把工作做好的基本要素，有事业心的人会把工作看得十分重要，也希望自己可以在事业上有所作为，同时，为了实现自己的理想，他会全力以赴，一心扑在自己的工作上，即便困难重重，他也可以不断地进行自我激励，让自己保持斗志和热情，让自己的工作自始至终都保持高效。

因此，事业心是高效工作的"催化剂"。有事业心的人会去思考和琢磨如何把自己的工作做得更加出色，在这个思考的过程中，他就会发现高效工作的重要作用，从而以高效率为指导，严格要求自己，让自己奔着这个目标不断地钻研专业知识、苦练技术能力，克服重重险阻，在一定的经验积累的基础上，进行创新和突破，形成自己别具一格的工作方式和方法，从而能够获得更强大的工作能力，让自己事业梦想的实现有更大的保障。

许振超从1974年开始进入青岛港工作，先后荣获青岛市劳动模范、山东省有突出贡献工人技师、全国劳动模范、全国人大代表、改革先锋等称号，被誉为新时期产业工人的杰出代表。许振超的事迹传遍了大江南北，"振超效率""振超精神"在全国得到了广泛的宣传和弘扬。

许振超从一名码头工人成长为技术专家，离不开他强烈的事业心和高效的工作业绩。强烈的事业心让许振超认识到了高效工作的重要意义。他不仅在工作中严格要求自己，还鼓励和帮助工友们提高工作效率。他曾说过："树我当典型不是树我个人，是树当代港口工人的形象，树当代产业工人的形象。大家把我树为典型，我就是一个'旗手'，但我举旗不能自顾自往前走，不管后面有没有人跟，我还是要根在港口，魂在码头。"因此，如今61岁的许振超，只要一有机会，就会回到港口、回到码头，和工友们热情地交流，并亲自查看门机和桥吊。尽管作为劳模使他有1/3的时间都在参加各种社会活动，但他把这1/3看成是工作的一部分。从这些活动当中，许振超了解到国家对港口的新政策、港口发展的新形势等信息，然后把自己了解到的信息及时传达给港口的工人们，他认为，这样可以让大家工作起来更有方向，也可能激发大家对工作产生新的创意和想法，进而更高效地工作。

青岛港为了提高集装箱的装卸效率，特引进了两台世界上最先进的双吊具、双小车桥吊。许振超知道了这件事，打心眼儿里高兴。当设备运回时，他马上带着工友们去进行调试。在仔仔细细地观察之后，他发现了一个问题，就是门架小车吊具的设计会妨碍司机的操作视线，不但对装卸效率的提高无益，还会对安全生产造成威胁。这可不是小事儿，他一阵心惊，立刻向公司提出了改进的原因和方案。此外，新桥吊中转平台导向架在设计上存在影响效率的问题，许振超就和技术人员一同进行反复地琢磨和多次试验，终于找到了改造方法。在具体应用之后，取得的效果也非常好。针对桥吊的安全性和高效率，许振超和技术人员一共提出了26项技术改进方案，使得这两台双吊具、双小车桥吊在集装箱装卸作业中起到了中坚作用，青岛港屡破世界集装箱装卸纪录。

一个有事业心的人，即使在最平凡的岗位上，也会乐于奉献，乐于拼搏，做出不平凡的业绩。就像油田铁人王进喜所说的“宁可少活二十年，拼命也要拿下大油田”。一个有事业心的人就是这样，拥有着他人无法匹敌的坚韧意志及勇往直前的干劲和闯劲。许振超正是以这种强烈的事业心，攻克工作中的每一个难题，为企业、社会和国家创造了最大的财富，以及更多、更大的效益。与此同时，他也在最平凡的工作岗位上成长为“技能大师”，实现了辉煌的人生成就。

没有创造效益的工作是毫无价值的，没有实现高效的工作其效益是大打折扣的。作为企业的员工，不能做到使自己的工作实现价值和效益的最大化是可悲的。企业不需要一个做事打折扣的员工，更不需要一个创造不了价值的员工。使自己成为一个有价值的人是必须做到的。

事业心是员工高效工作的“催化剂”，是员工不断追求高效的动力源。事业心可以使一个人从内心深处强烈渴望成为那个自己想要成为的人，可以为了理想奋不顾身、勇往直前，所以其会全力以赴，尽最大可能把每一件工作都做得高效、完美，使工作产生更多的价值，实现更大的效益，以工作效率阐释主人翁精神。

正确对待工作中出现的问题，在工作中有更多自己的想法，提出科学合理的见解和主张，不仅可以让自己能够更好地工作，往往也能够使整个企业获益。

一心一意地工作，效率自然就会提升

提高工作效率，需要在工作中做到一心一意。工作中，认真细致、精力集中，效率就会倍增。

在寒窗苦读的岁月里，学习成绩名列前茅的往往不是最聪明的学生，而是上课能够专心听讲，在学习中能够做到精力集中、心无旁骛的学生。相信这一点我们每一个人都深有体会，注意力集不集中决定着我们成绩的坐标图。每一个人都有这样的体验，当你在一段时间里上课专心致志，用心听讲，那么这段时间学习成绩会呈直线上升；而当你在一段时间里上课三心二意，脑子里满是杂念时，学习成绩马上呈直线下降。做一个测试，如果你将每一个时间段的学习情况用坐标图来表示，你会清楚地看到在学习中专心与开小差的区别。

对于工作更是如此，在工作中像《小猫钓鱼》里的小猫一样，跟着猫妈妈一起在河边钓鱼，一会儿捉蝴蝶，一会儿抓蜻蜓，最后猫妈妈钓了满满一桶鱼，而小猫一条鱼也没抓到。无论是生活，还是学习或工作中，收获和成功就是我们要“钓”的鱼，如果我们像小猫那样不专心钓鱼，缺乏耐心等待鱼儿上钩，就不可能钓到鱼，即便是多多少少也付出了一些精力和劳动，那也只会收之甚少，得之不多，甚至是一场徒劳。

在当今时代，没有哪个企业、哪个企业领导会喜欢那种做事三心二意，在工作中经常走神的员工。这样的员工不仅在工作中容易出错，还会在执行工作任务时效率低下，无法达到预想的效果，甚至给企业带来巨大损失。只有一心一意做事的人，才能在企业受到器重和提拔，才能胸有成竹地在任何事情面前说：“我行!”

有家药业有限公司在招聘新员工时，把应聘者能否做到专心致志、精力集中作为一项重要的应试考核标准，这也是应聘者通过应试的最后一关，由总经理亲自考核。

有一天，一个年轻人来公司应试，他叫朱宗宝，通过层层考核到了最后一关。总经理拿出两本杂志，指着这一本杂志上的文章对他说：“把这篇文章一字不漏地读一遍，而且要做到一刻不停地读完。”说完，总经理让助理安排他到别的房间阅读文章。

朱宗宝没有多想，坐下来后，深呼吸一口气，开始认真读起来。过了一会儿，一个漂亮的女孩走进来用甜美的声音说：“您好，休息一会儿，喝杯茶吧!”她把茶杯放在桌上，冲朱宗宝微笑着。朱宗宝没有理会，而是不停地读着。

又过一会儿，一只可爱的小狗跑进来，时而用舌头舔他的脚踝，时而跳起来把脚搭在他的大腿上。这些丝毫没有影响到朱宗宝的阅读，他全神贯注地读着文章，似乎小狗不存在一样。

那个漂亮的女孩又敲门进来了，并温柔地对朱宗宝说：“您好，可以帮我抱起小狗吗？它是总经理最喜爱的宠物。”朱宗宝依然大声地读着，根本没有理会女孩的话。

朱宗宝读着读着渐渐沉浸到了文章描述的情节，被文章里生动、美妙的词句和情节所吸引，不知不觉中读完了文章，久久沉浸在文章中。这时总经理走进来问道："读完了吗？"

朱宗宝这才回过神来，礼貌地答道："是的，读完了。"

"那么你注意到那位美丽的小姐了吗？她是我的秘书。对了还有那只小狗，它是我最喜爱的宠物。可是你居然对我的秘书和宠物毫不理会。"总经理略带愠色地说。

朱宗宝认真地说："您交给我的任务是一刻不停地读完那篇文章，我只知道我必须精力集中地去读好它，以最快的速度读完它。别的事情我就不太清楚了。"

总经理听了，满意地点了点头，笑着说："小伙子，你做得很对。恭喜你，你被录用了！"

职场中像朱宗宝这样取得成功的人，不仅有专注于工作的习惯，而且还会把工作看成是自己的使命。其实，当我们集中精力做一件事时，是能从中发现乐趣的，自然也就能让自己的工作变得更有效率。这时成功离我们还会远吗？

集中精力的力量是惊人的，集中精力在忘我的境界里专心工作，做起事来不仅轻松、有效率，而且也更能把事情做好。当你在做一件事时，如果你不能全神贯注地完成工作，不要去寻找别的原因，唯一的原因就在于你做事还不够专注、专心。专心可以让你全身心地投入工作中，用行动来落实到位，这样，即使是再累、难度再高的工作，你也一样能精力充沛地完成。

《圣经》上说，无论我们做什么，我们都要专注如一。对于工作，除了喜爱，还要做到专注。精力集中地忘我工作，才可以体会到工作之美和工作之趣，并进一步去激发自己的工作热情，在忘我和专注之中调动整个中枢神经系统专攻一项，其他任何事物都被排除在注意力之外，让自己达到最佳的工作状态，摒弃束缚或拘束，大胆地想象、释放工作的能量。

既然精力集中地工作这么重要，那么，如何做到精力集中呢？这自然是很多人都会遇到的困扰。首先，要明白自己想要什么，用事业心去带动自己的专注力；其次，可以在平时有意培养自己的注意力，比如在看书、写字，甚至游玩时摒弃任何杂念，专心地投入当下的每一分每一秒之中；再次，可以做个小实验，把自己专注工作一天所完成的工作任务和自己不认真完成的任务量进行统计和对比，就可以看出集中精力的重要性了；最后，工作要有方法，不妨为自己第二天的工作列出一个条理清晰、主次分明的计划表，按计划执行，每完成一项都会让我们感受到注意力集中对工作产生的效用。

心不在焉是实现高效的劲敌，三心二意会将我们的工作成绩归零。在我们从事某项工作时，如果无法专注于工作，那么不管工作条件多好，成功的机会都会从我们身边溜走。我们若是想要抓住机会，就必须能在工作中认真到忘我的程度，这样就会体会到工作的乐趣，就能克服困难，使自己的工作效果达到他人无法达到的境界，取得卓越的工作成绩，并得到应有的回报。

把细节做到位，别让小错误耽误工作进度

工作中很多人常常会因为一个不起眼的小细节而出现失误，影响自己的工作效率，也拖累了团队的整体效率。有时候，亡羊补牢也是会为时已晚的，结果一旦形成，无论怎样后悔都已无济于事。

工作就是由无数件小事、无数个小细节所构成的。就算是再惊天动地的伟业也离不开细节。不拘小节是一个人的人格魅力，却不能被用到工作之中，就会变成马马虎虎、疏忽大意，这是十分不可取的。“千里之堤，毁于蚁穴”，就是告诫世人不要忽视细节。细节往往是积累成大问题的主要因素，不加以注意必然会引发重大损失。作为企业的员工，如果在工作中不注重细节，出现了工作上的纰漏，需要返工或无以为补时，在时间已经很紧迫的情况之下，不仅会拖累整个团队为此加班加点，还会让企业蒙受巨大的、不可弥补的损失。

王涛在一家网络公司工作，他编写代码的速度总是要高于其他工程师的速度，很多人都很佩服他，而那些想要超过他的人往往都是望尘莫及。王涛已经在这家公司工作两年，再加上如此出色的工作业绩，虽然年纪尚轻，却是受人尊敬的老前辈，很多实习生和新员工都愿意跟着他学习。

这样的处境下，王涛虽然不是个自高自大的人，但也难免有些傲气。一次，公司全体工程师一起攻关一个新项目，分给每一个人不同的任务。王涛又一次不负众望地抢在别人前面完成了自己的工作量。当他闲着没事在电脑前看小说时，其他同事还在忙碌着。有人看到王涛似乎没什么事做了，就问他："王涛，你把活儿都做完了？"王涛笑着回答道："是啊，早就做完了。""不愧是咱们公司的'老前辈'，这么快就做好了，真是不一般啊。"几个同事跟着感叹道。这样的话王涛听得多了，也没什么感觉，一笑置之。

几天之后，大家把各自完成的活儿交了上去。主管在检查时，突然发现有一个程序完全无法运行，这是怎么回事？心下一惊，后悔不该让那个刚来不久的人参与这次任务。但经过仔细检查，这个错误竟然是资深的王涛犯下的，而且都是一些小细节上的低级错误。这让主管非常生气，立马叫来王涛狠批一通。接着通知全体工程师紧急加班，帮着王涛纠正他犯下的错误。这次，王涛可真是丢人丢到家了！就是因为他不注意细节，如果写完之后再检查一遍就不会让这样的错误出现了。

不注意细节，就会让细小的错误耽误工作的进度，影响到大局。很多人认为注重细节会影响到工作效率，这是一种误解。首先，一份工作是由无数个小细节所组成的，细节是工作的内部要素，而并不是独立在工作内容之外的；其次，工作规章和标准的制定往往是在强调重要的和易出现错误的细节，归根结底就是让大家把细节做好；最后，狠抓细节是在完成一个由准确到精确的管理和操作环节。如果不重视细节，对细节模棱两可，就可能造成执行的混乱和重复，这样就使得一次就把工作做对的概率大大降低了，从而提高了返工率，这样就会使整体的工作效率大幅度降低。表面上看，似乎是快了，其实是欲速则不达，心急吃不了热豆腐。

高松柏开了一家电机修理行。他的手艺很好，但是每天从早忙到晚，有时连饭都顾不上吃，一直修理电机，总有忙不完的活儿，经常被客户逼到门口问他什么时候能修好，他才赶快把着急的活儿干完，让客户带走。他感到很累，却找不到摆脱这种局面的方法。

后来，他招了一个小徒弟，这个小徒弟人很勤快，但只会拧螺丝、干点体力活，其他的还要高松柏手把手地教。高松柏一看，更着急了，心想，本来就忙不完的活儿，这还给自己添了个累赘。但是，也不能立马让这个孩子走人啊，就只好先让他在这儿干，不过，高松柏并不悉心教他，只允许他干简单的活。

但是，这个小徒弟来了一段时间后，虽然帮不上什么忙，高松柏的工作效率却提高了一大截。客户感到很好奇，为什么这个还需要师父教的小徒弟非但没有影响到高松柏修电机的速度，还反而使他的速度提高了呢？每次有人问起，高松柏也说不出原因，只说是多了个帮手，效率一定会提高的。

时间长了，也就没有人再关注这个问题，更没有人注意这个小徒弟了。

两年过去了，小徒弟成长为了一位合格的电机修理工，他准备离开高松柏，自己回到家乡去开一家电机修理行了。在临别前，他对高松柏说：“师父，您知道当初我刚来的时候，为什么使您修电机的速度提高了吗？”高松柏皱眉想了想，摇了摇头。小徒弟继续说道：“师父，您每次修电机时都把工具弄得到处都是，每次修完一台电机，再修第二台时都要重新找工具，有时光是找工具就要花半个钟头。我来了之后，把工具都整齐地放好，每次您用完乱放的工具，我都会整理回来，放到原处，所以您就没有因找工具而浪费时间了。”高松柏听了，才恍然大悟，想到自从这个小徒弟来了之后，他的确没有再遇到找不到工具的情况。

在现实工作中，有很多像高松柏一样的员工，为了加快工作的速度，常常会忽视一些小事，比如说不合理地摆放工具或办公用品及文件资料等，在下一次用到时花在找这些物品上的时间远远超过了有效工作的时间。大家经常都有这样的经历和体会：比如说用电脑办公时，为了一时之快而把文件随意放置，结果想找时怎么都找不到；比如在同客户谈判时，不事先检查一下文件是否齐全，而急着赶时间，结果到了现场发现漏了文件……有很多人都把这些当成是鸡毛蒜皮的小事，却因为这些小细节耽误了工作，甚至与成功失之交臂。要知道，狠抓细节，不仅不会妨碍到工作的进程，反而会使工作效率大大提高。

老子曾说：“天下难事，必作于易；天下大事，必作于细。”想要把工作做得出色，追求工作的高效率，就不能总想着如何一口就吃个胖子，这是很不切合实际的想法。把简单事的事做好了就是不简单，把细节做好了整体才能够不出现问题。很多人常常考虑得不够周到，看不到细节性的东西，这需要在实际的生活中多多用心，多学习多观察，培养自己见微知著的能力。

效率就是生产力，是战胜对手的重要武器

影响企业和个人发展的最大因素就是效率，透过效率可以看出一个人的能力和一个企业的整体实力。个人效率高，说明个人的专业技能和个人素质都是优秀的；企业效率高，说明企业的人才组成、任务分配都是合理的。

曾有这样一组数据：我国年人均工作时间约为 2200 小时，是世界上人均工作时间最长的国家之一，而日本和美国的年人均工作时间分别约为 1758 小时和 1610 小时；从创造的收益上看，每个小时的单位时间内，挪威人平均创造 37.99 美元收益，美国人平均创造 35.63 美元收益，法国人平均创造 35.08 美元收益，

而中国人最低，是平均每小时创造 5.75 美元收益。这个数据一经呈现，我们就会感到自己每天奔波劳碌似乎变得徒劳无功了。是啊，为什么我们的工作时间最多，却创造着最低的财富收益？这样的差距是怎么回事呢？

一个企业在激烈的市场竞争中生存和站稳脚跟，并取得一席之地，离不开高效生产。效率就是生产力，是战胜竞争对手的重要武器。如果一个企业既不能先发制人，也不能在短暂的时间内创造最大的效益，那么，它就无法在市场立足。对于员工而言，高效率是个人能力的最好体现，也决定着一个人的工作是否能够取得成功，而一个工作效率低下的员工，最终会在企业发展的进程中被淘汰出局。

事实上，人们在追求梦想和成功的路上，缺少的不是时间，而是效率。时间是无法增加的，而效率却可以被提高。一个人不可能 24 小时无休止地工作，忙中容易出错，再加上没有休息、没有私人空间的连续工作所导致的不良情绪和心理状态，不但不会使工作完成得更好，反而可能因疲惫、厌倦、创造性低下等问题使工作越来越糟糕。不讲效率的企业、部门和员工没有前途可言。一个不懂得效率重要性的人，始终都不会把工作做好，也不会享受生活，还会使自己陷入困境。

高远从中专毕业之后非常幸运地被山东皇圣堂药业有限公司录用，他怀着雄心壮志，决心在工作中一展抱负。所以，他特别珍惜这份工作，在工作中也非常勤奋努力。第一个月，高远的进步非常大，受到了公司上下的一致赞扬。到了第三个月，高远第一次遇到了工作上的阻力，他弄不明白为什么别人可以很悠闲，自己却整天埋头在电脑前，手头上的工作好像橡皮筋越拉越长，总也做不完似的。难道是主管分配给自己的任务多吗？他百思不得其解。

终于有一天，高远敲开了主管办公室的门，他说出了自己心中的困惑，并强烈希望主管能帮助他提高工作效率。

主管听后，温和地笑着对他说：“我今天也正要找你谈这件事。公司里大部分员工都可以轻松地工作，并且工作效率也很高，而你已经在公司工作三个月有余了，虽然你很努力，但是工作效率一直都很低。这的确是事实，也是我们现在需要解决的问题。”

高远点了点头，主管继续说道：“我们现在需要突破的是提高工作效率。我可以十分确定地告诉你，其实别人的工作并不比你做得少，甚至更繁重，难度更高。作为主管，我也不可能看你是新人就给你安排比他们繁重的工作任务。那么，如何突破自己的局限性，提高工作效率呢？今天我们好好谈谈这个问题。”

然后主管就针对具体工作方法、时间管理等方面将高远与其他人的工作做了具体的对比，并讲解了高远的工作的特点及针对工作方法的改进建议。高远听完主管的话，恍然大悟，原来自己还缺少对工作经验的积累，过于急于求成，忽略了提高工作效率的主要因素，才在工作中虽然尽心尽责，实际上却是蛮干，当然工作效率上不去了。

从这天起，高远谨记主管所说的工作技巧、工作方法等，并将其运用到实际工作中，不断地练习、总结经验。很快高远就赶上了其他员工的步伐，跟上了企业发展的脚步，成了企业需要的高效员工，他再也不用一天 24 小时满脑子是工作了。实现高效工作，让他体会到了工作的乐趣和生活的美好，他相信自己一定能实现梦想，成为职场成功人士。

在职业生涯中想要拥有美好的人生，轻松工作、快乐生活，就必须要把工作做得又好又快，帮助企业实现高效发展，才能把自己的事业经营得大有起色。高远是个有积极进取精神的员工，在挫折面前不仅没有退缩，还主动找主管解开心中的困惑，从而摆脱了苦恼，从实际出发，最终实现了高效工作，成为企业需要的员工。同时，他也在工作中实现了自己的人生抱负，为自己赢得了更宽广的工作和生活空间。

因此，提高工作效率既是企业应该考虑的事，也是每一个员工都应该思考的问题。员工是企业实现高效的直接责任人，应该在工作中树立主人翁意识，以企业主人的心态对待工作，承担起企业兴旺的重任，唯有这样企业才能快速发展起来。企业是员工实现人生价值、获得事业成功的平台，员工在为企业实现高效发展的同时，也成就着自己。因为，一个有高效工作能力的员工，也一定是综合素质很高的人，他们不仅才智过人，更拥有高尚的职业操守，是职场不可多得的精英。

在一个高效率的团队之中，我们往往会给人留下很闲适的感觉。即使我们外出或有一段时间不能亲自坐镇指挥，企业也能正常运转。在一个高效率的人身上，我们会怀疑他怎么会有那么好的精神头儿，可以做那么多的工作，而其实他只是用了很少的时间。这些都只是高效率的魅力一角，它能够带来的益处远不止于此。说“效率决定着工作的成败”一点也不夸张，没有效率就没有立足之地，只有效率是最好的获胜武器，这一点无论对个人还是团队都是一样的。

充满自信的员工，才能更高效地完成任务

时刻保持自信心，可以成为一种源于内心深处的强大能量，帮助我们克服困难，时刻将工作保持在完成速度快、质量好的高效水平上。

工作中，企业管理者一直都欣赏充满自信的员工。充满自信的员工身上有一种做事、遇事能泰然处之、不急不躁的特质，在工作中能够从容地面对工作中的失意和困难，更能够在困难中重新找回自我。自信的员工不会因为工作表现不佳，或是个人心情的起伏而影响工作效率，他们能在任何时候、任何情况下，都保持信心，只会为解决问题找方法，绝不会为解决问题找任何借口，所以自信的员工，有着超强的工作能力，总能为企业带来惊喜，实现别人认为不可能实现的效能。

曾经有一名著名的击剑运动员，他的比赛成绩一直都是世界顶尖选手的水平，这一点让他的赛场对手都深感佩服。然而，在一次世界锦标赛的比赛中，由于自己的失误，最后他输掉了比赛，败给了一名与自己不分伯仲的对手。

这一次的失利对他的打击很大。原本自信满满、比赛时一直保持从容淡定的选手如今变得颓丧而落寞。在平时的训练中，他总是不停地回想起上次输掉比赛的场景，这样的训练状态给他造成了很大的困扰，在接下来的几个月里，他接二连三地输掉了几场比赛，比赛成绩也随着下降了很多。

经过了长期的低谷状态之后，他突然意识到一个问题——之所以连续输掉多场比赛，并不是因为自己技不如人，是因为失去了原本的自信。

很多时候，失败的原因并不是在于对手，而是自己。如果我们总是习惯将责任推到别人头上，就很难找到问题的真正原因。这名运动员意识到低迷的状态的真正原因——不是因为技术而是因为心态时，他开始了漫长地找回自己的旅程。在平时的训练中，他特意将之前自己获得冠军的视频下载到手机里，只要有时间就看上一会儿，并且在心里反复强调“我有实力战胜对手”“我可以的”“我相信我能行”……

经过了几个月的训练，他终于消除了心理障碍，重新找到了那个自信从容的自己。在新赛季中，他和之前击败自己的选手再次相逢。早已摆脱心理阴影的他轻松击败对手，重新回到了耀眼的领奖台上。

泰戈尔曾说：“幸运女神绝不会喜欢那些迟疑不决、懒惰、相信命运的懦夫。自信是我们摆脱迟疑、摆脱懒惰、摆脱宿命的法宝。”自信作为一种高贵的职业素质，不仅是展现积极工作态度的途径，还能够在工作中帮助我们产生一种无惧困难的信念，一种战无不胜的感觉，继而取得事业上的成功。

然而，每个人都可能在工作中经历故事中击剑运动员的挫败。面对一次失败，人们可能会就此失去信心。失去自信，或是自信不足的人，做起事来就容易畏首畏尾，生怕办事出错，习惯性地反复思量，检讨自己，最后终究难成大事。

摆脱这种困境最有效的方法就是时刻保持自己的自信。人们常说，一个人在生活中不怕被困难击倒，最可怕的是被自己击倒。被困难击倒的人还能爬起来，继续前进，而被自己击倒的人，却有可能一蹶不振，丧失了前进的斗志。

没有健康乐观的个人心理素质，根本就无法拥有良好的自信开始一天的工作。所以，在提高工作效率之前，首先我们应该做的就是积极而又自信地迎接我们的每一天。

乔·吉拉德售出13000多辆汽车，创造了商品销售最高纪录而被载入吉尼斯大全。乔·吉拉德的销售技巧有很多，包括详尽地了解客户的需求、挖掘每一个潜在客户和“诚为上策”的推销策略。所有的销售技巧之中，他最重视的就是告诉自己要时刻保持自信。“只有我们相信我们有能力成为出色的销售员，我们才能真的做到。”然而，在没有迈入汽车销售行业之前，他并没有自信说这番话。

在乔·吉拉德35岁之前，他是一个彻彻底底的失败者。他出生于美国底特律一个经济拮据的家庭，16岁便离开学校，作为一名锅炉工开始工作。这份锅炉工的工作，并没有给他贫困的生活带来多大的改善，相反，他还因此染上了严重的气喘病。辞掉锅炉工的工作之后，他先后换了四十几个工作，当过建筑工人，开过赌场，甚至当过小偷。可惜，经历了这样丰富的人生之后，到了35岁，他依然一事无成。

在他背负了一身的债务、身边的朋友纷纷离他而去之后，他选择了进入汽车销售的行业。他之前并没有接触过这个行业，而且因为他患有严重的口吃，很多人都觉得这不过是他人生的又一次失败的尝试罢了。谁也不曾想到，在短短三年的时间里，他的销售业绩爬到了世界第一的位置，并且被吉尼斯世界纪录称为“世界上最伟大的推销员”。

虚心的学习，努力坚持，注重服务的质量和与客户真诚的交流是乔·吉拉德最看重的几个成功要素。除此之外，他更重视让自己时刻保持自信的姿态。因为他知道："销售最重要的就是信心和执着。仅仅掌握了销售的技巧和策略可能会获得短暂的收益，但是给客户留下一个自信、从容的印象，会让更多人愿意成为我们的客户。"

工作中或许有很多繁杂的事情，导致我们自尊心受挫、信心备受打击，继而打消了我们的工作积极性，让我们渐渐变得没有自信，走入一个越来越没有工作效率、越来越没有自信的怪圈。

失去自信的人无法保证工作有序进行，更无法保证工作有高效进展。要想获得高效的工作成果，就需要我们时刻保持自信心，排除周围环境的不良影响，按照自己的步调工作，追求更多发挥自己能力的机会。只有我们自己建立起获得成功的信心，才能将想法付诸行动，更高效地完成工作。

英国作家约翰逊曾经说过："信心和能力经常是休戚相关的。"这句话强调的是，人的信心和能力对于人的发展同样重要。的确如此，相信自己、时刻保持自信的员工，在工作中能够保持乐观的心态，坚持积极进取的信念，能够更高效地工作，在岗位上创造优异的工作成绩。

第十二章

结果意识：没有业绩你什么都不是

在现代社会中，尤其是在宛如战场的职场当中，没有拿得出手的成绩，就等于失去了竞争的能力，失去了生存的“氧气”，不但不会得到重用，甚至还有可能会被扣上不负责任的帽子而被“扫地出门”。只有那种能够把苦劳变为功劳、把责任转化成业绩的人，才能够在职场中生存下去。要想做优秀的员工，就一定要知道，完成任务与获得结果是两件事情。只有对结果负责，让结果完美，才是真正地完成任务。成绩才是硬道理，对工作负责就要拿业绩来证明。

无论企业和个人，有业绩才能赢得发展

对于任何企业或个体来说，“业绩就是硬道理”，业绩是检验优劣的标准，是证明能力和价值的尺度。评判一个企业或一个人是否优秀，关键要看其所创造的业绩。因为，只有业绩才能为企业或个人赢得更好的发展。

所谓业绩，是指员工工作中取得的成绩、成就，是员工履行岗位责任的成果，是员工一定时间内工作目标的实现程度。一个员工在具体岗位上做出与之相称的工作业绩是岗位职责的起码要求。业绩作为一个重要的衡量标准，检验着员工的工作能力。

业绩是企业盈利的源泉，是决定企业生存和发展的关键！业绩是一个企业的生命，企业必须依靠利润才能维持正常运转，而利润的获得则需要依靠员工所创造的业绩。没有业绩，企业将无法生存。其实，企业之间的竞争就是业绩的竞争。

美国通用电气公司（GE）前首席执行官杰克·韦尔奇曾提出“生存第一、绝对竞争”的观点，一针见血地道出了市场的真谛。市场的逻辑就是一切凭业绩说话，企业要想生存和发展，就必须用优异的业绩来保持强大的竞争力，否则，等待企业的将是被淘汰出局的命运。

美国施乐公司曾经辉煌一时，施乐的辉煌源于20世纪最伟大的发明之一——静电复印技术。因为这项伟大的发明，施乐公司从1962年起就跻身世界500强企业的行列，成为复印机行业的领军人物。

但正是这样一家成功的企业，最后却被竞争对手无情地甩在身后，论其原因，可谓“成也萧何，败也萧何”。

当传统复印机已经不能与电脑等新型办公设备关联工作时，施乐还在一门心思地生产传统复印机产品。而此时，日本的佳能公司已经推出了颇受现

代办公族欢迎的中小型数码复印机。

施乐的盈利能力逐渐衰退，新产品的研发也停滞不前；佳能不断努力，推出了迎合市场变化的新产品。数字化时代到来的时候，保守的施乐终于难以生存下去，几乎面临破产倒闭。

2000 年，施乐复印机在美国几乎失去了 1/3 的市场份额，佳能复印机如愿以偿地坐上了美国复印机市场的头把交椅。到了年底，施乐中国公司不得不以 5.5 亿美元的价格将股权转让给了日本富士公司。

市场是无情的。如果企业拿不出自己的业绩，即使你是业界霸主、龙头老大，也摆脱不了退出市场、退出舞台的命运。赢得好业绩，是一个企业能够保持优势生存、缔造长青基业的根本保障。放弃了对业绩的坚守，就等于放弃了企业生存的底线。

每一个企业和企业领导最为关注的就是员工能否带来出色的业绩。因为业绩是延续企业生命的动力，如果没有业绩，企业就难以继续运营下去. 甚至破产倒闭。这样一来，企业与员工共赢就失去了保障。所以，员工要想在企业长久立足，就要将自己的利益与企业的利益联系在一起，而且必须创造一流的业绩与企业共享共赢。否则，你迟早是一枚被弃用的棋子。

这已经是周洁的第三份工作了，她不明白为什么无论在哪个公司、从事哪一份工作，每到年底考核之后自己都会成为被炒鱿鱼的那个倒霉蛋。而孙倩、闫茹和自己学历相当，并且都是同一批进入公司的同事，她们现在却都有了优秀的业绩，而且在新的一年里都有望得到进一步的提升。

回首这一年，自己的成果确实有些恼人，整整一年，周洁都没接到什么大单，也许这是整个行业都不景气的缘故吧。可是孙倩的客户资源依然丰富，她似乎整天都忙着和客户谈生意。闫茹虽然没有像孙倩一样有丰富的客户资源，但是她也没让自己闲着，她的业务能力一直令周洁羡慕不已，即使是行业状况最糟糕的去年也有好几笔大单进账。

周洁找到了业务主管，希望主管再给她一次机会，她觉得主管并不是一个苛刻的人。主管正在办公室里看文件，周洁敲门之后进去了。刚刚坐下，主管就接听了一个电话，是公司总部打来的，周洁听到电话的另一端正在向主管下达解聘自己的命令，而主管则竭力向对方证明周洁是个不错的员工，对方沉默了一会儿，然后说道："我们也相信她不错，但是她可能并不适合在我们公司待下去，因为她一直没有像其他员工一样用业绩来证明自己的能力和价值。我也没有办法，她必须离开，因为公司要发展，不能让任何人拖后腿。"

还能说什么呢？周洁只有黯然离开公司了。

市场经济下，企业要想获得很好的生存和发展，就必须创造价值，而企业价值的获得靠的就是员工的业绩。

职场中，业绩是检验优劣的标准，是证明能力和价值的尺度。一个员工是否优秀，关键要看他所创造的业绩。因为，只有创造一流的业绩才能让企业和个人获得更好的发展，达到双赢。

人生的境界靠非凡的事业发展来升华，无论你身处多么平凡的工作岗位，都应该用心工作，在行动中赢得令人瞩目的成绩。

这是一个一切凭业绩说话的时代，一个员工要想加薪晋职，获得好的发展，就要用业绩证明自己的能力和价值。这样，才能从平凡走向卓越，才能成就一番事业。

没有业绩，再聪明的员工也会被淘汰

业绩是检验工作能力的标准，能创造业绩的员工是企业最宝贵的财产。不管你在企业的地位如何，不管你长相如何、学历如何，如果想在企业中成长、发展，实现自己的目标，都需要用业绩来说话。

现实中，很多企业管理者都被问到这样一个问题："评价一个员工工作能力的标准是什么？什么是一个员工加薪晋职的最大筹码？"

这些管理者都会毫不犹豫地答道："业绩！"

业绩是检验员工的能力标准。的确，企业管理者考核员工能力的标准是看你的业绩，唯有你的业绩才能体现你的价值，让企业管理者觉得雇用你是"物有所值"；考核管理人员能力的标准，来自他领导团队取得的业绩，除此之外，别无其他；考核企业综合实力的标准，还是企业所取得的业绩，股东、公众、国家都是通过考核企业年终收益来判断企业成功与否的。

业绩是一个企业的生命，每一个企业都把注重业绩当作自己企业文化的重要组成部分，而且把业绩观当作员工的重要素质之一。

在美国通用电气公司（GE），业绩在其核心价值观中就占有十分重要的地位。GE 特别重视对员工的业绩观的培训。

新员工进入 GE 后，公司会在员工的入厂教育中告诉他们：业绩在 GE 的文化中非常重要。在 GE，所有员工无论是来自哈佛大学，还是来自不知名的学校，也无论以往在其他公司有着多么出色的工作经历，一旦进入 GE，都在同一条起跑线上，每名员工必须重新开始。从进入 GE 开始，衡量员工能力、价值的标准是其在 GE 的业绩，是其为 GE 所做的贡献，员工现在及今后的表现比他过去的经历更重要。

GE 前首席执行官杰克·韦尔奇提出的"数一数二"口号就是对此最好的诠释。对于员工来说，业绩当然重要——业绩好的员工很容易得到提升；业绩若不尽如人意，则会面临被淘汰的危险。

GE 严格评估员工的业绩和发展潜力，对每位职员的考核是经常性、制度性的。GE 有一个被称为"活力曲线"的有效的绩效评价方法。

所谓的“活力曲线”，就是运用“强制正态分布法”将员工的考核结果按从好到差的次序进行排序，然后分成三类：排名在前20%的A类员工，是GE公认表现最优秀的“明星员工”，GE为他们提供更具挑战性的工作岗位，制订详细的发展计划，给他们优厚的物质奖励，如增加工资、股票期权等；排名在中间占总数70%的B类员工是GE业务成败的关键，GE同样给这部分员工提供培训与提升的机会；排名在最后10%的C类员工，GE给他们3~6个月的时间安排他们培训或是转岗，要求他们快速调整状态，找出原因并迅速赶上，如果不能实现这一目标，便面临被辞退的风险。所有的员工都在争当前20%，而且时时提醒自己努力工作，不能松懈，千万不能掉入后10%。

GE为员工提供有竞争力的薪酬，GE的工资增长计划也是根据员工的业绩确定A、B、C三级，员工的工资增长都是根据员工的业绩制定的，员工上一年的业绩好坏，直接决定着工资增长的周期和工资的涨幅。A级员工工资的增长幅度是最高的，且周期是最短的。表现非常优秀的员工，根本无须一年时间，有的人工作10~11个月就可以获得加薪。

在GE，员工的升迁不是论资排辈，而是根据业绩和才能来决定的。才华出众的人很容易就能找到自己的用武之地，一夜之间连升三级早已不是什么稀奇事，韦尔奇本人当上首席执行官时也才44岁。

韦尔奇的继任者杰夫·伊梅尔特在负责GE医疗系统时，曾经有一年业绩不太好。通过一段时间的考察后，韦尔奇告诉他说：“我们都很喜欢你，也相信你的能力，但如果明年你的业绩还不好，我们就必须采取行动了。”

当时杰夫·伊梅尔特回答道：“如果结果不尽如人意，您不需要亲自来辞退我，因为我自己会离开的。”结果，第二年，杰夫·伊梅尔特的业绩又提高了上去，并且之后的业绩越来越突出。GE也给了他相应的回报，他的职位逐级晋升，最后成为首席执行官。

在GE，这种例子不计其数。合格的员工需要具备两个条件，一是业绩良好；

二是价值观与企业的价值观相同。时下许多企业也像 GE 一样，把员工业绩作为主要的评判标准，实行末位淘汰制。

在这个以业绩为主要竞争力的时代，没有能力改善企业业绩，或者不能出色完成本职工作的员工，是没有资格要求企业给予回馈的，因为这种人恰好是企业打算“去掉”的人。

职场中辞退员工是经常发生的事情，有些人已经处变不惊了。但有一个道理我们必须清楚：企业作为一个经营实体，必须靠利润去维持发展，而要发展便需要企业中的每个员工都贡献出自己的力量和才智。

通常来说，一个成功企业家的背后必定有一群能力卓越、业绩突出的员工，当然，他们将获得丰厚的奖赏；而业绩差的员工，则随时会有被老板解雇的可能。

好业绩是好员工的显著标志，没有业绩，再聪明和才能的员工也会被企业淘汰。

有一位房地产销售总监说：“所有企业的管理者只认一样东西，就是业绩。员工希望企业给自己高薪，凭什么呢？最根本的就要看员工所做的事情，能在市场上产生多大业绩。”

不管你在企业的地位如何，不管你长相如何、学历如何，想在企业里成长、发展，实现自己的目标，就必须用业绩说话。只要有过人的业绩，你就是企业里最受欢迎的员工。

为企业创造价值，才能对得起你的工资

无论是生产车间里的普通工人，还是活跃在市场第一线的销售人员，或者是一名总经理，都是凭借自己的价值来获得报酬的，而提供报酬的是企业。因此，员工们必须把目光多放在如何为企业创造价值、增加收益上。

21 世纪，我们听到最多的一个词就是"价值"。价值无论对企业，还是对员工，都是一种定性要求和鞭策。

对一个企业员工来说，首先看他想要的是什么，又在以一种什么样的心态去做这份工作，他想通过这份工作得到什么。心态有差异，创造的价值也有所区别。如果说只为上班而上班，那他的思想里所包含的东西就很简单，做好日常安排的工作，就万事大吉了，不会想到企业的现状及今后的发展，这样他为企业所创造的价值或许可以用有形的数字来体现，但没有涵盖更多的东西。

一个优秀员工，不会每天像机器人一样只管做好日常工作，而是对自己所言所行有更深一层次的理解，应该有所思、有所虑。这样，才更有益于企业今后的发展及自身的发展。

我们能为企业创造多少价值？其实这是一个很难回答的问题，也是一个值得深思的问题。

每个人都在为企业创造价值，只是有的人为企业创造的价值高，而有的人创造的价值低，我们不妨看一下，自己对企业而言属于哪一种？

一是为企业创造的价值非常高，企业离不开你。如果你离开企业，企业会受到很大的损失；甚至企业离开你，就无法正常运转下去。

二是为企业创造的价值一般。企业有你没有你都一样。如果你离开企业，企业基本不会受到什么损失，在人才市场很容易就招到比你优秀的员工。

三是为企业创造的价值非常低，企业可能正在想办法将你解聘。

一个人要想取得企业的重用，首先必须能为企业创造价值、创造利润。企业能发展，是因为企业的目标不断达成的结果，如果上司布置的任务员工无法达成，那企业是没有办法发展的。

员工在工作岗位上必须发挥自己的作用，完成自己的任务，创造价值。

主人要出远门，临走前，他把三个仆人召集起来，按照各人的能力，分别给他们不同数目的银子，让他们使用经营。

后来，主人回来了，他把三个仆人叫到身边，了解他们的经营情况。

第一个仆人说："主人，你交给我的5000两银子，我又用它赚了5000两。"

主人听了很高兴，满意地说："你对我很忠诚，又有才干，以后我要把许多事交给你管理。"

接下来，第二个仆人说："主人，你交给我的2000两银子，我用它赚了2000两。"

主人也很高兴，赞赏地说："我可以把一些事交给你管理。"

第三个仆人来到主人面前，打开包得紧紧的布袋，说："尊敬的主人，您的1000两银子还在这里，我把它埋在地里，听说您回来，我就把它挖了出来。"

主人很不高兴，沉着脸对这个仆人说："你浪费了我的钱！"于是夺回他这1000两银子，给了第一个仆人。

第三个仆人认为自己做得很好，虽然不像那两个仆人一样，使银子增值，但也没有丢失主人给他的1000两银子，应该算很好地完成了主人交代的任务。然而他的主人却不这样认为，他希望自己的仆人表现得更杰出一些。

这就是著名的“马太效应”。这个故事明确地说明了使财富增值是每个员工的天职。如果企业管理者出于信任，拨一笔资金让你经营一个项目，你首先不能使企业亏本，而且必须要创造出高于启动资金的财富，如此你才算尽到了自己的天职。

对这个故事作深层次的剖析，可以得出这样的结论：一个员工不仅要守护财富的安全，还要使财富增加到更多；不仅要把工作做完，还要力求把工作做到更好，为企业创造价值。在一家企业里，无论是生产车间里的普通工人，还是活跃在市场第一线的销售人员，或者是一名总经理，他们都是凭借自己的价值来获得报酬的，而提供报酬的是企业。因此，员工们必须把目光多放在如何为企业创造价值、增加收益上。

在向企业提供价值并让其受益时，员工们同时也是在为自己创造财富。如果员工们对自己的工作敷衍了事，对工作不负责，最终只会使自己一无所获。

安德鲁·卡内基曾经说过：“一个不能给他人带来财富的人，自己也无法获得财富。你必须持续地为他人创造价值。”多劳多得，少劳少得，永远是这个社会的真理。

在21世纪，仅有“物有所值”是不够的，你一定要“物超所值”。什么叫“物超所值”？就是你所做的工作超过了给你支付的报酬。

要知道，工资是用自己的时间、劳动和智慧交换来的，你的劳动就是一件属于你自己的商品。既然是商品，价格就有高有低，一辆普通汽车只能卖几万元，而一辆豪华汽车则能卖到几十万甚至上百万元，这是因为两种商品的价值不一样。人和商品不同，商品的价值相对不变，而人可以用自己的智慧和努力成百上千倍地提高自己的价值。所以，你在抱怨企业给的工资太低之前，先向自己提出一个问题：“我为企业创造了多少价值？”

任何企业没有利润就意味着倒闭。利润来自员工每一项具体的工作，所以合格的员工必须是能够给企业创造利润的人，更直白地说，企业只需要那些贡献大于工资的员工！

坚持对结果的追求，创造更佳的业绩

任何企业的生存和发展，都与员工的工作结果相关。因此，为企业创造业绩，是我们每个员工的责任和使命。赢得好结果，无论对于企业还是个人来说都能够保持优势生存。

衡量一支军队是否有战斗力，一个非常重要的标准就是能否打胜仗；衡量一个企业优秀与否的重要标准，就是能否获取利润；衡量一个员工优秀与否的重要标准，就是做事情有没有结果，能不能创造出良好的业绩。

对军人来说，胜利是硬道理；对企业员工来说，为企业创造业绩才是硬道理。

在这个以结果论英雄的时代，我们要树立结果意识，因为凡事最终的落脚点就在实实在在的结果上，要以结果作为评价和衡量工作成效的最终标准，做到对结果负责。

汪磊是刚毕业的大专生，在一家生物科技有限公司当业务员，双方约定试用期3个月，每月800元工资加业务提成。由于初来乍到没有经验，3个月下来，汪磊一笔业务也没揽到。试用期一满，老板就通知他走人，辞退的理由是试用期内没拉到业务。

在这3个月内，汪磊每天工作都很积极，一天也没闲着，四处寻找客源，他的态度也是一流的，总是不厌其烦地解答客户提出的问题。

但是，没有拉到一笔业务，即便你跑断了腿，那又怎样呢，没有公司想要的结果——业绩，就证明你没有作为。

汪磊很想留下来，他找到老板，把自己的想法说了出来，他想只要再经历一段时间的锻炼，自己一定不会辜负老板的厚望。

公司不是培训机构，也不是慈善机构，公司需要更合适的业务员，需要能带来业绩的业务员，老板表示很遗憾，只能请他另谋高就了。

我们很容易在职场上发现这样一个现象，很多人起早贪黑，忙忙碌碌，说辛苦也辛苦，说敬业也敬业，但每到月底，拿到手里的仍然是那么一点工资和奖金，甚至有些人干脆拿到了辞退信。因为这些人不明白，没有结果的努力都是白费，没有业绩，员工就没有价值。再能吃苦，再勤奋，创造不了价值，都等于零。在工作中，我们要完成任务，但更要提供结果，只有提供好的结果才叫创造了业绩。

《牛津管理评论》中曾经提到过“老板最需要的四种意识”，其中的第三种就是“结果意识”。近来外资或合资企业打出的招聘广告中，也频繁出现了一个字眼——“Result Oriented”，它的中文意思就是“结果导向”。

如何真正理解并做到“结果导向”，这在外企是十分重要的。许多跨国公司中素质还算不错的“人才”，包括采购员、会计、销售员等，就是由于在“结果导向”这个问题上做得不好而被裁掉的。

“结果导向”强调的就是“结果”二字，它有以下含义。

一是以达成目标为原则，不因为困难而放弃努力。

二是以完成结果为最终标准，没有任何理由和借口。

三是在目标面前没有“苦劳”与“疲劳”之说，只有完成，或者没有完成。

四是在过程面前，你可以有一千个理由、一万个原因、十万个无能为力、百万个尽心尽力，可是在结果面前，却只有一个简单的结果。

老王是一家化妆品有限公司的主管。一批产品的订单眼看就要到期，可是某个原料的供应却在关键时刻掉了链子。于是王主管让采购员与厂商联系，必须在后天下班之前将需要的原料送到。这个非常认真、敬业的采购员联系了半天，结果是“不行”。

王主管问那位采购员具体情况怎么样，他说：“不行，确实是不行啊。”王主管没有理由不相信他，但是产品出不来，给经销商付违约金不说，公司的信誉肯定也要受损。王主管一想到这里就心急如焚。

完不成任务，王主管寝食难安。于是，他连夜驱车200多千米前往原料生产厂家，到对方车间后才发现，生产原料的设备出了故障，怎么修也修不好，急得原料生产厂家的老板也是团团转。这时已是凌晨三点，王主管突然想起他的一个朋友在一家国有大企业里从事技术与设备维修工作，而且水平相当高。他二话没说，又驱车100多千米前往朋友家，请朋友帮助原料生产厂家维修设备。第二天上午9点多，问题终于解决了，王主管这才松了一口气。

王主管经常告诫他的部下说：无论如何，我们都不能因为自己的悲观判断而放弃努力。

以结果为导向是企业的生命线。赢得好结果，无论对企业还是对个人都能够保持优势生存。放弃对结果的坚守，就是放弃生存的底线。坚持对结果的追求，我们必然能为自己创造更佳的业绩。

永远向第一名看齐，争取创造行业纪录

同在一个屋檐下，同样是员工，但业绩可能会有很大的差别。为何不争做第一名的员工呢？一个企业要想在行业中发展下去，就要向第一名看齐，谁也不甘

心排在队尾。争当第一名的员工，才能有最大的热情以及最高效的执行力去保障企业的业绩。

首先，向第一名看齐，是一种长远的目标。

目标是一种终点的指向。目标的确立能够帮助员工朝着一个方向去努力，不断通过目标去激励自己，激发自己的动力，从而为企业创造收益，为自己创造未来。而成为行业第一名，可以说是从事某一行业工作的最终目标，将目标放长远，这里的奋斗空间会非常大，更有助于自我的提升和发展。

这种目标不但能够帮助员工不断向更好的方向发展，还能不断地超越他人、超越自己，创造新的纪录，成为行业的第一名。能力通过不断的挑战、锻炼得到提升，员工的价值自然也会随之提升。既能够成就企业，也能够成就员工自身。

小李去一家公司应聘助理工作，和他同时入职的还有一位员工。人事主管告诉他们实习期为三个月，将会在他们两个当中挑选出一个转正，另一个将被辞退。

小李认为将自己的工作做好就可以，于是写了每天工作计划，按照步骤逐步去实施。最后按照安排的任务分门别类处理，最终完成了实习期的任务，但这之中也出现了一些不足之处。而另外一名员工志存高远，立志成为行业的第一名。他不断向行业领先的人请教和学习，利用业余时间不断充实自己，使自己离最终的目标越来越近。在这样的目标之下，日常的工作对于他来说简直是小菜一碟。他能够非常出色地完成自己的任务，并且还能在其他方面给上司以建议，受到上司的认可。

当三个月的实习期过去之后，小李没有被公司留下。他认为自己在工作方面已经完成要求了，却还是没有被录用，感到很疑惑。而另外一名实习生被留用，并且还在不断发现自己的问题，完善自己的工作，朝着行业第一名的目标不断前进和发展。

其实，例子中的两人都有自己的目标，也都在为目标不断努力，但是结果却不同，这很大程度上取决于目标的不同。同样是制定目标，小李仅仅限于将自己的工作处理好，而另外一个实习生则是将“成为行业第一名”设为自己的目标。目标的高度不同，就产生了努力程度的不同。同样初入职场的他们，一个追求安逸，一个则更为上进，上司自然有自己的判断。

因此，在职场中我们应该为自己定一个大的目标，而不是像一只井底之蛙只望着头顶的一小片天空。如果永远停留在同一个层次，就算熟能生巧，也只是将自己的分内工作做得完美一点而已，不会为企业带来更大的利益，自然也就不会有更大的发展。要想让自己有更大的发展空间，就要让目标有一定的空间。成为行业第一名就是一个终极目标，朝着这个目标不断前进，将会发现自己拥有源源不断的激情，并且对于原本不擅长的工作到最后可能也能处理好。

请记住，向第一名看齐，将其作为自己的职场目标，收获会更大。

向第一名看齐，是一种追求完美的心理。

这一部分人一般都喜欢在工作中追求极致。不论成功与否，有追求，有行动，就会有所收获。我们往往追寻的是一个完美的自己，有完美的工作和完美的生活，而完美的工作很大一部分就体现在业绩上。好的业绩能够让员工有成就感，也能相应提升员工的薪资和职位。想要获得肯定，好业绩是必不可少的因素。向第一名看齐，不是要制定一个遥不可及的目标，而是一个有可能实现、能够提升自己的目标。行业中有人能做到第一，那么为何自己不行？

人生来就是不完美的，人们总在不断寻找自身的问题，经过岁月的沉淀，不断完善自己，将自己变得完美。工作也是如此，初入职场的我们或许不了解、不适应，但是经过自己的不断努力去适应自己的工作，完善自己的工作，终将超越自己。这是一个完善自我的过程，我们发现自己的不足，才能更好地去完善自我，更好地工作。

有一个远大的目标，才有不断完善自己的动力，才能有机会超越自己。历史是不断被刷新的，就像奥运会有很多被打破的纪录。纪录是人创造的，同样也是不断被人打破的，因此不要觉得行业第一名遥不可及，要做就要做到第一名。

向第一名看齐是一种自我管理的方式。在职场中，如果你的目标仅仅是把手头上的工作顺利完成，那么你只不过是一个普通得不能再普通的员工而已。如若中间有一丝懈怠，那么很有可能连基本的分内工作都不能完成。当我们向第一名看齐的时候，朝着更高的目标去努力和发展，就算最后达不到最终的目标，但是也能体现出更高的价值，带来不错的业绩。有了争第一的心，才会有足够的动力激发自己在工作中的热情。将自己的全身之力都倾注于工作上，实现自己所能带来的最大价值，也就为企业实现利益最大化做出巨大贡献。

通过向行业第一名看齐，不断激励自己，从而自发地管理自己。通过这种方式激励自己前进和发展，就不需要上司等人来管理，而是自己管理自己。这样既不会让人反感，又能真正起到激励的效果，做到真正管理好自己。

当你真正管理好自己的时候，你的态度就会非常端正，时刻以饱满的热情投入工作中去。当然这样的全力以赴，最终会体现在你的业绩上。管理好自己不但能够超越别人、超越自己，也同样能够超出上司对自己的预期。

超越自己，超越他人，超越整个行业。当超越上司的预期之后，也就有能力胜任更高层次的工作。向第一名看齐，将自己的全部激情调动起来，克服困难、迎接挑战，自然也会迎来职业生涯的新高度。

成绩要用行动证明，不是耍嘴皮子空言

要想获得成功，一定得少说多做，做出实际成绩来。华而不实，只善于表现自己的积极，却不肯付诸实际行动的人注定不会得到领导的赏识。

在职场中，一些才华横溢的人往往喜欢空谈，他们聊起自己的专业来那是神采飞扬，看起来是才高八斗，学富五车，听他们一说好像任何一件事只要一到他

们手里，那必然是能够运筹帷幄，马到成功。可是，一到具体事上，他们要么觉得那样的工作不适合自己做，要么觉得只是小事，根本不值一提。可是，你再多的智慧必须通过具体的工作才能发挥出它的作用，你必须创造出具体的价值才有可能得到社会的认可。那些拥有“鸿鹄之志”的才华横溢的人往往是夸夸其谈，不屑于做眼前具体的事情，而恰恰是这种好说不愿做的共性，使他们使拥有再多的才华也只能成为仅供观瞻的镜中之花，于己、于所服务的企业都毫无用处。

要知道，理论上的才华永远不等于能力，才华只有体现在实践调控与创新上才有价值。

李旭和张同在同一家颇具规模的电脑公司人力资源部供职。李旭比张同小两岁，走出大学校门的时间不长，但长相斯文，又擅长社交，一看就属于精明能干的一类人；而张同则不然，他平时很少说话，更多的时候好像处于思考之中，加之长相一般，属于一般情况下易被人忽略的一类人。

他们几乎同时进公司，半年不到，李旭凭着自己的交际特长已经深得老总的喜爱，荣升部门主管。而张同还是一个业务主力，并接受李旭直接领导。

这天一上班，公司一位年轻但非常重要的软件工程师怒气冲冲地来到总经理办公室，摔上一份辞呈便掉头而去。总经理忙打电话让李旭来说明情况。

李旭好像还不知道怎么回事，他说先调查一下再向老总汇报。

过了一会儿，李旭来到总经理办公室，对老总说：“具体这件事张同比较熟悉，我让他过来直接给你汇报好了。”

张同来到办公室，一一回答了老总的问题：那位工程师来公司上班五个月了。这个人个性较强，但水平很高，做事也很踏实，几个月以来已经解决了好几个技术开发部门的难题，现在正在参与一个重大项目的技术攻关。之所以出现今天的情况是因为这次提薪没有他而意见较大。因为这次提薪是根据总经理办公会议的要求，向同行业的工资水平看齐的一次统一行动。这位工程师因工作表现优异，工资水平已得到相应体现，情绪激动估计主要是心理因素。

看着若有所思的总经理，张同接着说：“刚才我已经找他谈了谈，现在他的情绪已经平静下来了。您如果能再跟他谈一谈他会收回辞呈，最重要的，他是我们需要的人。”

最后，那位工程师果然如张同所说的那样收回了辞呈，而最值得注意的是张同取代了李旭成为人力资源部的主管。

要想使自己的职业前途变得更加光明，你必须首先走好“做到”这一步，忽略自己工作的内容实质，一味夸夸其谈，以表面性的工作为自己当挡箭牌，结果只能是耽误工作，耽误自己。

在人身依附关系严重的封建社会，像和珅那样的溜须拍马之流或许还有一定市场，但在现代企业里，甜言蜜语或许会讨上司一时舒心，但绝不会只因此就被提拔或重用。效益永远都是企业的最高原则。

所有的企业领导都喜欢实实在在为企业赚钱的员工，许多世界顶级的企业，在年终进行的员工排位上，被排在前面的往往都是些务实、踏实、敬业的员工，论业绩，论能力，论吃苦，他们都是一流的。而那些喜欢浮夸、喜欢拍马、喜欢戴高帽的员工往往会面临被解雇的尴尬境地。

企业是一个以实现经济利益为主要目标的经营实体，必须要取得足够稳固的利润去不断壮大发展。这就需要企业的每一个员工积极主动地把自己的全部力量和才智发挥出来，为企业出谋划策，并贯彻实行。一味夸夸其谈，却不能做出相应的业绩，你终将被当作一枚废弃无用的棋子被淘汰出局。不论什么时候，证实自己能力和价值的标尺都是实实在在的工作业绩。

还有一些人喜欢在工作中斤斤计较，并不时地表现自己在工作中付出了多少努力。于是在上司给他分配一项新的任务时，就开始与上司计价还价，甚至视报酬多少付出劳动。那么，你很可能就是上司要替换掉的人。如果你自觉、出色地完成工作，那么，上司是从不会吝啬对你的奖励的，往往这种奖励要比你想象中得更丰厚，更有意义。

坤福之道

实干胜于空言，那些深受企业领导信任和器重的员工，他们注意的是如何去做，而不是空谈理论，纸上谈兵，更不是做事斤斤计较，讨价还价。少说多做或只做不说、不过分张扬、注重实干精神的人，走到哪里都会受到欢迎。

不能安于现状，要时刻保持工作激情

对于企业来说，最可怕的就是那种混日子的员工。一些员工没有自己的目标，没有向前发展的激情，只是一味贪图安稳，安于现状，不怀远志。这样的人是一定不会有所作为的。员工想要得到进步和发展，一定需要身怀远大的梦想和抱负。有梦想，才有实现梦想的可能。

员工在刚进入企业时，往往带着对未来的憧憬以及无尽的干劲儿。员工为了理想而工作，就会不断追求更高的业绩，自然容易做出成绩来。但是随着员工对工作的逐渐适应、习惯，工作就变成每日重复的无聊事情。目标渐渐被日常工作方面的琐事冲淡，员工因为一点成绩就满足，却忘记了继续前进的步伐。

1. 态度决定职业轨迹

一名员工的职业态度决定了员工能否把工作做好。积极的态度能够带来高效益，消极的态度则会给工作带来极为负面的影响。除此之外，还有一些员工，他们安于现状、不思进取，总是抱着“不求有功，但求无过”的心态。这样的员工也是无法把工作做好的。

下面我们来做一个测试，看看你属于哪种类型的员工，你的未来职业轨迹又将去向何方。

员工职业态度一：积极进取型

特点：这种员工精力旺盛，在工作中一直会带有百分之二百的热情投入。他们乐观、积极向上地对待工作，即使工作中遇到了困难和挫折也不抱怨，而是以积极的心态去解决问题。他们每天忙忙碌碌，却乐在其中，受到领导以及同事们的欢迎。

职业轨迹：有出色的业绩，并且受到领导的重视，成为企业的核心员工。

员工职业态度二：牢骚满天飞型

特点：这种员工工作的态度消极，当你见到他时，他可能每次都正在向别人抱怨。他们抱怨自己的工作环境、自己的领导、自己的工作量。在工作中受这种心态的影响，他们总是限制自己能力的发挥，自己不好好工作，却抱怨其他的人和事不好。他们每天都沉浸在自己的消极情绪之中，除了自己不能享受到工作的乐趣，同时还会潜移默化地将这种负面情绪带给其他人。

职业轨迹：工作态度消极，工作散漫，逐渐不能适应企业的要求，面临失业的危险。

员工职业态度三：业绩平平型

特点：这种类型的员工是最常见的。这类员工属于拿钱办事型，领多少薪水干多少活。他们可能会把这句话挂在嘴边："那么拼命干吗，工资还不都是一样"。这种员工上班业绩一般，不算太好也不算太差，既无功也无过。他们上下班都准时准点，但是超出工作范围的事一概不去理会，更不会主动去做。他们每天过着重复的生活，规律却无趣。他们工作只是为了养活自己，因此将更多的精力花费在其他方面，对工作的关注度不够。

职业轨迹：碌碌无为，无法为企业带来更多的利益，也无法使自己得到提升，获得更多的薪资或更高的职位。长时间工作在同一岗位，没有改变，且不受重视。当企业有了更有能力的员工时，他们很有可能会被企业解雇。

综合几种情况来看，面对工作，我们应当有积极向上的心态。根据心态调整行动，为企业带来业绩的同时，也为自己开启通向更高层次工作的大门。很多人怀抱满腔热血投入一份新的工作，但是没过多久这份热血就冷却下来，于是不再拥有激情。

当有了施展才华的空间，得到领导的赏识、同事的认可，不能就此沾沾自喜，不能对应该倾注自己全部精力去做好的工作“点到即止”。想要得到提升和发展，这是一条漫长的道路，需要长时间的积累，并非能一蹴而就，要懂得持之以恒。

2. 有挑战才有进步

很多时候机遇与挑战并存，挑战抓住了就是机遇，能够获得更多成长和发展的空间。业绩是衡量员工的标准，是企业追求的最终目标。如今的用人单位在乎的是经验、能力，而并非所谓的老实，因为老实不一定能出业绩。

当员工愿意付出更多的时间、精力去做能为企业带来效益的事情，又或者是接受难度更高的工作时，他就会不断挑战自我，做出很多突破。员工通过在工作中更多地注入自己的精力，让自己从中获得经验，能力得到提升。

安于现状“杀人于无形”，不知不觉中影响员工的能力，使员工的能力不断下降。同时，员工对工作的关注度也会降低，甚至在工作中会犯一些不该犯的错误。

张女士做了十多年的主管工作，却突然被公司辞掉了，原因就在于她安于现状。张女士刚刚入职时只是后勤部的一名小职员，由于工作积极性高，总是提出一些有建设性的问题，并加班加点工作，受到了上司的肯定，被提升为主管。

但是随着时间流逝，张女士对工作的热情逐渐下降，她安于现状、不思进取。一直原地踏步的她认为这并没有什么问题，她觉得现在的工作量已经是她的上限，做好现在的事就好，不必再努力了。殊不知正是这种心态使她离发展、提升越来越遥远。

有一天她接到电话，得知自己的孩子在玩耍的时候磕了一下。张女士立马将手里的工作全部交给同事，并找到上司请假。这已经是她这个月因为孩子的事情请的第四次假，上司忍无可忍，对她说：“如果孩子这么需要你，我觉得你最好在家做一段时间的全职妈妈。”就这样，张女士被辞退了，不得不与奋斗过十年的公司告别。张女士从来没有想过有一天会出现这种情况，既有对原来工作态度的后悔，也有对未来的迷茫。

安于现状就会像张女士一样得不到发展。不要安于现状，要不断迎接挑战，时刻保持自己的工作激情。当自己的能力提升时，才会让公司看到自己的光芒。为企业带来效益，也就是为自己带来上升的空间。

曾经有一项关于"你的职场是否'安乐死'"的调查，结果显示：超过九成的职场员工会出现工作没有激情、安于现状、得过且过的情况。大部分职场人都抱有"每天都不用见领导才好"的心态，更不愿意为工作付出工作以外的时间及精力。"温水煮青蛙式"地工作，会使工作一步步由"安乐"走向"死亡"。

不要惧怕挑战，挑战也是一种机会，勇敢地去面对挑战吧！将自己的汗水挥洒，将自己的才华施展，在挑战中做一只浴火凤凰！

安于现状是最大的危险。一些具有能力或是天赋的人，将其能力隐藏起来不加以利用，就是浪费自己的好资质。安于现状，不思进取，就会面临被辞退的危险。

要想加薪晋职，你就得拿出好业绩

这是一个业绩制胜的时代，企业是员工努力证明自己业绩的战场，证明自己的法则之一就是业绩。无论何时何地，都要用自己的业绩说话，用最棒的业绩证明自己的优秀。

"天下熙熙，皆为利来；天下攘攘，皆为利往。"我们必须勇于接受并且尊重这种现实——在企业和老板心中，最看重的是业绩。

业绩对员工和公司的重要性不言而喻，企业要蒸蒸日上，需要好业绩；员工要实现自我价值也需要好业绩，没有业绩，一切都免谈。员工每天努力地工作，但如果没有业绩，企业没有利润，又拿什么给员工发工资呢？

企业是员工努力证明自己业绩的战场，证明自己的法则之一就是业绩。无论何时何地，都要用自己的业绩说话。

作为一名员工，要想得到领导的器重，业绩这个硬件是千万不能忽视的。在这个凭业绩说话的年代，讲究能者上庸者下，没有哪个企业领导愿意拿钱去养一些无用的闲人。现实就是如此，千万不要因此而责怪企业薄情寡义。一名员工，必须要把努力创造业绩、为企业谋利当作自己神圣的天职、光荣的使命。否则，即便你有千般好、万般优，归根结底还是零。因为当今社会业绩才是硬道理。

在市场经济条件下，业绩是企业生存的命脉，业绩是员工发展的基础！员工业绩匮乏，就失去了继续工作的资格；企业利润淡薄，就丧失了立足市场的理由。所以说，假设让企业领导对员工只提一条工作要求，那绝对是“拿出业绩”。

只有好的业绩才能得到企业的认可，只有好的业绩才能证明自己的真才实学。“用业绩说话”是我们职场人必须坚持的一个信念！

许红雷到一家电子公司做电视天线销售工作时，正值行业不景气的时候，公司产品积压严重。为此，老板特意召开了一次全体营销人员会议，让大伙儿针对天线销售工作各抒己见。营销部的赵经理耷拉着脑袋抱怨说：“人家天线三天两头在电视上打广告，我们公司的产品毫无知名度，不积压才怪呢！”部里的同事也都随声附和。

许红雷则直言不讳地对营销工作中存在的问题提出了看法，他说：“我们公司的老牌天线今不如昔，原因很多，最主要的是我们的销售定位和市场策略不对。”

许红雷这些似乎暗示营销部工作无能的话一出口，营销部经理就面露愠色，反唇相讥，回应道：“纸上谈兵谁都会，现在全国都在普及有线电视，天线的营销是由大环境造成的。你以为真能把冰推销给因纽特人呀！公司在甘肃那边还有5000套库存，你有本事推销出去，我的位置让你坐。”

许红雷不慌不忙，提高声音朗朗回应：“现在全国都在搞西部开发，我就不信质优价廉的产品连那些小无线厂的也不如，偌大的甘肃难道连区区5000套天线也推销不出去?”

老板最后说：“常言道‘是骡子是马，拉出来遛遛’，你们现在这样争论有什么用？关键是要用业绩来说话，把这5000套库存的天线销出去。”

几天后，许红雷风尘仆仆地赶到甘肃兰州，作了一番市场调查，发现那里的天线在各大商场都不好卖，天威电子产品的代理销售商场，一年多来仅仅卖掉了100多套，还有4000多套在各家分店积压着。

正当许红雷在为天线销售毫无头绪之际，《兰州经济报》上的一则读者来信引起了他的注意，信上说那儿的一个农场因为夏季雷电较多，常有彩电被雷击烧毁，使得这里的几百户人家不敢安装天线，可是不安天线又无法接收电视信号，家里的电视只能形同虚设了。看到这则消息，他如获至宝，当即带上十来套样品天线，几经周折才打听到距兰州100多千米的金晖农场。

许红雷拆了几套被雷击的天线，发现自己厂生产的天线与别人的毫无二致。换句话说，也就是人家即使安装他带来的天线，照样也会遭雷击。如果能找到天线不遭雷击的原因，就不愁自己的天线没有销路。他绞尽脑汁，利用自己所掌握的知识，加上所携带仪器的配合，发现天线遭雷击的原因是天线放大器的集成电路板上少装了一个电感应元件。因为这种元件对信号放大不起任何作用，所以厂家在设计时根本没有考虑。可在雷电多发区，少了这个元件的天线，就相当于一个引雷装置，可以将雷电直接引向电视机，导致机毁人亡。天线安装上这个电感应元件，就会平安无事。

找到问题的症结，一切都迎刃而解。许红雷把从商厦拉回的天线进行改装，逐一在放大器上加装了感应元件，并将加装好的天线送给农场场长试用了半个来月。其间雷雨交加，狂风不断，但场长的电视机不但安然无恙，而且图像清晰稳定。

看到场长的电视平安无事，农场职工纷纷订购这种天线，金晖农场一下就订购了500多套。存在同样问题的附近几个农场也订购了2000多套。农场场长又在《兰州经济报》“回音壁”栏目写了表扬稿，说许红雷在国庆大阅兵前给他们送去了一份最好的礼物。

一石激起千层浪，短短半个月，兰州一些商场也主动向许红雷要货，甚至连一些偏远县市的商场采购员也来向他订货。许红雷不仅把原先库存的5000余套天线经过加装电感应元件后销售一空，而且还向厂里火速求援5000套。

后来营销部经理主动辞职，公司正式下令任命许红雷为新的营销部经理。

对于一名员工来说，出色的业绩是靠埋头苦干干出来的，绝不是口头上说说就能得到的。要吃樱桃先栽树，要想收获先付出。出色的业绩需要员工在工作的每一个阶段，每一个层面，找出更有效率、更经济的方法去实现。

这是一个以业绩制胜的时代，我们每个人都要记住：你进入的是一家讲求实效的企业，因此要用你的业绩说话，用最棒的业绩来证明自己的优秀。